400만원으로 2억 만든
젊은 부자의 부동산 경매 투자일기

400만원으로 2억 만든

젊은 부자의
부동산 경매 투자일기

조상훈 지음

21세기북스
www.book21.com

"**새벽부터** 밤늦은 시각까지 매일같이 반복되는 일상에 늘 녹초가 되었지만, 그게 싫지는 않았다. 게으름 피우지 않고 누구보다도 열심히 살 자신은 있었다. 하지만 그 '열심'이 삶을 바꾸지는 못하고 있었다. 돈은 중요한 게 아니라 자위하면서 애써 불안을 잊고자 했다. 잠시 다녀가는 나그네 인생에 얼마간 고달프다고 그게 대단한 일인가. 그렇게 생각하고 있었더랬다.

열심히 살고 있으니 편안한 노후가 기다리고 있겠지. 하지만 늘 마음 한구석에 도사리고 있는 불안을 지울 수 없었다. 성실하게 열심히 살았지만 처지는 점점 더 어려워졌더랬다."

hope님은 자신의 심정을 이렇게 털어놓았다. 그는 이 책의 3부에 언급되는 사례의 주인공이다. 그런데 이런 이야기를 hope님만 하는 것일까? 하루하루를 성실히 살아가고 있는 보통 사람들의 고백이다.

누구에게나 현실은 미래에 대한 희망을 품기에는 너무 막막하기만 하다. 그래서 사람들은 갑갑한 현실을 단번에 바꾸어줄 수 있는 대박을 기대하며 로또를 찾는 게 아닐까?

hope님은 경매에 대한 공부를 시작한 지 1년 5개월 만에 400만원을 2억원으로 불렸다. 대단한 행운을 가졌던 것으로 보일 수도 있겠다. 어떻게 1년 5개월 만에 2억을 모으냐고?

10억을 모은다고 했을 때 이 책을 든 님은 어떤 방법을 생각하는지? 제대로 된 툴(tool) 하나를 정통하게 익히고, 또 기회를 분명하게 알아보는 안목을 가졌다면, 부자가 되는 데 결코 많은 시간이 걸리지 않는다.

옛 장수들은 이겨놓고 싸운다고 했다. 투자 역시 마찬가지다. 이미 진입 시점에 수익을 결정해야 한다. 투자한 뒤에 상승하면 이익이고, 하락하면 손실인 게임을 벌여서는 안 된다. 그 게임은 적어도 10억 이상의 자산을 보유했을 때 벌이는 게임이다. 설사 잘못해서 1, 2억쯤을 날리더라도 끄덕 없는 사람들이 벌이는 게임이다.

가진 게 별로 없는 보통 사람들은, 투자하는 그 시점부터 이익이 결정되어야 한다. 지지 않는 게임만 펼쳐야 한다. 경매가 바로 그 기회가 될 수 있다.

경매는 매입하는 순간 이미 이익이 결정된다. 낙찰 받지 못하는 것은 수익이 없는 것일 뿐, 손실을 입는 것은 아니다. 질 수 없는 게임인 것이다. 경매말고도 그런 게임이 보인다면 이 책을 집어들 필요도 없다. 만일 이 책을 집어든 님이 아직 초보 투자자라면, 더더욱 경매로 시작하라고 말하고 싶다.

1. **주변 이야기 하나** : 진검승부의 치열한 감각을 드러내고자 했다. 진검승부의 세계에는 관찰자는 절대 알 수 없는 면이 있다. 목검으로 싸울 때는 잘못 휘두르다가 한 대 맞고 '아야~' 하는 게 다다. 하지만 진검승부는, 한번 잘못 휘두르는 순간 적의 칼에 내 목이 날아갈지도 모른다. 그 치열하고 잔혹한 게임은 직접 해보고 겪어본 사람만이 알 수 있다.

　나는 투자의 진검승부를 펼쳤던 사람이다. 하나의 투자를 하기 전에 보름 동안 밤잠을 설쳤고, 투자한 뒤에도 잘했을까 불안해하며 보름을 잠을 이루지 못했다. 그 과정을 통해 익힌 감각은, 관찰자는 절대 알지 못한다. 그 실전 감각을 최대한 끄집어내기 위해 노력했다.

2. **주변 이야기 둘** : 투자게임의 속성에 대해 먼저 이해해야 한다. 이 책에서 독자들이 비단 경매 그 자체만 이해하기를 원하지 않는다. 멋진 칼을 휘두르기 전에는 칼집도 있어야 할 게 아닌가. 싸우는 데는

칼이 제일 중요하니, 맨 칼만 들고 다니겠다고? 아서라, 위험하다.

　당신 아이가, 시험을 앞두고 밤새 문제집 답만 외우고 있다면 열심히 공부한다고 기특해할 것인가. 투자의 속성에 대한 이해 없이 툴만 익힌다는 것은 위험천만한 일이다. 게임에 참가하기 위해서는 룰보다도 '숨은 게임의 법칙'을 먼저 알아야 한다. 이 책은 감히(지금껏 어느 책에서도 시도하지 못한) 숨은 게임의 법칙을 터치하고 있다고 자부한다.

3. 주변 이야기 셋 : 우리에게는 아직 희망이 있다.

큰돈이 있어야 돈을 번다면 우리에게 무슨 희망이 있을까. 3.5년 전만 해도 나 자신 무일푼에 가까운 처지였다. 평균 수준보다 낮으면 낮았지 절대 유리한 형편이 못 되었다. 이 책에 등장하는 사례 역시 그러하다. 작은 돈으로 목돈을 만들어 가는 과정을 있는 그대로 묘사했다. 이 점은 분명, 우리에게 아직 희망이 있다는 증거가 되어줄 것이다.

　모쪼록, 이 책을 든 님들께 건투를 빈다.

조상훈

3부 400만원으로 2억 만든 hope 이야기

경매는
질 수 없는 게임이다

1부

01 야성을 회복하라

이 쇠막대기는 그냥 두면 아무 쓸모없는 싸구려 막대기입니다. 그런데 이 쇠막대기를 가공해서 말발굽을 만들면 10달러 50센트를 벌 수 있습니다. 또한 이것으로 바늘을 만들면 3,250달러를 벌 수 있고, 이것으로 용수철을 만들면 250만 달러를 벌 수 있습니다.

- 콘라드 힐튼(힐튼 호텔의 창시자)

동물의 천국이던가, TV프로를 통해 개처럼 사육사에게 끌려다니는 호랑이를 본 적 있다. 어려서부터 사육사가 주는 우유를 먹고 자란 까닭이다. 그놈은 호랑이 특유의 야성을 잃어버렸다. 맹수가 아니라 무늬만 맹수인 채로 애완동물이 되어버렸다.

그렇듯, 야성을 잃어버린 호랑이는 사육사의 눈치를 보면서 산다. 사육사의 반응에 따라 마치 강아지처럼 재롱도 떤다. 세상에, 산천초목이 흔들리도록 쩌렁쩌렁하게 포효해야 할 호랑이가 재롱이라니. 그게 어울리기나 한 일인가. 그걸 보며 재미있어 하는 사람들도 있겠지만, 어쩐지 호랑이 입장이라면 서글프다.

야성을 잃은 모습은 어쩐지 기형적이다.

당신은 어떤가. 당신에게도 잃어버린 게 있는 것은 아닌가?

아직도 세상에는 얼마나 많은 사람들이 눈을 감은 채 살고 있는가. 광고가 만들어낸 그 현란한 욕구에 얼마나 쉽게 현혹되고 마는가. "열심히 일한 당신, 떠나라!" 어디로?

세상에! 어떻게 그런 광고를. 어찌 내 눈에는, "열심히 카드를 긁어댄 당신, 도망쳐라!" 이런 메시지로 들린다. 어디 멀리 도망쳐서, 주소도 바꾸고, 전화번호도 바꿔서 아무도 당신을 찾지 못하게 하라?

그들은 아직도 꿈꾸고 있는 것이다. 호랑이가 사육사를 자신의 어미인 줄 알듯이 세상이 자신을 이용하는지도 모른 채 꿈꾸고 있는 것이다. 하긴 그만큼 교묘하게 그들을 현혹시키는 까닭도 있다. 손실을 이익이라고 착각하게 만드는 이미지에 얼마나 많이들 속고 있는가.

야성을 잃어버린 사람들

그들에게는 전혀 야성이라고는 없다. 사육사가 던져준 고기를 집어먹을지언정 스스로 사냥하는 법을 모른다. 사냥하는 법을 잊어버린 호랑이는 점차 초식동물의 습성을 닮아간다.

초식동물의 삶이 어떤지 알고 있지 않은가. 그들은 잠을 잘 때도 서서 잔다. 언제든 도망칠 준비가 되어 있어야 하는 까닭이다. 그래서 깊이 잠들지도 못한다. 가벼운 바람 소리에도 잠에서 깨어나도록 신경이 늘 곤두서 있다. 쉬지 않고 풀을 뜯어야 하고 그러면서도 주위에 대한 경계를 늦출 수 없다. 무리 속에 있지 않으면 늘 불안하다. 그래서 늘 무리와 함께 다닌다.

이런 사람들은 100대 1의 경쟁률을 보이는 물건에 뛰어들어야 안심한다. 무엇 때문에 그 물건이 좋은지 알지도 못한 채 사람들이 몰려드니 안심하는 꼴이다. 미분양에는 이유가 있겠지 지레 짐작하고 둘러볼 생각도 하지 않는다.

혼자 움직이는 것은 어디든 불안한 것이다. 그들은 "지금 들어가면 상투 잡는 건 아닐까요?"라고 묻는다. 왜 그들은 상투를 걱정하는가. 상승 초기단계를 잡지 못하고 이미 꽤나 오른 곳에서 추가 상승할 가능성에 마음이 조급해져 내몰리는 것이다. 맹수가 이미 신선한 고기의 맛있는 살코기를 다 먹고 난 뒤다. 이후에 남은 고기에 욕심을 내는 꼴이다. 그나마 아직 먹을 게 남았을 수도 있지만, 어쩌면 진작에 썩어가기 시작한 것인지도 모른다. 그들은 늘 늦다. 늦은 이유로 상투가 아닐까 걱정하듯이, 설사 이익을 낸다 한들 마음 졸이면서 적은 이익에 만족해야 한다.

이 점에 대해 프레드릭 래빙턴은 《경기순환(The Trade Cycle)》에서, 연못에서 스케이트를 타는 사람들에 비유했다.

연못에서 스케이트를 타고자 할 때, 얼음이 깨지지 않을 것이라고 생각하는 확신의 정도는, 스케이트를 타는 사람들의 수가 많을수록 더 커진다. 같은 연못 위에 사람 수가 많아질수록 얼음이 깨질 위험은 더 커진다는 합리적인 판단은 사라져버리고, 오히려 더 안전하다는 어리석은 믿음이 생겨난다. 신뢰가 감염되는 것이다.

왜? 그들은 스스로 사냥하는 법을 알지 못하는 까닭이다. 혼자 움직이지 못하는 까닭에, 시장이 만들어지는 초기에 진입하지 못하고 시장이 다 만들어진 뒤에 들어간다. 처음부터 스스로 사냥하는 법을 모른 채, 던져주는 고기를 받아먹는 것에, 그리고 남은 고기에 눈독 들이는 것에 익숙해진 까닭이다. 혼자 움직이는 법을 모르고 늘 무리 지어 움직이는 까닭이다. 군중 속에 있어야만 안심하는 까닭이다.

그래, 일견 그게 더 편할 수도 있다. 사육사가 던져주는 고기에 만족해하는 것이 야생의 거친 생존게임보다 더 편할 수도 있다. 그래서 전문가라는 사람이 꼭 집어주기를 바라는 게 아닌가. 하지만 사육사가 당신과 식성이 같다면, 절대 당신은 맛난 부위를 경험하지 못할 것이다.

야성을 잃어버린 사람은 늘 고위험과 낮은 기대수익에 만족해야 한다. 하지만 야성을 회복한다면, 전혀 리스크를 안지 않고서도 높은 수익을 차지한다. 그래서 '고위험 고수익' 논리는 틀린 것이다. 그 논리를 내세우는 자가 당신의 손실을 노리고 다가오는 브로커가 아닌지 의심해보아야 한다.

야성을 회복하려면

그렇다면 야성적인 사람은 어떤 사람인가?

끝장을 내는 사람이다. 끝장을 볼 때까지 밀어붙이는 사람이다. 옳다고 생각하면 누구도 못 말리는 사람이다. 맹수가 날카로운 송곳니를 드러내듯, 지치지 않는 의지를 드러내고 눈빛을 번득이는 사람이다. 맹렬하게 도전하는 사람이다.

야성을 회복하려면 어떻게 해야 하나.

조금은 거친 게임을 즐기는 법을 알아야 한다

자신을 진하게 내몰 필요가 있다. 인내의 극한을 체험하는 것도 좋다. 억지로라도 만들어보는 것이다. 산을 오르는 것도 일견 같은 면이다. 아무리 힘들어도 일단 올라갔으니, 안 내려오면 어떡할 건가? 삶의 여정도 비슷하지 않을까.

물건을 팔기 위해 카탈로그를 들고 사무실을 나섰으면 고객을 방문해야 한다. 누군가를 찾아간다는 것은 분명 부담스러운 일이다. 하지만 안 하면 어떡할 건가? 가야 한다. 팔아야 한다. 안 하면 도대체 어떡할 건데? 도대체 어떡할 건데? 백방으로 뛰어다니고 발이 부르트도록 다녀야 한다.

자존심이 문제라고? 자존심은 당신이 스스로 만들 수 있는 것이 아니다. 당신의 자존심은 상대가 챙겨주는 것이다. 상대가 당신의 성취를 보고 존경과 찬사를 표해주는 것이지, 당신이 백날 스스로 존경해달라고 해야 아무 소용없다.

등산을 계획했는데, 비가 온다고? 폭우가 아니라면, 아주 위험한 상황이 아니라면, 그냥 비를 맞으면서 해보는 것은 어떤가.

자신의 삶에 하나의 경구를 담아놓자. "안 하면 어떡할 건데? 도대체, 안 하면 어떡할 건데?" 이 말은 자신을 내몰 때 아주 유용하다.

직접 현장에서 살아 있는 체험을 해야 한다

남의 이야기를 듣는 것도 좋지만 거기서 멈추어버리면 안 된다. 사육사가 당신과 식성이 다르다면 다행이지만, 만일 같은 것을 바라고 있다면 당신에게 결코 맛난 부위가 돌아가지 않을 것이다. 당신은 직접 움직여야 한다. 그래서 맛있는 부위를 먼저 선점할 수 있어야 한다. 뒤따르는 자가 안아야 할 단점은 쓴맛을 참아야 하는 것만이 아니다. 당신의 몫으로 남은 고기가 이미 썩기 시작한 것일지도 모른다.

왜 투자할까 말까를 망설이면서 상투가 아닐까 겁을 내는가? 그것은 당신도 알고 있다. 당신은 지금 맛난 살코기를 놓치고 던져진 고기를 먹을까 망설이는 것이다. 시장 조성자는 일찌감치 들어가서 리스크 없이 큰 몫을 챙겼다. 당신은 뒤늦게 그들이 던져준 남은 고기에 관심을 가지고 있는 것이다. 그렇다. 그렇게 길들여졌다. 언제나 시장이 파할 즈음에 들어가도록 길들여졌다. 그렇게 막차를 타고 '상투 잡았네' 한탄할 수도 있다.

좀더 일찍 움직이지 않는다면, 당신은 더 낮은 이익을 바라면서 동시에 더 높은 위험을 감수해야 한다. 그래서 '고위험 고수익' 논리는 틀린 것이다. 당신이 스스로 고기를 차지할 능력이 없다면, 당신은 언제나 고위험을 안고 가야 하는 것과 동시에 적은 이익에 만족해야 한다. 이는 주식 시장이든 부동산 시장이든 사업을 하든 동일하게 적용되는 원리다.

전문가의 의견을 경청할 일이지만, 전문가의 의견에 지나치게 의존해서는 안 된다. 당신의 경험과 지식이 무엇보다 중요하다. 스스로 움직여야 한다. 혼자서라도 움직여야 한다.

야성적인 사람을 곁에 둬야 한다

그들을 통해 자극을 받는 것만큼 좋은 것이 없다. 그들과 함께 있는 것만으로도 힘이 충전된다. 그들이 열심히 움직이는 모습을 구경하는 것만으로도 오랜 장마 끝에 태양빛을 만난 것처럼 온몸이 따뜻해진다.

그래서 난 코드가 비슷한 사람이 좋다. 당신이 긍정적이고, 미래를 이야기하고, 저속한 단어를 입에 담지 않는 사람이라면 나와 같은 부류이다. 그것은 마치 자석 같아서 내가 자성을 잃어도, 그들 곁에 다가갈 때 없던 자성이 되살아나는 것과 같다.

건강한 몸과 최상의 컨디션을 유지해야 한다

술과 담배의 해악은 여러 가지가 있다. 몸이 먼저 찌들리면 움직이고 싶지 않다. 주기적으로 체조와 운동을 하고 비타민C도 섭취할 것을 권한다.

아마존에 살고 있는 거대한 아나콘다는 한번 사냥을 하고 나면 길게는 한달 동안 꼼짝하지 않는다고 한다. 맹수들은 다 그렇다. 어떤 놈이 곁을 지나가거나 말거나, 아주 늘어져서 잔다. 그게 야성을 회복한 육식동물의 삶이다.

말에 오해가 있을까 염려된다. 초식동물을 무자비하게 잡아먹는 육식동물을 말하고자 하는 것이 아니다. 누구를 짓밟고 헤치며 살아가는 인생을 이야기하는 것이 아니다. 스스로 자신의 삶에 대해 책임지는 그 무한책임을 이야기하는 것이다. 당신이 나서지 않으면 그 누구도 당신에게 먹을 것을 주지 않는 삶, 사냥에 성공하지 못하면 하이에나처럼 썩어가는 남은 찌꺼기에 만족하거나 아니면 굶어야 하는 삶에 대해 이야기하는 것이다.

스스로 사냥에 나설 수 있기를 바란다. 혼자 움직이는 것을 두려워하지 않기를 바란다.

02 길목잡기, 그 위험에 대하여

그칠 줄 모르는 시냇물같이 시간은 그의 아들들을 싣고 떠나가 버린다.

시간의 아들인 만물은 동트면 사라지는 꿈과 같이 망각의 피안으로 옮겨간다.

— H. G. 웰즈, 《시간의 정복》 중에서

　야성을 이야기하면서, 대중에 편승하지 말고 시장에 일찍 뛰어들라는 말이, 어쩐지 '길목잡기를 노려라' 는 말로 들리는 듯하다. 같은 하늘을 보는데도 보는 사람마다 느끼는 감상이 다른 것을. 문제는 말이 길어질수록 오해의 여지가 더 늘어나는 것이 아닐까? 그것 참, 난제다. 그래서 옛 현자들은 말을 아끼라고 그토록 충고를 해대곤 했나보다.

길목잡기 성공 사례

　많은 사람들이 믿고 있는, '돈이 흐르는 길목을 잡아라' 는 논리는 일견 반은 맞는 말이다. 그곳에 가장 큰 수익이 있다.

　올림픽도로를 탈 때마다, 한강 남쪽으로 길게 군집한 거대한 현대 아파트 단지를 보면 늘 길목잡기의 진수를 떠올린다.

박정희 대통령이 한강 상류에 댐을 건설하기 위해 많은 토목업자를 불러들였다고 한다. 한강이 자주 범람하니 한강 상류에 큰 댐을 건설해서 수위를 조절할 계획을 보여주고 입찰하라는 내용이 골자였다나. 당시 많은 토목업자들이 나름대로의 사업계획서를 작성하고 입찰 단가를 조정하고 있을 때, 정주영 회장은 있는 돈 없는 돈 모조리 끌어다가 강남 벌판을 매입했다고 한다.

댐은 건설되었고, 이후 한강 범람이 사라지게 되자 효용가치가 높아진 강남 땅에 투자가 시작되었다. 먼저 그 땅을 선점하고 있던 정주영 회장은 엄청난 부를 얻게 되었다. 그리고 현대건설이 초기에 가졌던 숱한 시행착오 속에 대외적인 신뢰를 쌓기까지의 손실을 감당할 수 있었던 것도 그때 마련한 재력이 바탕이 되었다고 한다. 그 현대건설이 현대제국의 모태가 아닌가.

길목잡기에 성공하면 엄청난 부를 얻을 수 있는 것은 분명한 사실이다. 하지만 이런 성공 신화를 흉내내기에는 어려운 면이 한두 가지가 아니다. 오히려 길목잡기에 나섰다가 실패한 사례를 더 쉽게 발견할 수 있다.

길목잡기 실패 사례

특허상품

며칠 전 치과를 다녀왔다. 잘 아는 분이고 해서 자주 찾게 되는 곳이다. 몇 해 전 특허 난 신상품 개발에 3억원을 투자했다고 하는데, 그분은 투자 계명 중 하나를 알지 못했던 것이다.

"절대 특허상품에 투자하지 마라."

어쩌면 아주 상식일 수 있는 그 계명을 몰랐던 까닭에 인고의 세월을 보내고 있다.

특허상품에 투자할 수 없는 이유는, 아직 검증되지 않은 시장인 까닭이다. 시장이 만들어지면 독점 공급하게 될지 모르지만, 아직은 시장이 만들어지지 않았다. 이미 엄청난 경쟁 속에 휘말려 있더라도 시장이 완성된 곳에서는 살아남을 수 있다. 하지만 아직 시장이 만들어지지 않았고, 만들어질지 어떨지도 모를 곳에 뛰어들어서는 안 된다.

근본적으로 사양산업은 없다는 말도 같은 맥락으로 통한다. 같은 곳에서 같은 장사를 하는데도 어떤 사람은 10년 만에 재벌 기업을 만들고, 어떤 사람은 평생 그 장사 그대로 하고 있고, 또 어떤 사람은 망해서 나간다. 사업 자체가 죽느냐 사느냐가 아니라 사업주가 발휘하는 운영의 묘미일 테다. 그러니 이미 시장이 만들어진 곳에서 치열한 경쟁을 뚫고 살아남아야 할 것이다. 독점의 매력에 혹해서는 안 된다.

섣부르게 길목잡기에 나섰다가 시장이 만들어지는 것도 보지 못하고 고사될 수도 있다.

비데 산업

대구의 한 업자가 IMF 직전에 외국을 다녀본 경험을 바탕으로 이 나라에 비데를 도입하기로 했다. 그는 엄청난 돈을 들여서 비데를 홍보하고 다녔지만, 일 처리 후에 물로 아랫부분을 씻는다는 게 이해가 되지 않던 사람들에게 비데는 도무지 먹혀들지 않았다. 게다가 IMF 시절이 아닌가. 모두가 소비를 줄이던 시점이다.

비데, 지금은 돈이 없어서 설치하지 않는 것이지 한번 경험해본 사람들은 그 청결함과 상쾌함에 누구라도 호응한다. 그 사업자가 2, 3년만 늦게 시작했던들, 아니면 그가 조금 더 큰 자금으로 조금 더 버틸 수 있었던들, 어쩌면 성공했을지도 모르겠다. 그는 너무 앞서 나갔던 것이다.

미래를 제대로 예측했다 한들, 시점을 맞추어 길목잡기를 한다는 게 얼마나 어려운가.

입시 학원

1991년 당시 〈시사저널〉에서 본 기사 중에, 장차 10년 뒤에는 대학이 학생을 유치하는 데 어려울 거라는 글이 있었다. 그것을 보고 대뜸 '앞으로 입시 학원이 줄줄이 문을 닫겠군' 하는 생각이 들었다. '대학 가기가 엄청 쉬워지겠네. 그런데 누가 학원을 나갈까.' 그렇게 아주 단순한 구도를 머릿속에 그렸던 것이다. 입시 학원을 하겠다는 마음은 아예 갖지도 않았고, 그 후 7, 8년 동안 그쪽 산업을 돌아보지 않았다.

하지만 지금 어떠한가? 엄청난 취업대란 속에 사교육 시장은 유일하게 신규 고용을 창출하는 시장이 되어 있다. 연 30조원대의 대형 시장(2003. 10. 17. 동아일보)으로 성장한 것이다. 우리나라 국방예산보다 더 클 뿐만 아니라, 교육부 예산의 배수에 가깝다. 어떻게 강남 아파트 값을 잡겠다는 정책에 학원가 세무사찰이 이루어지는가. 당신은 그 함수관계가 명쾌하게 보이는가.

시장이 변화된 것이다. 내가 입시를 치르던 1990년 당시에만 하더라도 사교육은 재수생을 대상으로 했던 것이 거의 전부였다. 그게 아니면 불법 비밀 과외였다. 하지만 지금은? 고등학생에서 중학생으로, 또 초등학생으로 그 대상이 확대되었다. 심지어 유치원 시장도 다양하게 변하고 있다. 오전에 유치원 다녀오면 오후에는 영어유치원을 또 나가는 형편이다. 지방에 있는 조카아이도 유치원에, 태권도에, 그림 그리기에, 또 방문 교사에 그렇게 4가지나 되는 교육을 받고 있다. 초등학생들도 심한 아이는 5, 6개 학원을 동시에 다닌다. 강남의 대치동 한 곳에만 학원이 450곳이나 된다. 세상에, 그 동네에 450곳이라니.

단순하게, 미래 대학이 학생 수급에 곤란을 겪을 것이라는 기사로 아주 짧게 판단한 결과, 뭘 잃은 것은 없지만, 적어도 내 시야를 아주 제한해버렸다. 제한한 만큼 기회를 놓친다.

길목잡기의 위험 중 하나를 보인 것이다. 미래를 간단하게 진단하고 그 길목을 잡겠다? 역시 만만치 않은 것이다.

온라인 서점

인터넷 시대가 오면서 아마존 사이트에 대한 신화가 회자되기 시작했다. 온라인 서점인데 엄청나게 커졌더라는 이야기를 심심찮게 들었다. 그래서 당시에 몇몇 출판사 관계자들을 만나봤다.

"우리도 온라인 서점을 한번 만들어보는 게 어떨까요?"

그들이 내세우는 논리 몇 가지.

1. 미국은 땅이 워낙 넓어서 책 한 권 사러 가기가 만만치 않은 나라이다. 그것은 책뿐만 아니다. 대형 할인점도 그런 맥락에서 번창하는 게 아닌가. 하지만 한국은 작기는 해도 동네마다 책방 없는 곳이 없다.
2. 미국은 택배 시스템이 아주 발달되어 있다. 하지만 한국은 아직 우체국이 제 역할을 하리라고 기대하기 어렵다.
3. 미국인들에게 통신판매는 아주 익숙하지만 한국인에게는? 직접 현품을 보지 않고 산다는 인식 자체가 없다. 보지 않고서 뭘 믿고 사겠는가. 또 결재는? 온라인 마켓은 한국인에게는 실현하기 어려운 사업구조다.
4. 한국의 도서 유통 시스템 속에서 대형 서점의 입김을 피해서 온라인 서점에 저가로 납품할 회사가 없을 것이다.

그 방면에 몇 십 년간 종사한 사람들로부터 그런 이야기를 듣고 나서 아예 마음을 접고 말았다. 하지만 그 후 2년도 채 되지 않아 예스24, 알라딘 등이 뜨기 시작했다. 지금 예스24의 잠재적 자산가치는 교보문고보다 더 크다고 인정받고 있다.

왜 그때 시작하지 않았던가. 온라인 서점에서 책을 주문할 때마다 드는 회한이다. 어쩌면 나에게는 의지가 부족했는지도 모른다. 어쨌거나 나는 그때 결단을 내리지 못했고, 그것은 미래를 잘못 예측했기 때문이기도 하다.
1. 그 후 짧은 시간 내에 택배 산업이 비약적으로 발전했다.
2. 통신판매 산업 역시 비약적으로 발전했다.

3. 집집마다 인터넷이 깔렸다.

세상에, 이렇게 될 줄이야 누가 짐작이나 했는가. 미래를 전망하고 길목잡기를 시도한다는 것은 참으로 만만치 않은 일이다. 해당 분야의 종사자라 하더라도, 그 일은 쉽게 이루어지지 않는다. 그렇다면 미래를 보다 정확하게 전망할 수 있다면 길목잡기란 가능한 논리일까?

부의 원칙 1 : 애널리스트의 전망을 신뢰하지 마라

미래 전망이란 일견 무서운 부분이 있다. 모든 사람들이 디플레이션이 올 거라고 생각하면 반드시 디플레이션이 온다. 반대로 모든 사람들이 인플레이션이 올 거라고 생각하면 반드시 인플레이션이 온다.

주가도 부동산도 마찬가지다. 모든 사람들이 오를 거라 생각하면 반드시 오르게 되어 있다. 다들 오를 거라 생각하게 되면 가지고 있는 사람들은 매물을 거둬들인다. 그리고 모든 사람들이 조금이라도 더 가지려고 애쓸 것이다. 그렇게 된다면 가격이 오른다. 다들 내릴 거라 생각하게 되더라도 마찬가지다. 나중에 더 떨어지기 전에 매물을 해소하려고 내놓는다. 더 떨어질 것으로 보이니 사려는 사람도 없다. 그렇게 공급초과 현상이 일어나 가격이 떨어지는 것이다.

주식 시장에서 가격이란 기업의 실적을 반영한다는 말은 사실이라기보다는 억측인 면이 다분하다. 보다 근본적인 부분은 사회 전반의 공감대 형성이다. 주위에 온통 악재투성이라도 충분히 하락했다고,

그래서 더 이상 떨어지지 않을 거라는 공감대가 형성되어 있다면 반드시 오르게 되어 있다.

애널리스트의 전망이라거나 분석이라는 면은 어떻게 보면 이미 답이 나온 것을 두고 그러한 답이 나오게 된 타당한 이유를 꿰어 맞추려는 시도에 가깝다. 마치 용한 점쟁이들이 과거 일을 신통방통하게 알아맞히지만, 미래 일에 대해서는 전혀 영향력을 발휘하지 못하는 것과 비슷하다. 현대판 점쟁이인 셈이다. 사실상 그들의 말은 맞아도 그만 틀려도 그만이다.

그들은 다음과 같이 말한다.

"경제가 좋으면 이익이 많이 나고, 이 점은 주식 가치 상승에 도움이 된다."

또한 반대의 경우도 같은 말을 한다.

"경제가 나빠지면 이자율이 낮아지고, 이 점은 주식 가치에 유리하게 작용된다."

기업의 매수나 매도를 두고도 항상 유리한 쪽으로 해석한다.

"기업매수는 시너지 효과를 거두기 때문에 주식에 유리하게 작용한다."

"분할매각은 실패한 회사들을 제거해주기 때문에 주식에 유리하게 작용한다."

이런 경구들은 보편명제의 불성실한 예로 〈뉴욕타임스〉에 실렸던 것이다. 무슨 일이 일어나도 시장에 유리하게 작용한다는 말로 설명된다. 또한 반대로 무슨 일이 일어나더라도 시장에 불리하게 작용한다는 말로 설명될 수도 있다.

누구든 과거와 현재의 자료를 바탕으로 미래 시장의 움직임 또는 다른 어떤 것을 예측하려고 기교를 부리는 것은 위험하다.

부의 원칙 2 : 전망에 대한 토론은 무익하다

많은 사람들이 귀한 시간을 주식 시장의 향후 전망을 걱정하느라 허비하는 것처럼, 많은 사람들이 쓸데없이 경기 전망을 놓고 시간을 허비한다. 앞으로 경기가 좋아질지 나빠질지, 부동산은 오를지 내릴지 다른 사람들과 토론한다든지, 혹은 앞으로 금리가 오를 것인지 내릴 것인지 토론한다는 것은 무의미하다.

최고의 투자자인 워런 버펫은 시중에 나도는 주가 전망에 대해서 관심을 기울이지 않을 뿐더러 경기 전망에 대해서도 관심이 없다. 심지어는 "설사 중앙은행 총재가 나에게 앞으로의 금융정책이 이렇게 될 것이라고 미리 알려주는 일이 있더라도 나는 나의 원칙을 버리지 않을 것"이라고 말한 적도 있다.

버펫은 이제까지 자신이 실업률, 금리, 환율 따위를 생각하느라 시간을 허비한 적이 없으며, 정부의 정책 때문에 투자 전략을 수정한 적도 없노라고 밝힌 바 있다. 또한 그럴 리는 없지만 설사 자신이 다른 사람보다 먼저 선거의 결과를 알 수 있다 하더라도 그것과 자신의 투자 전략과는 전혀 관계가 없다고 주장한다.

일반적으로 주식 투자자들은 먼저 경기에 대한 전망부터 하고, 경기 전망에 잘 들어맞는 기업을 선택하려는 경향이 많다. 버펫은 이러한 생각을 어리석은 짓이라고 말한다.

미국 최대의 투자신탁기금인 피델리티 마젤란 펀드의 매니저인 피터 린치 역시 전문가들의 전망에 대해서는 부정적이다. 그는 장세 전망에 대해, 마야인의 신화를 이야기하면서 "(미래가 아닌) 과거에 대해 대비하기"라 이름 붙였다.

세계가 여러 차례에 걸쳐 붕괴되고 그때마다 마야인들은 다시는 이런 슬픈 일을 당하지 않기 위해 자구책을 마련한다. 하지만 그 자구책은 언제나 과거에 일어난 일에 대비한 것이었다.

맨 처음에는 세상에 홍수가 났다. 살아남은 사람들은 그 사실을 기억하고 보다 높은 지대의 숲 속으로 들어갔다. 높은 둑을 쌓고 벽을 올려 그들의 집을 나무에 둘러싸이도록 만들었다. 그들의 노력은 허사가 되어버렸는데, 다음 세상이 불에 의해 파괴되었기 때문이다. 그 후 대화재에서 살아남은 사람들은 숲에서 내려와 될 수 있는 한 숲과 나무들로부터 멀리 달아났다. 그들은 울퉁불퉁하고 험한 바위의 갈라진 틈 사이에다 돌로 집을 지었다. 하지만 이번에는 세상이 지진으로 망가져버렸다.

점점 복잡해지는 세상에 미래 전망을 한다는 것은 만만치 않다. 과거의 지표와 과거의 사례를 뛰어넘는 사건과 현상이 발생하게 마련이다. 9·11 테러사건을 짐작한 사람이 있었는가. 그 하루 전날 옵션 거래를 한 투자자들 가운데는 자신도 전혀 예상하지 못한 사건으로 엄청난 부를 얻기도 또 잃기도 했다. 또한 2004년이 되어 원자재 파동이 올 거라고 누가 예언했던가.

우리나라에서도 IMF 이전에 국가부도 사태를 경고한 사람은 없었다. 미국의 한 주간지에서 지나치게 일찍 샴페인을 터뜨린 한국에 대한 기사가 나왔고 일부에서 거품에 대한 우려를 내놓기는 했지만, 심각한 시기를 앞두고 있다고 공식적으로 예견했던 사람은 없었다. 심지어 당시 일간지들은 일부에서 제기한 위험에 대한 경고가 지나치게 부풀려졌다고 주장하고 있었다.

대통령조차 IMF 구제금융을 신청하기 한달 전까지 그런 조짐의 보고를 받지 못했다고 하지 않았나. 지나고 나니 그런 혹독한 시기가 올 것을 대비하고 달러를 샀던 사람들과 현금을 확보했던 사람들 이야기가 대단한 스토리로 부풀려 떠돌기는 했지만, 어찌 되었건 대중에게 IMF는 청천벽력이다. 아무도 예상하지 못했고 막연히 예상했던 사람들도 대비하지 못했다.

부의 원칙 3 : 전망과 상관없이 잃지 않는 게임을 하라

실제로 돈을 버는 사람들 가운데, 미래 예측을 잘해서 그 흐름의 길목을 잡고 기다리는 경우가 있다. 그런 경우는 투자 대비 엄청나게 큰 부를 얻을 가능성이 있다. 하지만 이러한 길목잡기 방식은 리스크가 크다. 워렌 버펫의 말처럼 궁극적으로 그런 투자는 투기에 가깝다. 자신이 판단하게 된 많은 객관적인 자료들이 있겠지만, 정작 기대했던 결과가 나오게 된 요인은 전혀 다른 것일 수 있다. 결국에 어느 정도 요행이라는 속성이 깃들어야 한다는 점이다.

보다 현명한 투자자는 어떤 예측도 신뢰하지 않는다. 그러면 그들은 어떤 투자를 할까?

그들은 어떠한 전망에 대한 기대를 갖는 대신, 어떤 결과가 오더라도 대비하는 쪽을 선호한다. 그것은 주식을 사더라도 대주(주식을 빌려 파는 행위)를 동시에 하는 것과 비슷하다. 또는 주식을 사더라도 풋옵션을 함께 걸고 있는 것과 비슷하다. 오르면 오르는 대로 조그마한 이익만 챙기겠다는 뜻이며 내리면 내리는 대로 조그마한 이익만 챙기겠다는 뜻이다. 그들에게 절대 돈을 잃는 게임이란 없다. 큰 이익은 놓치더라도 절대 손실은 입지 않는다.

미래에 대한 예측은 성공하면 좋지만 실패하면? 큰돈을 운영하는 자산가나 기업이야 10가지를 던져놓고 그 중에 하나만 건져도 다른 손실을 상쇄하고도 큰 수익을 만들어낸다지만 개인은? 고작 한두 가지밖에 집중할 수 없는 손 짧은 개인은? 딱 맞아떨어져 엄청난 부를 잡을 수도 있겠지만, 만일 잘못된 판단이라면?

개인은 위험에 노출되어서는 안 된다. 그러니 예측에 근거해서 이런저런 상상을 해보는 것까지는 좋은데, 행여 분명하지 않은 길로 섣부르게 자신을 내몰지 말기를. 그리고 지금처럼 불확실할 때는 설사 기회를 놓치더라도 저 돈은 내 인연이 아니겠거니 체념하는 것이 좋다.

우리들 중 대다수는 시행착오를 겪기에는 너무도 가난한 평범한 집안 사람들이다. 고단한 등을 한번 비벼보려 하지만 마땅한 곳이 없어 스스로 비빌 언덕을 만들어내야 하는 처지이다. 이런 때에 한번의 실패는 영원한 실패로, 때에 따라서는 집안 전체의 실패가 될 수도 있다. 나 하나의 실패로 너무 많은 사람들이 고통 속에 살게 된다. 크게 못 먹어도 좋으니 3점만 나면 스톱을 외쳐야 한다. 보통 사람으로서 '고위험 고수익' 은 절대 취해선 안 될 포지셔닝이다.

그리고 한참이 지나고 나면, 화려하게 뛰어다니는 것보다 안정적으로 꾸준한 수입이 훨씬 수익이 높다는 것도 확인하게 된다. 주변에, 데이트레이닝을 하면서 돈 벌었다는 사람을 아직 보지 못했다. 반대급부에 대한 대비가 되어 있지 않는 머니게임은 반드시 한번은 잃게 되고, 그 한번으로 인해 그동안 착실하게 모아둔 수익을 모두 잃어버릴 가능성이 높다. 그래서는 돈을 벌 수가 없다. 벌었다고 안심할 수는 더더욱 없다.

어떤 경우든 미래 전망을 믿고 투자하는 일은 삼가해야 한다. 미래가 어떤 모습으로 풀리더라도 마땅한 대비를 하는 것이 옳다.

명심할 것. 옛 장수들은 이겨놓고 싸운다고 했다. 당신이 투자를 할 때는, 진입 시점에 이미 수익은 결정되어 있어야 한다. 투자한 뒤에 상승하면 이익이고, 하락하면 손실인 게임을 벌여서는 안 된다. 그 게임은 적어도 10억 이상의 자산을 보유했을 때 벌이는 게임이다. 설사 잘 못해서 1, 2억쯤을 날리더라도 끄덕없는 사람들이 벌이는 게임이다.

"승부는 싸워봐야 안다"라고 호기를 부리는 장수는, 그 기개는 가상하지만 부하들을 죽음으로 내모는 무지몽매한 장수이다. 시대는 다르지만, 현실은 여전히 변한 것이 없다. 당신에게는 당신을 바라보는 가족들의 자존심과 꿈이 걸려 있다.

천천히 가더라도 안전한 길, 반드시 승리하는 길을 권한다.

03 절대 손해 보지 않는 투자를 하라

인간의 섬세함은 미세한 신변잡사에는 민감하지만, 통상의 의식감각을 조금이라도 벗어나면 경악스러울 만큼 맹목적이고 둔감해진다.

– 괴벨스

현재 시점은 아주 미묘하다. 미래를 전망할 수 없는 입장에서 무엇인가를 제시하기도 곤혹스럽다. 주식 거래를 하라고 부추길 것인가? 그렇다면 아파트를 사라고 권할 것인가? 아니면 상가? 토지? 둘러보면 만만한 게 없는 요즘 같은 때에 그렇다고 창업을 권할까?

글쎄, 가치 투자자의 입장에서 보면 아쉬운 논리가 되겠지만, 투자 게임의 속성에 대해서 이야기해두어야겠다. 사람들이 투자에서 자산을 늘리지 못하고 도리어 잃는 경우를 많이 본다. 그것은 투자 게임의 속성을 파악하지 못한 까닭이다.

게임의 속성 1 : 투자는 근본적으로 폰지 게임이다

투자는 근본적으로 폰지 게임의 속성이 강하다. 카를로 폰지가 금융피라미드 사건을 일으켰던 것은 1920년 미국의 보스톤이다. 자신에게 돈을 맡기면 45일이면 50%의 수익을 보장한다면서 사람들을 유혹했다. 그의 계획은 그럴듯했다. 외국에서 채권을 싼값에 사서 미국에서 더 높은 가격에 팔아 그 수익을 배분한다는 것이다. 그가 체포될 때까지 모은 돈은 800만 달러. 80년 전이라는 사실을 감안하면 엄청난 금액이다. 그 가운데 채권으로 보유한 금액은 고작 61달러에 불과했다. 그는 나중에 투자한 사람의 돈으로 먼저 투자한 사람에게 수익으로 지급했던 것이다.

사실 폰지와 같은 수법은 종종 언론에 보도된다. 1998년 한참 시끄러웠던 삼부파이낸스 사건 역시 일종의 금융피라미드였다. 잊을 만하면 터져나온다. 단기간에 고수익을 보장해준다는 말을 믿는 순진한 사람은 언제고 있는 법이다.

그런데 비단 이런 폰지 구조가 금융피라미드에서만 통용되는 것일까? 어쩌면 투자의 세계란 어디고 할 것 없이 폰지 구조가 아닐까?

주식의 경우 스스로 가치가 상승하는 게 아닌 바에야 폰지 게임의 속성이 아주 강하다. 누가 A라는 주식을 5만원에 샀는가? 그렇다면 그 사람이 이익을 거두려면, 또 다른 누군가 그 주식을 5만 2,000원에 사주어야 하는 게 아닌가. 누군가 그에게 더 높은 가격을 치르고 그 주식을 사주어야 하는 것이다.

부동산은 어떤가. 누가 B라는 아파트를 3억원에 샀는가? 그렇다면 그 사람이 이익을 거두려면, 또 다른 누군가 B아파트를 3억 5,000만원이라는, 더 높은 가격으로 사주어야 하는 게 아닌가. 그래야 그가 이익을 남길 수 있는 것이다.

모든 투자에서 기본적으로 통용되는 원리는 바로, 이 폰지 게임의 속성이다. 누군가 내가 투자한 돈 이상의 가치로 인정하고 들어와주어야 한다. 즉 자신보다 나중에 뛰어드는 사람의 돈이 내게 들어오는 형상이다. 이 점을 인정해야 한다. 이 점을 인정하지 않으면 투자 게임을 이해하기가 아주 곤란해진다.

지금 상투가 아닐까 걱정하면서 그 주식(또는 아파트)을 사려고 망설인다고? 그렇다면 반드시 고민해야 할 것은 내가 산 가격 이상으로 이 주식(또는 아파트)을 사줄 사람이 있겠냐는 점이다. 내가 이처럼 지나치게 높은 가격이 아닐까 망설이고 있다면, 나 이후에 들어올 사람들에게는 그 망설임이 더 강하지 않겠는가.

이 현상을 주식 시장에서는 '수급'이라고 표현한다. 아무리 전반적인 시장 환경이 좋다 하더라도, 모든 매수자에게 추가 매입 여력이 없다면 주식이 어떻게 상승하겠는가. 그래서 재료보다 수급이 우선이라는 말을 하곤 한다.

게임의 속성 2 : 하수는 고수를 알아보지 못한다

투자의 속성에 대한 또 한 가지 원리. 그것은 모든 게임에서 공통적으로 적용되는 원리이기도 하다. 스포츠든 도박이든 예술이든 동일하다. 고수는 아주 쉽게 하수를 알아보는 법이지만, 하수는 고수를 쉽게 알아보지 못한다.

요즘에는 별로 하는 사람이 없는 듯도 한데, 고스톱이나 포커에서 백전백승하는 비법이 있다. 판에 끼었다가 모두가 하수라 여겨질 때는 그곳에서 게임을 계속하면 된다. 하지만 그 중에 어느 누구라도 실력을 종잡을 수 없는 사람이 한 명이라도 있다면 그 판에서 빠져나와야 한다. 실력을 알 수 없는 그 사람, 백이면 백 나보다 고수인 것이다.

주식이든 부동산이든 원리는 동일하다. 아직 승부가 보이지 않는다면 그 게임에서 나는 하수라는 뜻이다. 그것은 게임을 해봐야 아는 것이 절대 아니다. 승부는 게임을 시작도 하기 전에 결정 나 있다. 승부가 분명하게 보이지 않는다는 뜻은, 그 판에 나보다 더 쟁쟁한 고수가 있다는 뜻이다.

투자 게임은 진검승부의 세계이다. 바둑처럼 급수별로 겨루는 것도 아니고, 미리 두세 점 접어두고 시작하는 것도 아니다. 권투나 유도처럼 체급별로 게임을 펼치는 것도 아니다. 고수나 하수나 같은 링에서 게임을 진행해야 한다. 핸디캡을 인정하지 않는다. 게다가 고수들은 서로를 쉽게 알아보고 어지간하면 서로 부딪치지 않으려 한다. 서로 싸워봐야 상처만 크고 영광은 없기 때문이다. 그들은 무림으로 처녀 출전하는 겁없는 철부지를 찾기 위해 두 눈을 부라리고 있다.

기억할 것. 모든 게임에서 승부는 이미 싸우기 전에 결정나 있다. 그 승패가 보이지 않는다면 당신이 아직 하수라는 뜻이다. 머니 게임에서 고수들은 당신 같은 사람을 찾느라 혈안이 되어 있다.

04 왜 경매인가

아마 그 사이에 뭔가 깨달음이 찾아온 모양이다. 마지막 순간에 웃기 위해 웃음을 참는다거나 하는 일은 부질없는 짓이며, 미뤄온 웃음을 한꺼번에 웃는 마지막 순간은 영원히 오지 않는다는 뭐 그런 깨달음.

- 98. 4. 14 〈씨네 21〉 중에서

지지 않는 게임을 펼치려는 사람에게 기회란 늘 있다. 그게 보이지 않는 게 문제이지, 기회 자체가 사라지고 없는 것은 아니다. 세상은 점점 더 복잡해지고 있고, 얽힌 그 많은 실타래의 구석진 곳에서 기회란 놈은 누군가 자신을 알아주기를 기다리고 있다.

그런데 그게 잘 보이지 않는 것이다. 상당 부분은 인간 본성이 합리적이지 못한 까닭에 발견하지 못하는 것이다. 사람들이 투자에 성공하지 못하는 요인은 몇 가지가 있다. 2002년 노벨경제학상을 받았던 이론, 행위금융론(Behavioral Finance)에서 그 요인들 가운데 대중의 심리에 대해 고찰하고 있다. 인간은 자신도 모르게 왜곡된 의사 결정을 내리고 이것이 투자에 영향을 준다는 것이다.

그렇다면 어떻게 인간 본성을 뛰어넘어 기회를 찾을 수 있을까.

그럴 수도 있을까? 어느 강연을 갔더니 꼭 집어주는 땅이 있어서 그걸 샀더니 돈이 되더라? 글쎄다. 어느 고수가 있어서 꼭 집어주는 주식이 있어서 그걸 샀더니 대박이더라? 역시 글쎄다. 과연 그런 일이 있기나 할까.

게임의 룰만 안다고 게임에서 승리할 수 있는 게 아니다. 고스톱이 어떻게 진행되는지 게임의 룰만 알고 뛰어들었다가는, 그 끝이 뻔하지 않은가. 승부를 위해서는 룰뿐만 아니라 '숨은 게임의 법칙'을 발견해야 한다. 문제는 숨은 게임의 법칙을 누구도 쉽게 가르쳐주지 않는다는 점이다. 가르치는 매력에 빠져 실전투자를 하지 않는 사람에 대해서는, 실전에 대한 감각이 없는 까닭에 그 주변 지식으로 수익을 구하려는 혐의를 지울 수 없다.

고독한 게임을 치를 준비가 되었는가?

일반인들이 접근할 수 있는, 진입 이전에 수익을 먼저 결정할 수 있는 유일한 분야는 경매 시장이다. 입찰하기 전에 충분히 물건에 대해 검토한다면, 수익을 가정하고 입찰가를 결정할 수 있다. 즉 매입가를 스스로 결정하는 것이다. 자신이 제시한 입찰가로 낙찰 받으면 수익을 거둘 것이고, 낙찰 받지 못한다 한들 손실을 입을 일이 없다. 게다가 불경기일수록 경매는 더 큰 매력을 뿜어낸다.

잃지 않는 게임이 여기에 있다. 극심한 경기 침체기라면 이 점 역시 곤란할 테지만, 적어도 다른 어떤 분야보다 안전한 게임을 펼칠 수 있다.

근본적으로 경매는 여타의 투자와 달리 고독한 게임이다. 혼자 움직여야 한다. 주식처럼 너나없이 좋다고 덤벼들 때 함께 붙어서도 될 일이 아니다. 아파트 분양권처럼 100대 1의 경쟁률을 보일 때, 없는 돈 끌어다가 청약 경쟁에 참여할 것도 아니다. 경매는 지독할 정도로 고독한 게임이다.

사람들은 혼자 가는 걸음을 참아내지 못한다. 유행이라는 것도 알고 보면 남들과 같아지려는 욕구가 아닌가. 불이 나면 사람들이 몰리는 쪽으로만 서로 내닫는 게 아닌가. 투자의 세계에서도 동일하더라. 다른 사람 따라하기 또는 눈치보기는 늘 존재한다. 다른 사람을 따라 하다 틀리면 모두 같이 틀리므로 보통 사람이 되지만, 혼자서 따로 가다 틀리면 바보가 된다. 이러한 전형적인 집단 현상을 역으로 이용하는 투자방법을 역발상투자(Contrarian Investing)라고 부른다.

다른 사람들이 발견하지 못한 기회를 찾아나서야 한다. 그걸 두려워하거나 힘들어해서는 안 된다. 다른 사람들이 발견하지 못한 매력을 찾아나서야 한다. 그 길에는 오직 자신만의 확신과 의지가 소용될 뿐이다. 많은 사람들이 관심을 가진 물건은 수익이 떨어질 수밖에 없다. 소외된 곳, 누구도 찾지 않는 곳에 큰 수익이 도사리고 있다.

경매는 철저하리만치 혼자 가는 게임이다. 함께 가는 길에는 단 한 번, 매물을 잡아볼 기회조차 주어지지 않을 것이다. 이 점을 먼저 인정해야 한다.

경매는 여전히 유효한 재테크 수단인가

경매가 매력 있냐고? 예전보다 많은 사람들이 참여해서 이제 더 이상 이전과 같은 고수익을 노리기 힘들지 않냐고?

그렇다. 옳다. 틀린 말이 아니다. 그런데 세상 어디에 이전과 같은 고수익을 노릴 곳이 있는가 묻고 싶다. 도대체 어디서 고수익을 노릴 곳이 있냐고.

둘러보면 만만한 일이 없는 세상이 되어버렸다. 예전에는 "안 되면 노가다라도 하지" 하는 말도 들었던 것 같은데, 이제는 그 일도 만만치 않다. 거칠고 힘든 노동 강도 때문이 아니라 일거리가 없는 것을 어떡하나. 근자에 택시 잡기가 너무 쉬워졌다. 택시를 운행하는 것도 예전만 못하다는 뜻이다. 3, 4억을 가졌다고? 그래서 회사를 그만두고 장사라도 해볼까? 무엇을 할까? 커피점? 음식점? 아니면 편의점? 쉽게 벌일 수는 있겠지만 이전처럼 아주 쉽게 돈 버는 곳은 보이지 않을 것이다.

10년 전에는 은행 금리만 해도 연 15%대였다. 씨티은행이 국내에 진출하면서 "1억원을 맡기면 3년 뒤에는 1억 5,000만원을 드립니다"고 광고를 해댔다. 지금 만일 시중 은행에서 확정금리로 15%를 제시한다면, 어느 누가 주식 시장을 기웃거리고 땅을 보러 다닐까?

국가 경제가 10% 성장할 때는 어디에 투자하더라도 평균 10%의 수익은 보장된다. 하지만 3% 성장에서는 평균 수익이 3%에 불과한 것을 어떡하라는 말인가. 이런 마당에 그렇다고 두 손 놓고 주저앉아 있을 것인가?

더 이상의 대박 기회가 없는 것은 분명하다. 시대가 바뀌었는데 아직도 대박을 기대하는 것이 벌써 잘못이다. 이런 시대에서 경매는 분명 매력적이다. 여타의 어느 투자보다도 매력적이다.

경매는 투자하는 순간 이미 이익이 결정 난다

지지 않는 게임의 법칙을 명확하게 이해하고 응용하는 투자자는 경매 이외의 영역에서도 기회를 본다. 하지만 아직 투자에 대해 초심자의 입장에서는 참 막막한 일이다. 승부를 먼저 결정 짓고 게임을 진행하도록, 제도적으로 공인된 곳이 경매 시장이다.

부동산에 대한 가치 분석이 끝났다면, 수익을 고려해서 입찰단가를 결정하면 된다. 매입하는 순간 이미 이익은 결정되어 있다. 낙찰받지 못하는 것은 수익이 없는 것일 뿐, 손실을 입는 것은 아니다. 즉 질 수 없는 게임이다. 아직 초보 투자자라면 시작은 경매로 해야 한다.

보유한 자금에 대비해 수익이 높다

사람들의 편견. 경매는 목돈이 있어야 시작한다?

데이트레이닝을 하지 않는 바에야 주식 거래는 매입하고자 하는 물량만큼 현금을 가지고 있어야 한다. 하지만 경매는 자기 자본 비율 30%선 정도만 보유해도 가능하다. 부동산이라는 담보 가치가 있는 물건을 다루는 것이기에 상당 부분 대출을 활용할 수 있다.

가령 1억짜리 물건이라 할 때 3,000만원 정도만 가지고 있다면 시작할 수 있다. 그 물건을 9,000만원에 매입할 수 있었다? 그렇게 1,000만원을 남겼다고 하자. 투입된 자금이 3,000만원에 불과했다면, 그 수익은 10%가 아니라 30%가 넘는다. 어떤 투자든 레버리지 효과는 양날을 가진 검이라 다루는 데 조심해야 한다. 하지만 경매는 진입 순간 이미 수익을 실현한 투자인 까닭에, 적극적으로 레버리지 효과를 활용할 수 있다.

안전하다

사람들의 편견. 경매는 돈을 잃을 수도 있는 아주 위험한 게임이다?

아니다. 그렇지 않다. 아무것도 모른 채 무턱대고 뛰어들려니 그런 것이다. 위험을 피하기 위해 하는 권리분석이란 그다지 난해하지 않다. 약간의 법정 수수료만 지불하면 법무사를 통해서 권리분석을 해도 된다. 요즘에는 경매에 관심 있는 사람들이 많아 미심쩍은 것을 물어볼 사람도 주변에 많다. 설사 난해한 물건이라 하더라도 인터넷을 통해 대법원 판례집에 접근하기도 쉬워 이전 사례를 살펴볼 수도 있다.

돈을 잃을 위험은 오히려 여타의 투자처에 비해 극단적으로 낮다. 문화답사뿐만 아니라 투자의 세계 역시 아는 만큼 보인다. 주식 거래를 하는 누구를 붙잡고 물어보라. 마음 편하게 수익을 예상할 수 있는지. 초보자가 아닌 바에야 경매를 하면서 마음 졸이는 사람은 없다. 위험은 그 어떤 투자처보다 낮다.

경매 시장에 대한 태도

정부의 각종 부동산 정책이 실제로 부동산에 대한 투자를 위축되게 하는 것은 분명하다. 그럼에도 보통의 서민들에게 경매 시장은 여전히 매력적이다. 일반 서민들은 생업 때문에라도 빈번하게 사고파는 게임을 진행할 수 없다. 한번 제대로 된 물건에 투자했으면 한참 동안 쉬어야 한다.

또, 투자하기 위해 더욱 많은 사람이 참여하겠고, 그 점은 분명 기회가 줄어드는 요인이 된다. 하지만 지금이라도 대법원 사이트에서 물건 검색을 한번 해보라. 얼마나 많은 물건이 쏟아져나오는지 확인해보면 그런 말은 더 이상 나오지 않을 듯하다. 투자의 세계는 심리 게임의 속성이 강해 꼭 집어 이야기하기는 어렵지만, 장담하건데 쏟아져 들어오는 물건은 차고 넘치는데 사람들은 늘 한결같이 경매만 바라보고 있는 것은 아니더라.

그 점은 나에게도 동일하다. 다른 분야에서 질 수 없는 게임을 펼치다가 한 텀 쉴 때 돌아보는 것이 경매 시장이다. 두어 달 관심 가지고 물건을 찾아다니다가 하나만 찾으면 된다.

1년에 하나씩만 하더라도 어지간한 직장인 연봉을 얻는다. 부동산이란 급하게 서두를 일도 아니다. 그렇게 하나를 잡아놓고 자신의 본업으로 돌아가 열심히 일하다가, 또 시간이 나면 경매 시장을 둘러보는 것이다.

일년 열두 달 내내 경매 시장만 지켜보는 것도 옳지는 않을 성싶다. 전문가는 될 테지만, 사회 전반의 추세에 대해서는 무디어지는 경향이 있다. 그래서 전문가가 되어갈수록 점점 미시적(微視的)인 시각 속에 거시적(巨視的)인 안목이 사라진다. 일견 투자의 면에서 전체적인 조망을 하는 시각을 잃는다는 것과 풀배팅을 한다는 것은 위험하기 짝이 없는 일이다.

한번 제대로 된 투자를 했으면 이후 자신의 생업에 집중하기를 권한다. 그러다 주변 일이 정리되고 여유가 생기면 다시 경매 시장을 기웃거리는 것이다. 그렇게 2년마다 한 건씩만 기회를 잡는다면, 10년 이내에 분명 주변 누구보다도 큰 자산을 갖추게 될 것을 의심치 않는다.

젊은 부자의
부동산 경매 투자일기

2부

경매 하면 늘 함께 떠오르는 단어가 '위험'이라는 단어다. 대부분의 사람들이 공감하는 점이기도 하다. 하지만 공감한다는 그 대부분의 사람이 누구인가? 아직 경매 시장에 참여하지 않은 사람들이 아닌가. 전기기술자에게 있어 전기를 다루는 일이 위험한 것이 아니듯, 경매 역시 모르기 때문에 위험하다고 생각하는 것은 아닐까.

처음 경매라는 단어를 접했을 때, 당시에는 더 깊게 알아볼 생각 없이 그대로 접고 말았다.

경매란 결국 내가 가격을 써내고 낙찰 받아야 성사되는 것인데, 왠지 이래도 저래도 겁이 났다. 낙찰 받아도 불만이고 낙찰 받지 못해도 불만이다. 낙찰 받으면, 다른 사람은 보았지만 나는 발견하지 못한 함정이라도 있는 것은 아닐까 불안할 게 분명했다. 입찰에 참여했지만 낙찰 받지 못했다면, 다른 사람들도 저렇게 높은 가격에 써낸 것을 보니, 내가 제대로 본 것 맞구나 안도하겠지만 수익이 날 리가 없다. 그래서야 계속할 수가 있나. 이런 상황에 나를 내몰 수는 없다.

그렇게, 이래저래 마음 편하지 않을 듯해서 한동안 접고 있었다. 다시 경매를 접한 것은, 2002년이 되어서다. 당시에만도 경매는 목돈이 있어야 시도해볼 수 있는 게 아닌가 하고 선입관을 가지고 있었지만, 배움은 서두르기로 했다. 그 후로 몇 권의 책을 읽기 시작했고 또 몇 번의 거래가 있었다. 성공 사례도 있고, 실패도 경험했다.

이번 단원에서는 경매 물건을 탐색하는 과정에 대해 치밀하게 묘사하고자 한다. 2004년 들어 직접 뛰어다녔던 물건들이다. 모든 내용을 다 기록한다면 지나치게 장황할 듯하여 단순 반복되는 부분은 삭제했다.

주변 환경, 상상력이 돈을 부른다

2004년이 되자 모두가 토지로 내몰린 듯하다. 입찰에 참여하기 위해 경매 법정으로 가는 동안 집어든 경제신문에서는 토지의 낙찰가가 140%를 훌쩍 뛰어넘었다는 기사다. 규제가 심한 아파트를 피해 다들 토지에 눈독을 들인다는 것이다.

그런데 사실, 그 기사는 본질을 모르고 쓴 듯하다. 본질은 항상 겉으로 드러나는 면과는 다르다. 토지가 아무리 상승세라 하지만 어떻게 140%에 육박하는 가격으로 낙찰되는가? 그것도 한두 건이 그런 것이 아니라, 전반적인 평균 낙찰가가 그렇게 되는가?

그 기사를 보면서 '토지가 이제 재미나는가 보다' 하고 생각하는 사람은 늦은 사람이다. '그렇게 높은 가격에 받아다가 잘못 물리면 어떡하려구' 하고 걱정하는 사람도 늦은 사람이다. 언제나 본질은 겉으로 잘 드러나지 않는다. 묘하게도 사람들은 본질에 대해서는 별로 궁금해하지도 않는다. 그래서야 돈을 벌 것인가. 돈이란 게 그렇게 만만하던가.

현장에 가보지 않더라도 경매를 하는 사람이라면 그것도 어지간한 상식을 가지고 있는 사람이라면 그 물건들에 대해 대강 짐작해볼 수 있다.

경매를 통해서 토지거래 허가지역 내에 토지를 매입할 때는 사전 신고를 하지 않아도 된다. 그렇다면 눈치 빠른 사람은 여기서 놓치지 말아야 한다. A라는 토지를 사고 싶은데, 그게 토지거래 허가지역이다. 그렇다면 어떻게 할까? 경기도는 전체 토지 가운데 85%의 땅이 토지거래 허가지역으로 묶여 있다. 말인즉, 사람들이 지나다닐 때 눈에 뜨이는 땅은 모조리 다 묶여 있다고 보면 된다. 그렇다면 전혀 매입할 방법이 없을까?

이때 이용하는 것이 경매다. A의 소유자와 계약을 체결하고서 그 땅에 근저당을 설정하는 것이다. 감정가보다 넉넉하게 잡아두는 것이다. 그리고 돈을 빌린 땅 소유자가 갚지 않는다며 채권 회수를 위해 그 땅을 경매로 붙인 뒤에 입찰하여 낙찰 받는 것이다. 그렇게 토지거래 허가지역 내에서 적법을 가장한 편법으로 땅을 매입하는 것이다. 그래서 140%에 육박하는 낙찰가가 형성되는 것이다. 토지거래 허가지역에서 직접 매입하기가 만만치 않으니, 경매를 통해 조금 돌아가는 걸음으로 거래하는 것이다.

이런 정도 그림은 아주 쉽게 그려진다. 굳이 현장을 가보지 않더라도, 그런 일을 하는 사람을 만나지 않더라도 쉽게 알 수 있다.

2004년이 되면서 전반적으로 경매 시장에 기회가 다시 찾아온 듯하다. 한 해 전, 그러니까 2003년 2월경만 하더라도 서울시내 아파트가 64%까지 내려온 경우가 없었다. 상승기이기도 한 까닭에, 대개가 감정가 대비 100%를 훌쩍 넘는 가격에 낙찰되곤 했다. 아무리 구석진 곳이라도 1회 유찰로 80%까지 떨어지면 꼭 감정가에 근접하거나 감정가 이상으로 낙찰되곤 했다. 그럴 형편에 리스크 회피가 무엇보다도 우선순위인 새가슴이 아파트에 관심을 가질 수 있을까.

그런데 2004년에는 사정이 달라졌다. 물건을 살펴보니, 2회 유찰, 최저가로 감정가 대비 64%선의 물건이 많이 나와 있다. 빌라 같은 경우는 3회 유찰로 50%까지 내려오기도 했다. 그러니 한번쯤 상상을 해보는 것이다. 하이마트의 전신인 세진컴퓨터가 예전에 사용했던 방법이다.

부산에서 시작한 세진컴퓨터는 1994년경에는 컴퓨터 유통업으로 전국에 신선한 돌풍을 불러일으키고 있었다. 저렴한 가격도 매력이었고, 당시로서는 독특하게 매장마다 A/S센터와 교육센터를 운영하기도 했다. 그것도 무료교육으로 이루어졌다. 저러다 컴퓨터학원들다 문 닫는 거 아냐, 하는 의구심까지 들 지경이다.

아직도 기억하는 것은, 당시 중위로 의정부에서 근무할 때였는데, 직업의 특성상 설 연휴라 하여 고향에 내려갈 생각조차 할 수 없었다. 출근해서 업무를 보던 중에 프린터 카트리지가 다 떨어졌더랬다. 급한 업무였는데 큰일인 것이다. 혹시나 하고 의정부 시내에 있는 세진컴퓨터를 찾았더니 문을 열고 영업을 하는 게 아닌가. 그게 얼마나 인상적이었는지. 직원들이야 죽을 노릇이겠지만(세진컴퓨터가 노동강도가 심한 것은 사실이었는 듯) 그날 영업을 한다는 것만으로도 얼마나 고맙기까지 하던지.

세진컴퓨터가 사세를 확장하면서 사용했던 방법이기도 하다. 건물을 한 채 매입하고 매장을 꾸민다. 그 건물을 담보로 은행에서 대출을 받아 또 다른 건물을 매입한다. 그렇게 부산에서 대구로, 또 서울로, 전국에 매장을 세웠더랬다.

이 방법을 개인이 적용하기에는 조금 무리가 있다. 극단적인 레버리지 효과는 양날이 검이라고. 조그마한 가치 상승만으로도 엄청난 수익을 거둘 수 있지만, 반대로 조그마한 가치 하락만으로도 엄청난 손실을 입을 수 있다. 실제로 세진컴퓨터도 지나친 차입으로 인해 주납품업체였던 대우에 경영권을 넘기고 말았다.

그런데 경매 시장이 침체기라면 이 방법을 한번 사용해봄 직하지 않은가 하고 상상하게 되는 것이다. 2004년 1월의 분위기가 지속된다는 가정 하에.

감정가 대비 50%까지 떨어진 빌라 입찰에 참여한다. 대략 65%선에서 낙찰 받는다고 가정하자. 빌라는 기본적으로 매매 거래가 활발하지 못하다. 그게 단점이라 아파트보다 하락폭이 큰 편이다. 그렇다면 굳이 팔려고 할 게 아니라, 세입자를 구하고 전세를 준다. 시세 대비 65%선에서 매입한 만큼 전세를 통해 투자되었던 자금을 그대로 회수하는 것이다. 처음 입찰 가격을 써낼 때 전세가를 고려한 가격을 기입하는 것이다. 그렇게 회수된 돈으로 다시 또 다른 빌라를 낙찰 받는다. 역시 전세를 주고, 다시 또 투자한다. 그렇게 10채를 채워보는 것은 어떨까. 가능하다면 20채는 어떻고 100채는 어떤가. 적당한 가격의 물량이 나올 때마다 잡는 것이다.

레버리지 효과를 사용할 때 최악의 상황은 시세 하락이다. 그런데 처음부터 시세보다 35% 낮게 매입한 만큼 그런 위험으로부터는 안전하게 피할 수 있는 것이다. 그런 다음, 매입한 모든 물건을 모두 시장에 내놓고 세월아 네월아 하고 기다리는 것이다. 한두 건만으로 급하게 매도하려니 시간이 걸리는 것이지 20채나 100채를 확보하고서 그 모두를 팔자고 기다린다면, 한 해에 몇 채씩은 팔 수 있지 않을까. 처음부터 투입된 자금은 이미 다 회수한 상태이다. 그리고 한 채가 팔릴 때마다, 매입가 대비 그 차액은 순수익이 된다.

게임은 이렇듯 아주 심플하다. 어떤가? 리스크 없이 수익을 얻을 수 있는 기회는 이렇게 존재했다. 이런 시장이 2003년 12월부터 2004년 1월 사이에 조성되어 있었다. 실제로 그 기간 동안 서울시내에 있는 여러 빌라들의 낙찰가격이 그러했다. 하지만 시장이란 언제든 냉정한 거라, 그 분위기가 오래가지 못했다. 2월이 되자 다시 예전 수준으로 회복하여 75%선에서 낙찰되었다.

돈의 흐름이란 이처럼 냉정한 것이다. 빈틈이 있다면 반드시 그 틈으로 물은 새게 마련이다. 누가 가지 말라고 해서 안 가는 것도 아니고, 가라고 해서 꼭 가는 것도 아니다. 계획하고 통제한다고 그대로 다 이루어지는 것이 아니다. 낮은 곳에 조그맣게라도 틈이 생겨나면 모든 물은 그쪽으로 새는 것이다. 그렇게 돈이란, 이익이 있는 곳으로 흐른다. 시장이란 냉정하다.

당시에 조금만 일찍 뛰어다녔어도 한두 건 성사했을지도 모르겠다. 빌라를 통한 상상은 일신상의 번잡한 일들로 인해 시기를 놓쳤다. 더 이상 매력이 없다면 아파트를 잡아봐야겠다는 판단이 섰다. 두 번의 유찰로 64%선까지 내려온 물건만 모조리 출력했다.

2004년 새해 들어 목동에 있는 아파트와 공항동에 있는 아파트, 2건의 물건에 입찰했지만, 낙찰 받지 못했다. 지나치게 낮게 써낸 까닭도 있지만, 입찰에 참석했던 사람들 가운데 실수요자가 있었다. 투자해서 수익을 남기자는 투자자 입장에서는 절대 실수요자와 싸워 이길 수 없다. 실수요자는 수익이 목적이 아니라 조금이라도 싸게 구입할 수만 있다면 충분하다는 심정으로 거의 시세에 가까운 가격으로 낙찰 받는 까닭이다. 그 두 건에 대해서는 별로 얻을 게 없으므로 언급하지는 않겠다.

잃어버린 기회에 대해서는 별로 아까워하지 않는 편이다. 투자 습성이 길들여진 탓인지, 매사에 결정하고 나면 남들보다 빠르게 움직이기도 하지만 또 포기도 남들보다 빠른 편이다. 잃어버린 기회에 대해 미련이나 아쉬움은 오래 갖지 않는다.

다시 또 새로운 물건을 뽑다가 1차적으로 서류상 권리분석을 끝냈다. 개중에 마음에 드는 것들을 추려서 들고 집을 나섰다. 전날, 지도상으로 대강의 위치를 파악해두고 있었고, 그 물건들을 살펴보기 위한 최단 이동경로까지 잡았다. 모두가 다음 주에 있는 북부계 지원에서 이루어지는 물건들이다. 목적지는 중랑구와 도봉구와 노원구. 이 세 지역에 나와 있는 9건을 두고 살펴보고자 나선 길이다.

▶ **경매 참여 절차**

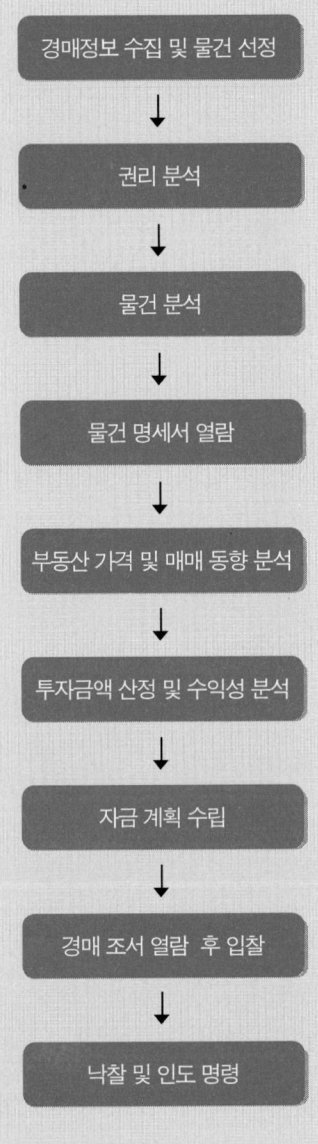

경매정보 수집 및 물건 선정

↓

권리 분석

↓

물건 분석

↓

물건 명세서 열람

↓

부동산 가격 및 매매 동향 분석

↓

투자금액 산정 및 수익성 분석

↓

자금 계획 수립

↓

경매 조서 열람 후 입찰

↓

낙찰 및 인도 명령

01 직접 방문해야 알 수 있는 것들

경매 물건을 보러 다니는 중이라 했더니, 함께 공부하자며 동행한 일행이 있다. 닉네임 이부장.

첫 물건은 노원구 중계동에 있는 K아파트. 감정가는 1억 2,500만 원인 22평형 아파트.

권리분석은 어렵지 않다. 동사무소에서 전입세대주를 확인해도 정보지에 나타난 것 외에 더 이상의 세대주는 없다. 임대차인 세대주가 없는 것이다.

정보지를 이부장님에게 건네주며 물었다.

"어때 보입니까?"

"글쎄요…… 아직 전……."

"국민은행에서 청구한 금액이 6,760만원, 그리고 오○○의 가압류가 4,022만원. 도합 1억원이 조금 넘습니다. 정확한 금액은 국민은행

주소 감정평가 내역	면적(단위 : ㎡)	경매가 진행내역	일자-성명-임차금 주민등록 확인	등기부상의 권리관계
서울 노원구 중계동 K아파트 ○○○동 ○층 ○○○호 〈감정평가내역〉 -철근콘크리트조 　슬래브 -중계역 남측 　인근 -버스정류장 　도보 2~3분 -지역난방 〈감정평가액〉 대지 37,500,000원 건물 87,500,000원	대지 31,742/81120.1 (10평) 건물 49.5 (14.97평/22평형) 방3, 남향 15층 90.9.28 보존 복도식, 남향	감정 125,000,000원 ○○감정 (03.07.09) 최저 80,000,000원 (64.0%) -------------- 변경 03.11.18 유찰 03.12.16 유찰 04.01.13	전입 소유자 점유 〈동사무소 확인〉 전입 94.11.02 김○○ 열람 03.11.26 배당요구종기 03.10.06	소유 김○○ 94.11.10 전 소유자 이○○ 저당 국민은행 광화문 94.10.10 2,400만원 저당 국민은행 중계동 96.09.12 3,000만원 저당 국민은행 중계동 02.04.22 1,360만원 가압 오○○ 02.10.12 4,022만원

에 확인해야 할 테지만, 굳이 그럴 필요까지는 느껴지지 않지요. 이 물건에서 발견한 것은, 채무자가 곧 아파트 소유자이고, 그 아파트에 살고 있는 유일한 세대라는 사실입니다. 그리고 채무자가 정산 이후에 받아갈 돈이 전혀 없다는 사실이죠. 곧, 낙찰 이후 명도에 곤란해지는 경우도 발생할 수 있다는 뜻이기도 합니다."

　"명도가 곤란하다구요?"

　명도는 항상 신경 써야 하는 문제 중 하나이다. 낙찰 받은 뒤에 재산으로 가치를 내려면 그 물건을 팔거나 세입자를 구해야 한다. 기존에 살고 있는 사람이 집을 비워주지 않으면 재산으로 효력을 발휘할 수 없는 것이다.

"그렇죠. 소유자가 굳이 집을 일찍 비워야 할 필요가 없다는 거지요. 이러나저러나 받아나갈 돈도 없는 입장이니 계속 집을 떠나지 않으려고 할 수도 있는 거지요. 그러니 소유자가 집을 비우게 하기 위해서는 서로 만나서 이사비를 협상할 때도 있습니다. 대개 조금 감안을 합니다만, 요구가 너무 터무니없다면 인도명령을 신청합니다."

"이사비는 어느 정도인데요?"

"그거야 서로 합의를 하기 나름이지요. 수익이 많고 저쪽 사정이 딱하다 싶으면 많이 줄 수도 있겠지요. 대개가 명도소송에 들어가는 비용 정도입니다. 쉽게 말하면, 물건이 비싼 거라면 이사비도 커지고, 물건이 아주 싼 거라면 이사비도 얼마 들지 않지요. 이런 정도의 아파트라면 대개 200만원은 넘지 않는 편입니다. 많이 줄 때 그렇다는 거지요.

옛날처럼 몇 천만원씩 주는 경우는 잘 없어요. 어지간히 물건이 클 때도 그렇습니다. 옛날에는 경매에 관심을 가진 사람이 많지 않아서 그렇게 주고라도 수익이 남는 경우가 있었겠지요. 그런데 요즘은 경매 시장에서 노다지는 없습니다. 그렇게 만만하지 않습니다. 사실 이사비라는 그게 명도소송 비용이거든요. 명도소송을 진행하느니 그 돈을 주고 일찍 집을 비우는 거지요. 하지만 지금은 인도명령을 통해 보다 쉽게 처리되어지거든요.

이사비는 집주인이든 세입자든 배당이 있는 경우라면 굳이 고려하지 않습니다. 요즘에는 이사비에 별로 큰돈을 쓰지는 않아요. 인도명령을 통하면 큰돈 들이지 않고, 또 시간도 얼마 걸리지 않거든. 아무튼 수익을 계산할 때는 고려해두는 게 좋겠지요. 굳이 지불하지 않을 수 있다면 그만큼 수익이 늘어날 테고, 지불하더라도 미리 준비하고 있다면 억울할 게 없을 테니까요."

대개 이사비는 아파트의 평수에 따라 달리 책정된다. 그 기준값은 명도소송을 진행할 경우 법원에 부담해야 할 비용 정도 선이다.

방문해서 확인할 내용

아파트를 찾아갔다.

"아파트를 찾아가면 뭘 보세요?"

이부장님이 묻는다.

"글쎄요. 사람마다 틀리겠지만, 전 시간이 넉넉하면 서류상에 드러나지 않은 정보를 최대한 확보하려는 편입니다."

"예를 들면요?"

엘리베이터를 누른 뒤에 잠깐 해당 물건지의 우편함을 살펴보았다. 우편함에는 아무것도 없다.

"가령, 우편함도 살펴보는 거죠. 우편물이 쌓여 있다면 그곳에 사람이 살지 않는다는 뜻일 테지만, 이렇게 우편물이 없다면 오늘도 누군가 우편물을 가져갔다는 것을 알 수 있잖아요. 우편물을 보면서 그곳에 사는 사람들의 이름도 다시 한번 확인할 수 있기도 하구요. 빌라 같은 경우에는 전기계량기가 아예 없는 경우도 있어요. 오래도록 체납되어 한전에서 단전한 거죠. 그럴 때는 아무도 살지 않는다고 볼 수 있지요."

우편물이 쌓여 있다면 아무도 살지 않는다고 볼 수도 있다. 그리고 우편물의 수취인을 보면 적어도 이 주소지에 살고 있는 사람의 이름을 확인할 수 있다.

"사람이 살고 살지 않고가 중요하나요?"

"낙찰되고 나면 고민할 것이 명도 문제입니다. 아무래도 여기 살지 않고 다른 곳에 살고 있다면, 명도는 쉽겠지요? 물론 연락이 된다는 전제 하에."

"안 산다면 좋겠군요. 그러면 편하겠습니다."

"꼭 그렇지만도 않은 것이, 짐이 남아 있다면 그것을 치워야 하니까 문제가 됩니다. 살지 않는 것까지는 좋은데, 아예 연락이 되지 않으면 곤란하지요."

"짐이야 그냥 어디다 맡겨버리면 되지 않을라나요? 버리고 간 거라면 치워버리면 되지 않나요?"

"안 돼죠. 짐이 작은 가방 하나라도 있다면 그것을 임의로 처리해서는 안 됩니다. 아무리 낙찰 받아 자기 집이라 하더라도 함부로 들어가서도 안 되지요. 꼭 인도명령을 통해 처리해야 해요."

연락조차 되지 않는다면 합의를 할 수도 없다. 그때는 인도명령을 신청하는 방법 외에는 없다. 방문하기 위해서도 꼭 관리인을 동석해야 한다. 아무리 자신 소유의 집이라 하더라도 임의로 열쇠공을 불러서 단독으로 들어가면 불법이다. 주거침입죄가 성립하는 것이다.

엘리베이터가 내려와서 함께 올라탔다.

"올라가서 집주인을 만나나요?"

"그러지 않는 사람도 있는데, 만나서 나쁠 것은 없지 않겠어요?"

"불편하지 않을까요? 기분 나빠할 듯도 한데……"

불편한 것은 사실이다. 나 역시 수년째 경매 물건을 살펴보곤 했는데도 전혀 익숙하지 않은 부분이 바로 이 점이다.

"사실 주인이든 세입자든, 찾아오는 사람에게 집을 잘 보여주고 조금이라도 높게 낙찰되도록 하는 게 유리합니다. 주인이라면 그래야 자신의 채무가 조금이라도 줄어들 테고, 세입자라면 조금이라도 더 보증금을 확보할 수 있으니까요. 감정적으로 대한다면 사실 자신에게 유익한 것은 없구요."

그런데 실제 상황은 다르다. 방문자를 반기는 경우는 드물다. 서로 불편한 것은 어쩔 수 없기도 하다. 경우에 따라서는 집주인이 다른 사람의 명의를 빌려 낙찰 받고자 하는 경우도 있다. 그 점도 방문하여 사람을 만나게 되면 알 수 있는 중요한 정보 가운데 하나이다.

"그리고 또 뭘 봅니까?"

"어떻게 할 건지도 물어봐야죠. 낙찰된 뒤에 어떻게 할 건지? 이사 갈 건지? 아니면 여기에 머물 건지? 머문다면 임대차계약을 맺을 것인지도. 이사 가겠다면 아마 이사비용을 요구하기도 할 겁니다. 터무니없지만 않다면이야 굳이 인도명령이나 명도소송까지 가지 않고 원만하게 처리할 수도 있겠지요. 반응을 보면, 경우에 따라서는 다른 사람 명의로 입찰에 참여할 것인지 여부도 확인할 수 있구요. 그것말고도 집의 내부 구조를 볼 수 있다면 좋지요. 낙찰 받은 뒤에 집에 수리할 게 많다면 그것도 곤란하잖아요. 방수공사를 해야 할 경우도 생기지요. 전, 도배·장판하는 것하고, 싱크대를 교체할 것인지를 관심 가지고 봅니다."

초인종을 눌렀더니 아이들만 나온다. 아빠 엄마는 직장에 갔다고 한다. 아이들만 있는 집에 들어가 집 구경을 하자고 할 수도 없다. 돌아서서 나오면서 한 마디 덧붙였다.

"부동산에 들러 시세도 확인해둬야 합니다. 요즘엔 인터넷이 잘 되어서 집에서도 확인이 되지만 최신자료가 아닐 수도 있으니 잘 봐야죠. 그리고 시세는 반드시 두 가지를 기준으로 봅니다. 하나는 일반 매매가, 또 하나는 급매물가."

확인 결과 감정평가금액이 1억 2,500만원이었는데, 실거래는 1억에서 1억 1,000만원 사이에서 이루어지고 있다. 전세가는 8,000만원에서 9,000만원 사이. 월세는 보증금 2,000만원에 월 50만원.

이부장님이 한 마디 거든다.

"이 동네는 작년에도 별로 시세가 오르지 않았어요."

다음이 물건을 확인한 후 내린 판단이다.

감정평가금액	125,000,000원
최저가	80,000,000원
실거래가	100,000,000원 (★)
전세가	80,000,000원
낙찰예정가	90,000,000원 (☆)
등기비용(취득세, 등록세 등)	7,000,000원
도배, 장판, 싱크대 등	2,000,000원
이사비용	2,000,000원
차 액	− 1,000,000원

감정가에 비해 실거래가가 너무 낮은 편이다. 감정가가 지나치게 높게 평가된 경우이다. 언제든 비용을 계산할 때는 최대한 넉넉하게

잡는 편이다. 예상치 못한 비용이 추가로 들어가는 경우는 있어도, 예상했던 비용보다 적게 들어가는 경우는 흔하지 않다. 그렇게 수익은 늘 소극적으로 잡는다.

최저가로 낙찰 받는다 한들 1,000만원의 차액이 발생할 뿐이다. 그리고 기존 낙찰가를 비교해보건데 70% 이상에서 이루어진다고 하면, 수익이 없다. 그나마 수익을 생각한다면 8,200만원 미만에서 매입해야 한다.

이 물건은 입찰하지 않기로 결정했다.

물건을 살펴볼 때 수집할 수 있는 모든 자료를 최대한 수집할 필요가 있다. 물건에 대해 많은 내용을 알수록 유리했으면 했지 절대 불리하지 않다. 그 점은 입찰에 참가해서 낙찰 받기 위해 적정 가격을 쓰는 데도 필요하고, 낙찰 받은 뒤에 명도 문제를 해결하는 데도 도움이 된다.

집을 방문해서 살고 있는 사람을 만난다는 것은 사실 심적으로 부담이 크다. 그 부담은 벌써 꽤 오래도록 경매 물건을 보아왔고 또 방문했는데도 전혀 사라지지 않는다. 초인종을 누를 때마다 매번 동일한 생각을 한다.

'아무도 없으면 좋겠다.'

아무도 없다면, 초면인 사람을 만나야 한다는 부담은 없다. 하지만 얻는 게 없다. 때로 집주인으로부터 인간적인 멸시를 당할 만큼 욕을 얻어먹기도 한다. 그래도 어쩌겠는가. 굳이 그런 과정 없이 쉽게 돈을 벌 수도 있을 테지만, 만에 하나 있을 수 있는 함정을 피하고 싶다면 그런 부담을 극복해야 한다.

방문했으면 최대한 많은 정보를 얻고자 해야 한다. 건물 상태도 보아야 할 테고, 내부 청결도 보아야 할 테고, 수리가 필요한 부분이 없는지도 보아야 한다. 집주인이 어떤 생각을 가지고 있는지도 잘 살펴보아야 한다.

또 하나, 흔한 경우는 아니지만 복병처럼 낙찰 받은 뒤에 나타나는 낭패가 있으니 유치권이다. 유치권 문제는 대개 신축이 아니면 없기는 하지만 방문해보지 않으면 모른다. 등기부등본 상에도 나타나지 않고 현장에서나 확인할 수 있는 것이다. 유치권에 대해서는 132~137페이지에 자세히 설명한다.

경매 시장은 부동산 전반의 흐름과 전혀 별개 개념이 될 수 없다. 부동산 시장의 흐름 역시 국가 경제와 무관할 수 없다. 이 모든 것을 미리 예측하고 대비하기란 만만한 일은 아니지만 전체 흐름을 무시한 투자는 어떤 식으로든 위험하다.

먼저 부동산 시장의 판도를 헤아려볼 수 있는 능력이 필요하다. 그 이후에 세부 물건과 지역에 대한 정보에 정통해질 것을 권한다. 처음부터 전국 물건을 상대로 투자하겠다고 생각하지 않는 게 좋다. 자신이 살고 있는 지역, 또는 평소 관심을 두고 있는 지역에 대해, 또 관심을 가진 종류에 대해 아주 좁게 한정해두고 물건을 살펴보기를 권한다. 경험이 쌓이면 그 범위를 넓혀갈 수 있다. 그 점은 지역이라는 범위뿐만 아니라 부동산 종류라는 범위에도 동일하게 적용된다.

입찰 희망자는 입찰 부동산에 직접 방문하여 부동산의 종류에 따라 아래의 사항들을 확인·분석해야 한다.

| 아파트 |

교육 여건

우리나라 사람의 자녀교육열만큼은 어느 민족보다 부족하지 않다. 아파트를 고를 때 가장 우선되는 조건은 바로 교육 여건이다. 설사 제반 사항이 다소 나쁘다 하더라도 교육에 유리한 곳이라면 분명 가치를 높게 친다.

역세권 여부 및 대중교통수단

서울을 포함한 대도시는 점점 더 커지고 있다. 그리고 도시인의 이동거리도 더 길어지고 있다. 보다 많은 시설이 들어오고 있고, 그 시설들 사이 간격이 점점 벌어지고 있다. 도시의 교통체증은 비단 차를 소유하는 사람이 늘고 유입인구가 늘어난다는 사실 외에도 그 구성원의 이동 거리가 길어지고 있다는 점에서도 영향을 받는다.

교통 중에 지하철은 가장 안전하고 정확한 시간에 이동 가능한 수단이다. 지하철이 개통되면 그 역세권은 일제히 오른다. 지하철 노선이 발표될 때, 공사가 시작될 때, 공사가 끝나서 개통할 때, 그렇게 3번에 걸쳐 상승한다. 만일 도보로 지하철을 이용할 수 없다면, 지하철역까지 연결되는 버스 노선이라도 있어야 한다. 교통 여건이 좋아야 세입자 확보도 쉽고, 언제든 팔 수 있다.

생활편의시설(금융기관, 공공기관, 학교, 쇼핑센터)의 접근성

백화점이나 시장도 30분 이내 거리라야 안심이다. 구청이나 동사무소, 학교 등도 가까운 곳이 좋다. 헬스클럽이나 수영장도 가까이 있어야 이용할 수 있다. 사람 마음이란 누구나 다 비슷하다.

가구수가 500세대 이상 되는지와 아파트 이름의 지명도

가구수는 생활편의시설과도 연관성이 높은 부분이다. 단지 규모가 클수록 생활편의시설이 잘 갖추어져 있다. 브랜드 역시 무시 못한다. 소비자들은 좀더 비싼 분양가를 감수하더라도 대형 업체에서 시공한 아파트를 선호한다.

주거의 쾌적성(혐오시설 유무 : 화장터, 오물처리장)

쾌적한 환경은 누구나 지향하는 곳이다. 녹지가 있는 공원이 인접해 있는 아파트라면 좋다. 반면에 공장이 많은 지역은 인기가 덜할 수밖에 없다.

연체 관리비

관리비 역시 수익성 판단에 있어 반드시 확인해야 할 사항이다. 경우에 따라서는 상당히 많은 금액이 연체되었을 수도 있고, 이 점은 관행상 낙찰자가 떠안는다.

재건축될 아파트에 투자하겠다면, 건축된 지 18년 이상된 저층 아파트를

대지지분이 높을수록 유리하다. 아무리 오래되고 저층이라 하더라도 대지지분이 턱없이 낮다면 고려대상에서 제외해야 한다.

대지지분 확인 후 대지권 등기가 없다면, 대지권 확보 가능 여부

주택과 달리, 아파트 같은 집합건물은 원칙적으로 대지와 건물이 함께 거래되어야 한다. 아파트 단지가 일괄적으로 대지권이 없다면 고민하지 않아도 되지만, 해당 물건 하나만 대지권이 없다면, 대지권을 어떻게 확보할지를 고민해야 한다.

매매가 대비 임대가 비중

여러 요인으로 매매가 대비 전세가가 높은 곳도 있고 그 반대의 경우도 있다. 임대수익뿐만 아니라 시세차익을 위해서라도 전세가 비중이 높은 곳이 좋다. 대개 소형 아파트가 임대수익이 좋다. 하지만 이 점 역시, 틈새가 발생한다. 대형 아파트의 경우에는 임대가 비중이 낮은 이유로 소형 아파트에 비해 무리한 입찰 경쟁이 없는 편이다. 즉 대형 평수는 보다 낮은 가격에 낙찰되어 시세차익이 좋은 편이다.

| 단독주택 · 다가구주택 · 연립주택 · 다세대주택 |

기본 요소는 아파트의 경우와 다를 게 없다. 대개 아파트에 관심이 높은 것은 환금성뿐만 아니라 가치 판단이 유리한 까닭이다. 하지만 주택의 경우도 잘 찾으면 오히려 고수익을 노려볼 물건이 있다. 안목이 없다면 가치 판단 자체가 쉽지 않겠지만, 이 점은 감정평가사에게도 동일하다. 유난히 감정가를 높게 책정하기도 하겠지만, 반면에 지나치게 낮게 책정할 수도 있는 것이다.

주택을 볼 때는 특히 관리상태나 구조에 따라 개·보수를 통한 가치 상승에 대해서 깊은 관심을 가져야 한다. 이 점을 위해서는 리모델링이나 리노베이션 전문 서적을 참고할 것도 권한다.

- 역세권 소재 여부 및 대중교통수단
- 도로상황 및 주차공간
- 대지모양 및 경사도, 축대 유무
- 생활편의시설(금융기관, 공공기관, 학교, 쇼핑센터)의 접근성
- 주거공간으로 장애 요소(유흥가와 인접성 여부 및 혐오·위험시설의 접근성 여부)
- 도시가스 설치 여부
- 개·보수(renovation) 가능 여부

| 주상복합 |

1998년 이후의 주택고급화 바람으로 건설되기 시작한 곳과 그 이전에 지어진 곳을 구분할 필요가 있다. 주거의 편의성과 희소성에 가치를 두지만, 동시에 전용면적이 작다는 점을 고려하자.

- 단독주택의 확인사항과 상가의 경우 상권형성 여부 및 유동인구
- 주거공간과 비주거 공간의 임대차 상황(낙찰자에게 대항할 수 있는 임차인을 확인하기 위함)
- 개·보수 가능 여부

| 상가 |

상가는 활성화될 때 그만한 수익 부동산이 없다. 하지만 활성화에 실패하였을 경우 그 가치 하락폭은 엄청나다. 투자 전에 입지분석에 보다 신중해야

한다. 반드시 임대료 수준과 입지를 확인하자. 아무리 값이 싸더라도 장사가 되지 않을 것 같으면 피해야 한다. 대개가 경매로 나올 때 이미 경영이 어려웠던 만큼 입지 부분을 고심해야 한다.

아파트 단지 내 상가와 근린상가, 중심상권 상가 각각 고려해야 할 요소가 조금씩 다르다.

- 단지 내 상가를 볼 때는 아파트 가구수를 먼저 살펴보아야 한다. 단지 내 주민들의 소비 특성도 살펴야 한다.
  대개 35평형 미만의 중소형 아파트에서는 단지 내 상가 이용률이 높다. 반면에, 대형 평수가 많은 고급 입주자들은 백화점을 선호한다. 또 대로변에 위치한 상가는 인근지역 주민들을 흡수하여 수익성이 높기도 하다. 인근에 대형 할인점이 들어서는지의 여부도 고려해야 한다.
- 근린상가는 대로변이 좋다.
  대단위 주거단지나 아파트 밀집지역을 배후에 두고서 대로변에 위치하고 있다면 더할 나위 없다.
- 중심상권의 상가는 경기를 덜 타고 임대료 수준도 높다.
  이미 활성화된 곳이기 때문에 감정가 역시 그 점을 고려해 높은 편이다. 상권 변화가 적은 대신 권리금이 많으니 이 경우 경매를 통해 구할 수 있다면 노다지를 캔 셈이다. 일반적인 매매에서 인정받는 권리금이 경매에서는 인정되지 않는 까닭이다. 중심상권 상가는 무엇보다도 미래 상권의 판도를 분석할 능력을 갖추는 것이 좋다.
  일반적으로 지하층이나 고층은 피하는 게 좋다. 이용자들의 동선이 커지면 투자가치는 떨어질 수밖에 없다. 1층 출구 쪽이 좋고, 에스컬레이터가 있을 때는 올라오면서 마주볼 수 있는 자리가 좋다.

| 토지 |

토지는 환금성에서 아주 취약하다. 도시의 성장에 따라 가치가 달라진다.

도시가 점점 커지고 있다면 토지의 가치는 놀랍게 상승하지만 반대로 도시가 죽고 있다면 토지는 애물단지가 되어버린다. 때문에 개발시 제한 사항의 여부를 구청이나 군청에서 반드시 확인해야 한다.

토지는 그 이용면에 있어서 아주 다양한 변수가 도입된다. 때문에 반드시 토지와 관련된 전문 서적을 탐독한 뒤에나 뛰어들 일이다. 해당 토지에 적용되는 법률이 어떤 것이 있는지 확인해야 한다.

국토이용관리법, 도시계획법, 농지법에 따른 토지이용에 제한 사항이 없는지를 확인해야 한다. 주요한 것에는 그린벨트구역, 상수원보호구역, 군사보호구역 등이 있다.

토지에 투자하고 싶다면 우선적으로 다음 사항을 염두에 두자.

단독주택지

택지개발지구 내에서도 가장 인기 높은 토지가 단독주택지이다. 원룸형 다가구주택을 지어 임대수입을 노려볼 수 있는 곳이다. 일반주거지는 연면적 40%까지 근린생활시설을 들일 수 있어 일부는 상가주택으로 활용한다. 건물은 대개 3층까지 올릴 수 있으므로 1층은 상가로, 2층과 3층은 주택으로 사용한다.

물론, 건축규제사항도 잘 살펴보아야 한다. 일부 지역에서는 다가구주택을 못 짓게 하는 경우도 있다.

도심 내 자투리땅

자투리땅은 이미 도시계획이 수립되어 있기 때문에 매입 전에 건축규모나 활용에 대해 먼저 확인해두어야 한다. 문제가 없다면, 고시원이나 원룸형 다가구주택, 빌라형 다세대주택으로 건축하는 것도 고려해봄 직하다.

개발 재료가 있는 곳이라면

적은 돈으로 할 수 없다는 게 문제이기도 하지만 경매를 통하게 되면 개발

재료가 있는 지역에 자투리땅을 매입할 수도 있다. 땅값 상승률 상위 지역은 대개가 개발 호재가 있는 곳이다. 다만, 아주 신중한 검토가 필요하다.

그린벨트가 해제된다 하여?

대개 아주 큰 수익을 누릴 수 있는 곳이다. 하지만 그린벨트가 해제된다 하여 모두가 금싸라기로 변하는 것은 아니다. 지목이 대(垈)가 아니라면 건축허가를 받지 못할 수도 있다. 반드시 주변 여건을 확인하고 뛰어들어야 한다.

택지개발지구 주변 공략

택지개발지구에 비싼 값으로 구했는데, 보상가격이 매입가격만 못하면 낭패다. 택지개발지구에 투자할 때는 개발지역보다는 주변 땅에 관심을 가져봄 직하다. 택지개발지구 내에 있는 토지에 대해서는 감정평가를 통해 보상이 이루어지는 까닭에 뒤늦게 들어간 사람은 손실을 입을 수도 있다. 하지만 택지개발지구 인근의 토지 중 위락시설이나 상업용 건물을 지을 수 있는 곳은 가치가 급상승한다.

02 법, 아는 것이 힘이다

다음 물건을 향해 출발.

도봉구 창동에 있는 J아파트. 감정가 1억 2,000만원인 21평형 아파트. 지어진 지 14년 되었다.

동사무소 확인 결과 정보지에 나타난 김○○는 드러나지 않는다. 주인이며 채무자인 박○○만 있다. 그렇다면 김○○는 박○○의 가족일 수도 있다. 물론 아닐 수도 있다.

근저당은 2002년 4월 10일. 김○○가 동사무소 세대주 열람 사항에는 없고 정보지 상에만 2002년 4월 22일. 그렇다면 설사 세입자라 하더라도 대항력이 없는 세입자다. 대항력이 없다면 기껏해야 소액임차인 경우인데, 소액임차일 때는 큰 신경 쓰지 않아도 된다. 소액임차는 최우선변제권으로 다른 채권들보다 먼저 보장받는 것이다. 즉 낙찰 후에 떠안아야 할 보증금은 없다.

주소 감정평가 내역	면적(단위 : m²)	경매가 진행내역	일자-성명-임차금 주민등록 확인	등기부상의 권리관계
서울 도봉구 창동 J아파트 ○○○동 ○층 ○○○호 〈감정평가내역〉 -일반미관지구 -철근콘크리트조 　슬래브 -창원초등교 　북서측 인근 -버스정류장 및 도 　보 2~3분 소요 -도시가스 개별난 　방 -도시 접함, 　소로2류 접함 -2종일반주거지역 　(종세분화 변경 　입안) 〈감정평가액〉 대지 35,000,000원 건물 85,000,000원	대지 40,51/32802,7 (12평) 건물 49,95 (15,12평/ 21평형) 방2 15층 91,07,11 보존 복도식	감정 120,000,000원 ○○감정(03,07,10) 최저 76,800,000원 (64%) ------------ 유찰 03,12,16 유찰 04,01,13	전입 02,04,22 김○○ 배당요구종기 03,10,07	소유 박○○ 　02,04,06 전 소유자 한○○ 저당 서울은행 　창동역 　02,04,10 　1억 2,400만원 저당 영풍상호 　저축은행 　여의도 　02,10,02 　1,300만원 가압 신용보증기금 　02,10,30 　2,550만원 가압 조흥은행 　월계동 　02,10,30 　585만원 압류 도봉구 　03,01,09 가압 하나은행 　채권관리팀 　03,03,25 　788만원 임의 하나은행 　채권관리팀 　03,06,30 청구 　95,346,965원

　이번 건 역시, 문제 중 하나는 채무자는 받아갈 돈이 전혀 없다. 곧,
명도에 어려움이 따를 것을 예상할 수 있다.
　아파트에는 초인종을 눌러도 아무도 없다. 부동산 시세를 확인해

보니, 거래시세는 1억 1,000만원에서 1억 2,000만원 사이. 전세가는 7,500만원에서 8,000만원으로 이루어지고 있었다. 월세는 보증금 3,000만원에 월 30만원.

감정가는 이전 물건보다 낮은데도 실거래가는 이전 물건보다 1,000만원 정도 더 높게 책정되어 있다는 점이 매력이다.

정보지를 들여다보던 이부장님이 묻는다.

"여기 방2에 동그라미는 왜 쳐둔 거죠?"

"아까 것은 방이 셋인데, 이 건은 방이 둘이죠. 그 점은 낙찰 후에 은행에서 융자받을 때 유리합니다. 가령 낙찰가에서 60%만 융자가 된다고 합시다. 1억에 낙찰 받으면 얼마를 융자받을 수 있죠?"

"6,000만원이네요."

"그렇지 않아요. 소액임대차보호법이 있어서 60%를 계산한 뒤 소위 방빼기를 합니다. 그러니까 방이 셋인 아파트일 경우에는 주인이 방 하나는 차지하고, 나머지 방 둘에 각각 임대를 놓을 수 있다고 가정하는 거죠. 비록 은행이 대출을 하면서 선순위로 권리를 가지고 있다 하더라도 소액임차인에 대해서는 그 금액을 보존해줘야 하거든요. 그래서 미리 안전하게 한계를 설정해두는 거지요. 그걸 방빼기라고 부릅니다. 공식 용어는 아니구요. 그러니까 방 하나당 1,600만원씩을 공제하고서 그 남은 금액만큼을 융자하는 거지요."

소액임차인에 대한 최선순위는 아무리 은행이 설정한 근저당이 빠르다 하더라도 더 우선적으로 배당 받는다. 은행으로서는 위험을 안지 않으려는 당연한 조치다.

계산기를 꺼내더니 두드린다.

"아, 그러면 같은 1억 낙찰이라도 60%라면 6,000만원에서 방이 셋인 경우는 3,200만원을 제한 2,800만원이 되는군요. 방이 둘인 경우는 1,600만원을 제한 4,400만원이 되는군요."

"그렇지요. 처음부터 자기자본만으로 참여한다면 문제될 게 없겠지만, 대출을 활용한다면 방이 몇 개인지 고려해보아야죠."

자기자본만으로 경매에 들어가는 사람은 많지 않다. 은행 대출을 최대한 활용해서 자신이 운용하는 자금을 최대한 크게 넓히는 것이다. 그렇게 작은 자본으로 큰 물건을 처리할 수 있다.

다음은 이 건에 대한 대강의 분석이다.

감정평가금액	120,000,000원
최저가	76,800,000원
실거래가	110,000,000원 (★)
전세가	75,000,000원
낙찰예정가	90,000,000원 (☆)
등기비용(취득세, 등록세 등)	7,000,000원
도배, 장판, 싱크대 등	2,000,000원
이사 비용	2,000,000원
차 액	**+ 9,000,000원**

이 건은 입찰에 참여하기로 했다. 문제는 이제 어느 정도의 가격을 써내느냐 하는 점이다. 너무 많은 이익을 바라고 지나치게 낮게 써낸다면 낙찰되지 못할 것이다. 그렇다하여 낙찰만을 노리고 너무 높게 써낸다면 수익이 너무 작아진다.

이 점은 경매에 부단히 관심을 가져야 알 수 있다. 실수요자가 경매에 참여할 때는 투자수익을 거둘 수 없다. 실수요자는 경매를 통해 수익을 바라는 게 아니라, 중개인을 통할 때보다 조금이라도 싸게 구하는 게 목적인 까닭에 거의 실거래가에 근접하게 써낸다. 하지만 투자자들만의 입찰에서는 누가 얼마에 써내느냐가 문제가 된다. 이 점은 경매를 수차례 계속 참여하다 보면 감각이 온다. 그리고 매주 달라지는 시장 분위기도 저절로 익히게 된다.

Clinic 재 · 정 · 클 · 리 · 닉

소액임차 문제는 권리분석에서 중요한 부분이다.

주거형이라면 반드시 알아야 할 것이 소액임차에 대한 문제이다. 때문에 반드시 '주택임대차보호법'을 재삼재사 숙독해두어야 한다.

초보자들이 흔하게 겪는 실패 가운데 하나는, 낙찰 받은 뒤에 그 건물에 세 들어 살고 있는 세입자(임차인)의 전세보증금을 부담해야 하는 경우가 발생할 때다.

[주택임대차보호법에 대한 이해]

| 주택임대차보호법은? |

1981년에 제정된 특별법이다. 사회적 약자라 인정되는 임차인 보호를 위한 최소한의 조치라고 볼 수 있다.

| 대항력이란 무엇인가 |

임차 주택의 양수인 또는 경락인에게 임대차 관계의 존속을 요구하면서 임차 주택을 계속 점유, 사용하고 임대차 기간이 만료되면 임차보증금의 반환을 요구할 수 있는 권리이다.

임차인이 선순위 저당권 등이 없는 임차 주택에 입주하고서 주민등록 전입신고를 마치면 그 다음날부터 대항력이 발생한다. 대항력은 곧, 그 주택이 다른 사람에게 양도되거나 경매를 통해 처분되더라도 새로운 집주인에게 임차권을 주장할 수 있는 것을 말한다. 즉 대항할 수 있는 것이다. 임대 기간이 끝날 때까지 거주할 수도 있고 또 기간이 만료되면 임대 보증금을 전액 돌려받을 수 있다.

임차인이 대항력을 갖추기 위해서는 반드시 전입신고와 점유라는 두 가지 사항을 갖추고 있어야 한다. 즉 임대차 계약을 맺었다면, 전입과 동시에 전입신고를 반드시 해두어야 불이익을 받지 않는다.

억울한 경우는 대항력을 갖추지 못한 세입자의 경우이다. 선순위 저당권이 있는 집에 들어갔거나, 설사 선순위 저당권이 없는 집에 들어갔더라도 전입신고를 하지 못한 경우이다. 이때는 대항력이 없으며, 많은 경우 보증금을 돌려받지 못한다.

| 우선변제권이란 무엇인가? |

특정 채권자가 채무자의 재산을 처분할 때 다른 채권자보다 우선하여 변제 받을 수 있는 권리를 말한다. 임차인의 경우 우선변제권은 여타 권리자들에 비해 가장 먼저 보증금을 변제 받을 권리를 뜻한다.

대항력을 갖추고 우선변제권을 갖춘 임차인은, 보증금을 반환 받을 때까지 임대차 관계의 존속을 주장할 수 있다.

대항요건과 주택임대차 계약서 상에 확정일자를 갖춘 임차인은 경매되는 경우에도 여타 채권자에 우선하여 보증금을 변제 받을 수 있다. 이때 필요한 것은, 경매절차에서 반드시 배당요구를 해야 한다는 점이다. 배당요구를 하지 않는다면 설사 대항력을 갖추고 우선변제권이 있다 하더라도 우선변제되지 않는다.

문제는 여기서 발생한다. 대항력이 있음에도 우선변제권을 신청하지 않은 경우가 바로, 초보자들이 넘어야 할 권리분석의 첫 관문이다. (중요하다!!) 대항력이 있으니, 법원으로부터 채권 정리가 될 때 우선변제를 받지 못한다면, 그 금액만큼을 낙찰자가 보존시켜줘야 하는 것이다.

요약하면 대항력이 있으면서 배당을 신청한 세입자에 대해서는 낙찰자가 걱정할 게 없다. 대항력이 있으면서 배당을 신청하지 못한(또는 배당 신청을 하지 않은) 세입자의 전세보증금에 대해서는 낙찰 이후에 떠안아야 하는 것이다. 가령 3억원짜리 물건을 2억 5,000만원에 낙찰 받았는데, 대항력 있는 세입자가 1억 5,000만원의 전세 세입자라고 하자. 그 세입자가 배당신청을 하고 있으면 등기 비용 외에 추가로 들어갈 돈이 거의 없다. 하지만 그 세입자가 배당신청을 하지 않았고, 또 낙찰금액을 배당할 때 그 세입자에게 돌아가는 몫이 전혀 없다면, 1억 5,000만원의 전세금을 낙찰자가 부담해야 하는 것이다. 그럴 경우 3억 물건을 4억(낙찰가 2억 5,000만원+전세금 1억 5,000만원)에 매입한 꼴이다. 그래서 간혹 뒤늦게 입찰보증금을 포기하는 경우가 발생하는 것이다.

| 소액임차인과 최우선변제권 |

대항력이 없다면 일반적으로 전세보증금을 보존 받을 수 없다. 그것은 확정일자를 받았더라도 소용없다. 하지만 여기에 특별법이 하나 있으니 이게 또 익숙해지기 전에는 작은 골칫거리다.

전세보증금이 소액일 경우에는 설사 대항력이 없더라도 일정 금액을 보존 받을 수 있는 것이다. 이 점을 우선변제권보다 더 앞선 권리라 하여, '최우선변제권'이라 한다. 최우선변제권은 보증금액의 전체에 해당되는 것이 아니라, 일정 부분에만 인정받는다는 점도 세입자는 기억해야 한다. 낙찰가의 2분의 1 이내에서 이루어진다. 만일 세입자의 처지라면 잔여 금액에 대해서는 우선변제권이 성립하도록 조치해야 한다.

| 최우선변제권이 성립하려면? |

다음 조건을 모두 만족시켜야 한다.

보증금이 소액보증금에 해당해야 한다

만일 서울이라면 전세금 4,000만원 이하라야 한다. 부산이나 대전이라면 전세금이 3,500만원 이하라야 한다. 이때 부산이라 하더라도 행정구역상 군이라면 3,000만원 이하를 적용한다. 기타 지역은 3,000만원 이하일 경우 적용한다.

〈소액임차보증금액과 최우선변제 금액〉

지역	소액임차 보증금액	최우선변제 일정액	비고
수도권정비계획법에 의한 수도권 중과밀억제권역(특별시)	4,000만원	1,600만원	2001년 9월 14일 이전 담보권 취득자에게는 종전 규정 적용
광역시 (군 지역과 인천시 지역 제외)	3,500만원	1,400만원	
기타 지역	3,000만원	1,200만원	

경매신청 기입등기 전에 대항요건을 갖추고 낙찰기일까지 계속 유지하고 있어야 한다

이때의 대항요건은 전입신고와 입주된 상태를 말한다. 즉 낙찰될 때까지 그 건물에 살고 있어야 하며 주민등록지를 옮겨서도 안 된다.

배당요구를 해야 한다

우선변제권의 경우처럼 배당요구를 해야 법원에서 청산할 때 다른 무엇보다도 우선적으로 보증금의 일정 부분을 보존시켜준다. 즉 서울의 경우는 4,000만원 전세이든 3,000만원 전세이든 간에 1,600만원을 해준다. 만일 전세보증금이 1,200만원이라면 당연히 1,200만원만 해준다.

낙찰자의 입장에서는 역시 이 점도 신중하게 짚고 넘어가야 한다. 소액임차인이면서 배당신청을 하지 않았을 경우, 그 변제금액을 낙찰자가 떠안아야 한다는 점에서 동일하다. 주의를 기울여야 한다.

이때 참고할 것은, 계약시점을 따져보아야 한다. 법이 여러 차례 바뀌었고 어느 시점에 선순위 근저당 설정일이냐에 따라 적용되는 금액이 달라지는 까닭이다.

〈소액임차인과 선순위근저당 설정일의 관계〉

시행일	선순위근저당 설정일	지역구분	계약금액	최우선변제액
1984. 1. 1	1984. 1. 1~ 1987. 11. 30	특별시, 직할시	300만원 이하	300만원
		기타 지역	200만원 이하	200만원
1987. 12. 1	1987. 12. 1~ 1989. 12. 29	특별시, 직할시	500만원 이하	500만원
		기타 지역	400만원 이하	400만원
1989. 12. 30	1989. 12. 30~ 1995. 10. 18	특별시, 직할시	2,000만원 이하	700만원
		기타 지역	1,500만원 이하	500만원
1995. 10. 19	1995. 10. 19~ 2001. 9. 14	특별시, 직할시	3,000만원 이하	1,200만원
		기타 지역	2,000만원 이하	800만원
2001. 9. 15	2001. 9. 15~ 현재	과밀억제권역	4,000만원 이하	1,600만원
		광역시	3,500만원 이하	1,400만원
		기타 지역	3,000만원 이하	1,200만원

03 3건을 동시에 도전하다

다음에 이동한 곳은 감정가 1억 4,000만원의 25평 물건. 역시 두 번 유찰되어 감정가의 64%선에 최저가가 형성되어 있다.

동사무소 확인 결과 전입세대주는 박○○로 2002년 5월 4일, 최초 전입자는 송○○로 2002년 4월 6일로 되어 있다. 동일 세대이다. 대항력은 없고 권리관계를 보게 되면 1억 낙찰시 8,000만원 정도밖에 가져가지 못한다. 세입자로서는 2,000만원을 잃는 것이다.

"보증금을 다 회수하지 못하면 명도에 어렵지 않나요? 안 나간다고 하면?"

"배당 받는 게 어느 정도 있는 경우는 명도가 전혀 문제가 되지 않습니다. 만일 집을 비워주지 않는다면 배당 받게 될 금액에서 월세로 따져 그 금액만큼 이자로 차감되거든요. 낙찰자가 명도확인서를 써주어야만 배당된 금액을 가져갈 수 있구요."

주소 감정평가 내역	면적(단위 : m²)	경매가 진행내역	일자-성명-임차금 주민등록 확인	등기부상의 권리관계
서울 도봉구 창동 J아파트 ○○동 ○층 ○○○호 〈감정평가내역〉 -역사문화 미관지 구 -철근콘크리트조 슬래브 -도봉구청 북서측 인근 -단독주택, 다세대 혼재 -버스정류장 및 창 동역 도보 5분 소요 -중앙난방 -2종일반주거지역 (종세분화 변경입 안) 〈감정평가액〉 대지 37,500,000원 건물 87,500,000원	대지 48.39/32802.7 (15평) 건물 59.38 (17.97평/ 25평형) 방2 15층 90.10.16 보존	감정 140,000,000원 ○○감정 (03.08.15) 최저 89,600,000원 (64%) ---------- 유찰 03.12.15 유찰 04.01.12	전입 02.05.04 송○○ 1억원 확정 02.04.06 배당 03.08.21 배당요구종기 03.11.03	소유 정○○ 94.09.26 저당 국민은행 방학동 99.04.12 2,400만원 가압 고○○ 02.06.10 1,000만원 가압 국민카드 북부관리영업실 03.03.14 624만원 임의 국민은행 동부엔피엘 관리팀 03.08.01 청구 17,503,923원

어떻게든 세입자가 점유해서 살고 있고, 세입자가 받아갈 돈이 있
다면 명도는 어렵지 않다. 문제는 세입자가 한푼도 받아가지 못할
때 발생한다.

깨끗한 물건이다. 권리분석 상에 어려운 점도 없고, 명도에도 전
혀 이상 없다. 확인된 매매가 1억 3,000만원. 감정가보다 1,000만원
이 빠진다. 방문한 모든 물건이 작년 한참 아파트 시세가 좋을 때 감

정평가된 까닭에 조금씩은 다 가격이 빠져 있다.

　다음이 대강의 수익 분석이다.

감정평가금액	140,000,000원
최저가	89,600,000원
실거래가	130,000,000원 (★)
전세가	83,000,000원
낙찰예정가	110,000,000원 (☆)
등기비용(취득세, 등록세 등)	8,000,000원
도배, 장판, 싱크대 등	2,000,000원
이사비용	없음
차 액	**+ 10,000,000원**

　이 건도 입찰하기로 했다.

　자금에 여유가 있고 물건이 가치 있다고 판단되면, 서너 건을 동시에 입찰하는 것도 나쁘지는 않다. 아파트의 경우에는 실수요자들이 많아서 낙찰 받기가 어려운 편이다. 아파트가 인기가 좋을 때는 온통 실수요자이다. 부동산 경기가 바닥을 칠 때면 그나마 투자자들만 경매를 본다. 점차로 실수요자들이 들어오는 것을 보면 부동산 경기가 살아나는지 확인할 수도 있다.

　이 건을 투자할 시점에는 조금씩 회복되던 시기였다. 모든 물건은 아니지만 몇 건의 물건에서는 실수요자가 낙찰받는 모습을 보곤 했다. 투자자들만의 입찰에서는 낙찰을 기대해봄 직하지만 그 서너 건 중에 어느 물건에서 실수요자가 없을지는 알 수 없는 것이다.

　만일 세 건을 동시에 입찰에 들어갔는데, 모두가 다 낙찰되면 어떡하냐고?

자금을 준비해야 하는 기간은 원칙적으로 40일 정도지만, 최장 4개월 정도까지도 볼 수 있다. 그 기간 동안 한 건씩 처리해갈 수 있을 정도로 거래가 빈번한 곳이라면 해봄 직하다.

　이 같은 경우에는 서울시내로, 주변이 대단위 아파트 단지가 형성되어 있는 곳들이기에 가능한 계산이다. 실거래가 역시 급매물 가격으로 계산해서 입찰에 참여하는 것인 만큼 급하다면 가격을 200만원이나 300만원 정도만 더 빼더라도 거래는 이루어질 수 있을 것으로 보는 것이다.

　지방 중소도시이거나 아니면 아주 소외된 지역이라면 이런 계산이 낭패를 불러올 수도 있다. 거래가 전혀 이루어지지 않아 계획했던 시기에 자금이 마련되지 않아 입찰보증금을 잃어야 하는 경우가 생길 수도 있으니 주의해야 한다.

　그리고 갑자기 주변 환경이 변할 수도 있다는 점을 고려하는 것이 좋다. 최악의 경우 조금은 무리수를 쓰더라도 모든 자금을 마련할 수 있는 정도 내에서 움직이는 것이 아무래도 안심이다. 그러니 경매 초심자들은 동시에 서너 건을 한꺼번에 입찰하기보다는 마음에 드는 한 건에 집중하고 안 되면 다음 기회를 기다리는 자세가 필요하다. 경매에는, '안 되면 말고'라는 자세가 절대적으로 필요하다.

　기회를 놓친 것은 손실은 아니다. 하지만 잘못된 투자는 손실을 입는다. 손실을 회복하는 것은 그만큼 수익을 거두는 것보다 세 배는 더 힘들다.

[부동산 매매 동향 분석]

입찰 희망자는 입찰에 앞서 입찰하려는 부동산의 가격과 입찰 부동산 지역의 매매 동향을 분석하여야 한다. 임대할 계획이라면 임대가를 확인해야할 것이다. 자금 준비를 위해서는 전세와 월세에 따른 임대 용의성도 함께판단해야 한다. 매매를 할 거라면 일반 매매가격과 반드시 급매가격도 확인해야 한다.

| 부동산 가격 분석 |

부동산 가격 분석은 입찰가격을 결정하는 중요 요소로서 낙찰로 인하여얻게 될 이익을 예상할 수 있는 기준이 되며, 또 낙찰 부동산의 사후 처리에있어서도 중요한 자료가 되니 철저한 조사·분석이 필요하다.

일반 매매가격

가격 분석 시 가장 기본이 되는 사항으로, 낙찰의 목적을 불문하고 조사·분석하여야 할 사항이다. 부동산 가격은 여러 부동산 전문 사이트를 이용할수도 있지만, 현 시세를 즉각 반영한다고 보기는 어렵다. 무엇보다도 부동산소재지 중개업소에서 확인하는 것이 가장 정확하며, 객관적인 정보를 얻기위하여 2곳 이상에서 조사해야 한다.

급매가격

시세차익을 위한 입찰인 경우에 반드시 급매가격을 확인한 후 입찰가격을결정해야 한다. 이 경우에 입찰자는 최대한 신속하게 부동산을 처분해야 하므로, 급매가격은 처분 가능한 가격을 뜻한다. 시세차익을 위한 낙찰에서 예상수익을 계산할 수 있는 기준이 되는 가격이다.

임대가격(임대차보증금)

낙찰 받은 부동산을 임대 목적으로 사용하려는 입찰자는 임대가격을 확인하고 입찰가격을 결정해야 한다. 임대가격의 조사·분석은 입찰가격의 결정 외에 낙찰 후에 임대가격을 결정하는 데도 중요한 자료가 된다. 부동산 소재지 중개업소에서 조사해야 하며, 이때 인접 지역의 유사 부동산에 대해서도 확인해두도록 하자.

| 입찰 부동산 지역의 매매 동향 분석 |

부동산의 가격 및 가치는 여러 가지 환경(금리, 주식, 부동산공급량, 정책, 건축법 등)에 의해 좌우된다. 오늘은 상승곡선을 타고 있는 가격이 내일은 하강 곡선을 탈 수도 있고, 그 반대일 수도 있다. 이미 성공적으로 형성된 상권이 대형 할인매장의 출현으로 급속히 무너지는 경우도 있다. 오래된 아파트가 재건축으로 인하여 가격이 상승하는 것도 고려해볼 수 있다.

입찰시에 부동산의 현재가치뿐만 아니라 미래가치까지 따져보고 입찰에 응한다면 더 큰 수익을 얻을 수 있다.

04 얼마의 수익을 노릴 것인가

다음 물건은 쌍문동에 있는 27평형 아파트. 감정가 1억 4,500만원인데 두 번의 유찰로 64%선까지 내려와 있다.

확인된 시세는 1억 3,500만원이다.

투자금액 산정

경매로서 부동산을 취득하기 위하여 필요한 자금은 입찰금액뿐만이 아니다. 암산의 편의상 낙찰가 대비 약 7% 정도 비용이 추가된다고 본다(예상했던 비용보다 적게 사용될 경우보다 비용이 더 들어가는 편이 많다. 때문에 조금은 크게 잡는 편이 좋다). 즉 1억원이면 700만원 정도의 추가 비용이 든다고 계산한다. 이때 개·보수 비용과 이사비는 고려하지 않은 것이다. 이 점에 대해서는 해당 물건을 살피는 과정에서 판단할 수 있다.

주소 감정평가 내역	면적(단위 : m²)	경매가 진행내역	일자-성명-임차금 주민등록 확인	등기부상의 권리관계
서울 도봉구 쌍문동 S아파트 ○○동 ○층 ○○○호 〈감정평가내역〉 – 철근콘크리트조 　슬래브 –신덕중교 　북동측 인근 –대단위 아파트단 지 형성 –버스정류장 및 도 보 5분 소요 –도시가스 개별난 방 〈감정평가액〉 대지 43,500,000원 건물 101,500,000원	대지 32,7469/18679,3 (10평) 건물 71.78 (21.71평/ 27평형) 방3 동향 15층 89.11.16 보존	감정 145,000,000원 ○○감정(03.08.15) 최저 92,800,000원 (64.0%) – – – – – – – – – – 유찰 03.12.15 유찰 04.01.12	소유자 점유 〈동사무소 확인〉 전입 97.06.07 박○○ 열람 03.12.22 배당요구종기 03.11.10	저당 국민은행 주택영업 2부 1,690만원 소유 박○○ 97.04.23 저당 삼성화재 해상보험 중계동 97.05.12 6,000만원 가압 조○○ 98.04.11 6,500만원 압류 도봉구 99.12.03 압류 중부세무서 02.11.23 임의 삼성화재 해상보험 03.08.02 청구 52,516,274원 임의 국민은행 동부엔피엘 관리팀 03.09.22 토지 별도등기 있음. 열람 바랍니다.

수익성 분석

　투자금액 산정이 끝나면 낙찰로 인한 예상수익을 확인할 수 있으며, 예상수익이 기대하는 수익에 미치면 입찰에 들어가는 것이다.

　　　매매가격(매도 가능 가격) - 투자금액 = (세전)수익

참으로 곤란한 것이, 매매시에 양도소득세 문제이다. 예전에는 이중계약서를 작성하는 게 가능했다고, 설사 당사자 간에 합의를 통한 이중계약이 아니더라도 얼마든지 세금을 피하는 게 가능했다는 전설 같은 이야기가 있다. 그 점은 세금 체계의 이중성 때문에 발생했다.

묘하게도 부동산을 취득할 때에 내는 세금이 취득세와 등록세인데 이것은 지방세이다. 그리고 부동산을 매각할 때에 내는 세금이 양도소득세인데 이것은 국세이다. 말인즉슨, 부동산을 살 때 내는 세금은 지방자치단체(시나 구, 군)에 내도록 되어 있고, 부동산을 팔 때 내는 세금은 국세청에 내는 것이다.

그러니 하나의 물건을 거래했을 때, 사는 쪽은 그 가격을 지방자치단체에 신고하고, 파는 쪽은 그 가격을 국세청에 했더랬다. 예전에는 지방자치단체와 국세청 사이에 전산 연동이 되지 않았다. 지방차지단체와 국세청에 신고하는 가격이 달라도 굳이 확인하려고 들지 않는 한 드러나지 않았던 것이다.

그런데 그게 이제는 옛말이 되어버렸다. 불과 2, 3년 전이지만 이제는 가능한 이야기가 아니다. 국세청에서는 지방세뿐만 아니라 개인 계좌 정보까지 아주 손쉽게 살펴볼 수 있는 시스템이 갖추어져 있다. 원한다면 신용카드 내역을 확인하는 것으로 한 사람의 하루 일과를 속속들이 들여다볼 수도 있다. 무서운 세상이다.

매매를 통한 수익을 분석할 때는 이제 반드시 양도소득세 문제를 짚고 넘어가야 한다. 세전 수익이 1억원인들, 양도소득세를 내고 나면 4,000만원으로 줄어들지도 모를 일이다.

감정평가금액	145,000,000원
최저가	92,800,000원
실거래가	135,000,000원 (★)
전세가	86,000,000원
낙찰예정가	110,000,000원 (☆)
등기비용(취득세, 등록세 등)	8,000,000원
도배, 장판, 싱크대 등	2,000,000원
이사비용	2,000,000원
차 액	**+ 13,000,000원**

이 물건을 입찰하기로 결정했다.

 재·정·클·리·닉

명도가 쉬운 물건이란?

경매는 낙찰 받는 것만이 목적이 아니다. 명도가 원활하게 이루어져야 한다. 명도가 곤란할 것 같으면 차라리 받지 않는 게 유익하다.

해당 물건을 점유하고 있는 사람을 퇴거시키려면 반드시 법적 절차를 밟아야 한다. 하지만 대개의 경우는 법적 절차 없이 쉽게 명도가 이루어진다. 어떤 물건들이 그러할까?

- 채무자나 소유자가 점유하고 있는 물건 : 인도명령만으로 간단히 처리된다.
- 보증금의 상당부분을 배당 받는 세입자 : 보증금 전액을 보존 받지 못해도 된다. 터무니없이 적은 게 아니라면 낙찰자가 명도확인서를 써주어야만 그 보증금을 받을 수 있기 때문이다.

강화된 양도소득세

| 양도소득세 |

부동산을 거래하겠다면, 양도소득세에 강해질 필요가 있다. 때로는 물지 않아도 될 중과세를 물기도 한다. 참여정부 이후로 양도소득세 면에서 상당히 강해진 면이 있다. 다음이 기존 양도소득세법에 참여정부가 들어서면서 추진하게 된 추가 조항들이다.

1가구 3주택 보유자 양도세 60% 중과세

2004년부터 서울, 경기, 인천 등 수도권을 비롯해 5대 광역시에 있거나 국세청 기준시가로 3억원을 넘는 집을 3채 이상 갖고 있다가 팔 경우 60%의 양도소득세율을 적용 받는다. 이 경우에는 양도차액의 10~30%를 공제하는 장기보유특별공제 혜택도 받지 못한다.

2주택 이상으로 투기지역 주택을 양도할 경우 탄력세율 적용

투기지역 내 주택으로 1가구 2주택 이상에 해당하는 주택을 팔 경우, 일반 세율에 15%포인트 범위 내에서 탄력세율이 적용될 수 있다.

단기매매 기준이 2년으로 늘어난다

2004년부터 1년 내 단기 양도에 대한 과세가 한층 무거워진다. 세율이 50%이다. 그것도 양도차익과 관계없이 일률적으로 적용된다. 주택보유기간이 1년은 넘었지만 2년이 안 된 경우에도 세금이 40%로 적용된다. 단기매매 기준을 2년으로 보는 것이다. 다만 이때는 실거래가 대신 기준시가로 세금을 낸다.

서울, 과천, 5대 신도시는 2년 이상 살아야 1가구 1주택 비과세 혜택

서울, 과천, 5대 신도시의 1가구 1주택 기준은, 양도일 현재 3년 넘게 보유하고 있어야 하며 그 중 2년 이상 살아야 한다. 설사 10년을 보유했다 하더라도 2년 주거 요건을 갖추지 못하면 양도소득세를 내야 한다. 자신의 집이 여기에 해당하는지의 여부는 국세청 사이트에서 상세한 지번을 확인할 수 있다. 개별 물건에 대한 구체적 적용 여부는 관할 시, 구청에서 확인할 수 있다.

지나친 감은 있지만, 이 모든 맥락은 실수요자가 아니라면 투자수익을 보고 살 생각은 하지 말라는 뜻이다.

양도소득세와 관련해서는 아주 깊은 주의를 요한다. 큰 물건이라면 반드시 세무 전문가와 상담해서 절세할 수 있는 부분을 확인해두어야 한다.

아, 결과가 어떻게 되었냐고? 여러 건을 살펴보았지만 최종적으로 선정한 물건은 셋. 자금 여력이 되면 두 건 정도는 더 들어가봄 직했지만, 그 정도의 여유는 되지 않았다.

당일, 경매 법정 입구에서 게시판을 살펴보았다. 간혹 입찰하기 위해 들어섰는데 취소나 연기된 물건들이 있다. 경매 법정에 들어서면 자신이 입찰하고자 하는 물건에서 그런 일이 없는지를 먼저 살펴보는 것이 순서다. 다행히도 입찰하려는 물건들에서는 그런 일이 없었다.

개찰할 때는 사람들이 너무 많이 몰려 법정 안으로 들어가지 못하는 사람들도 무척 많았다. 적당한 투자처를 찾지 못하는 사람들이 경매 법정으로 몰려든 듯이 보인다. 이런 분위기도 이전에 보지 못했던 열기인 것은 분명했다.

● 지은 지 14년 된, 도봉구 창동에 있는 J아파트. 감정가 1억 2,000만원인 21평형 아파트. 최저가 7,680만원. 최저가보다 1,000만원 정도 더 높게 쓴 8,707만원을 썼는데, 낙찰자는 9,300만원을 써낸 사람이 되었다. 가격차이도 차이거니와 그 중간에 워낙 많은 사람이 있어 미련도 안 생긴다.

● 역시 도봉구 창동의 J아파트. 1억 4,000만원의 25평 물건. 최저가 8,960만원. 낙찰자는 최저가에 비해 3,300만원이나 더 높게 썼다. 1억 2,260만원에 낙찰. 오히려 이전 회차의 최저가보다 높게 쓴 것이다. 시세차익을 고려하지 않은 것으로 보아 실수요자로 보인다. 실수

요자를 이길 수야 없는 노릇이다.

● 도봉구 쌍문동에 있는 27평형 S아파트. 감정가 1억 4,500만원인데 최저가 9,280만원. 이 건은 1억 1,300만원에 낙찰되었다. 이날에 참여한 입찰 건 중에 제일 근사하게 가격을 써냈던 물건이기도 하다. 1억 1,090만원에 썼더랬다. 낙찰자와 210만원 차이가 났다. 이쯤되면 아깝다, 하고 한숨을 한번 내쉬게 된다. 낙찰자와 겨우 3%도 차이가 나지 않는 근사치 가격인 것이다.

세 건에 입찰했지만 모두 실패했다. 그 중 두 건은 실수요자가 참여한 것으로 보인다. 실수요자를 이길 수야 없는 노릇이다. 그리고 대신 도봉구 쌍문동의 S아파트 물건을 보면서 투자자들이 어느 정도의 수익을 생각하고 들어오는지 대략 알 수 있게 된 것이다. 입찰할 때 1,300만원의 수익을 생각했지만 그것은 어디까지나 수익을 지극히 소극적으로 계산한 것이다. 이사비에 도배장판 비용을 조금은 과하게 계산해두었던 것이다.

그렇다면 투자자들은 10% 정도의 수익을 바라보고 들어온다는 계산을 할 수 있다. 즉 1억원 투자에 대략 1,000만원 정도의 수입이면 만족해하면서 들어오는 것이다. 그게 그날 경매를 마치면서 가질 수 있게 된 판단이다. 그렇다면 다음번에는 꼭 낙찰 받고자 한다면, 난 10% 미만의 수익을 노린다면 가능하다는 이야기가 된다.

물론 이런 판단은 매 시기마다 다르다. 2004년의 경우만 하더라도 1월과 2월의 분위기만 봐도 많은 차이가 난다.

[자금계획]

부동산을 낙찰 받고 낙찰대금지급일에 잔금을 납부하지 못하면 입찰보증금을 회수할 수 없다. 입찰자는 입찰 전에 자금계획을 확실히 세우고, 자금을 확보하거나 확보할 계획을 세워놓아야 한다. 미납시에는 재경매에 들어가게 되는데, 재경매 기일 3일 전까지는 납부가 가능하다. 물론 이때는 납기일이 지연된 만큼 추가 비용을 감수해야 한다.

낙찰잔금은 보유한 돈이 없더라도 은행을 이용하면 되는데, '경락잔금 대출상품'이다. 대출금의 한도 및 금리는 부동산의 용도와 금융기관에 따라 차이가 있다. 대개 금리는 비싸지만 대출이 많이 되는 제2금융권에서 먼저 대출을 받아 등기를 하고, 그런 뒤에 제1금융권으로 대환하는 게 일반적이다.

| 주거용 부동산 |

대출 한도액은 낙찰 받은 부동산의 낙찰가를 기준으로 결정되며, 정부에서 정한 대출한도를 먼저 맞춘다. 그런 뒤에, 세입자가 없는 아파트의 경우는 낙찰가에서, 임대 가능한 방의 개수×1,600만원(서울의 경우)을 공제한 금액이 최대 대출 가능액이다. 가령 정부에서 대출한도를 60%로 설정했고, 방이 3개인 아파트를 2억원에 낙찰 받았다고 가정해보자. 2억원의 60%인 1억 2,000만원에서 방 2개를 뺀(2억×1,600만원=3,200만원) 8,800만원이 최대값이다.

이보다 더 많은 금액을 대출 받기를 원한다면 제2금융권을 이용한다. 등기한 뒤에 다시 은행권으로 찾아가서, 이제는 낙찰가 기준이 아니라 감정가 기준으로 다시 대출 심사를 받는 방법이다. "즉 시세인 3억원을 기준으로 할 때, 60%인 1억 8,000만원에서 방 2개를 뺀 1억 4,800만원이 최대값이 된다." 그 돈으로 제2금융권 대출을 갚을 수 있다.

주택의 경우는 아파트보다 대출한도가 낮고 은행에 따라서는 전혀 대출이 이루어지지 않으니 자금계획을 세울 때 주의해야 한다.

| 비주거용 부동산 |

일반적으로 상가나 여관과 같은 비주거용 부동산은 감정가의 60%를 대출 받을 수 있다. 간혹 낙찰자가 직접 낙찰 받은 상가 및 여관을 계속 영업한다 면 낙찰가의 최고 100%까지 대출 받기도 한다.

아파트 이외의 물건에 대해서는 대출한도에 대한 조건이 다를 수 있으므 로, 처음 입찰하기 전에 감정평가서를 들고 은행을 방문해서 문의해보는 것 도 좋다. 이만한 가격에 낙찰 받는다면 얼마까지 대출이 가능하겠는지 직접 담당직원에게 확인해두는 것이다.

때로 고수익을 노리고 문제가 있는 부동산을 찾는 경우가 있다. 이때 주의 할 것은, 보통 사람들이 꺼린다는 뜻은 은행에서도 그 물건에 대해 꺼린다는 뜻이기도 하다. 즉 대출이 전혀 이루어지지 않을 수도 있다. 고수익을 노리 고 권리분석이 난해한 물건을 찾는 것은 좋지만, 경우에 따라서는 자금을 전 액 확보한 뒤에나 가능하다. 그렇게 본다면, 실제 투자금액 대비 수익은 생 각만큼 크지 않을 수도 있다.

자금 부분에 대해서 조언을 하자면, 경매에 관심 있는 사람들이 모여서 함 께 투자하는 것을 권하고 싶지는 않다. 절차도 복잡할 뿐더러 서로 이해관계 가 얽히기 시작하면 어지간한 신뢰관계가 아니라면 상당히 곤란해지는 경우 도 있다.

대신 다른 방법이 있다. 서로가 각자 게임을 펼치되 부족한 부분에 한해 서로 빌려주고 받는 것이다. 물론, 이때는 현금으로 주고받기보다는 통장으 로 계좌이체를 하는 것으로 흔적을 남겨놓는 것이다. 경매에 참여할 때 필요 한 자금은 장기간 묶어두는 자금이 아니다. 대개 길어야 2달 내지 3달 정도 융통하는 게 다인 셈이다. 낙찰 받고 등기까지의 그 짧은 시간 동안 필요한 게 대부분이다.

등기가 된 이후에는 보다 많은 대출도 받을 수 있고, 또 새로운 임차인으로부터 보증금을 받을 수도 있다. 어떻게든 투자된 자금의 대부분을 회수할 수 있는 것이다. 이렇게 두세 달 정도 서로 자금을 융통할 수 있는 정도라면 충분하다.

통장으로 흔적을 남기는 것은 최악의 경우를 대비하는 것이다. 사람을 믿지 못하는 게 아니라, 돈을 믿지 못하는 것이다. 최악의 경우 서로 그 돈에 대해 분쟁이 생긴다면, 굳이 차용증 같은 게 필요하지 않다. 통장만으로도 자금이 이동한 게 확인된다면 회수할 수 있다. 물론 이자까지 포함해서.

어쨌든 자금 계획은 상당히 중요한 부분이다. 투자하기 전에 반드시 확인하고 자신에게 허용된 범위 내에서 입찰에 참여해야 한다.

05 제대로 된 낙찰가 맞추기

세 번의 입찰에서 모두 떨어졌다고 가만히 있을 수야 없는 노릇이다. 회수한 입찰보증금을 은행에 넣고 그날로 다시 움직이기 시작했다.

다음에 찾은 곳은 쌍문동에 있는 H아파트. 감정가 1억 6,000만원에 2차례 유찰로 64%까지 떨어진 물건이다. 시세 1억 5,000만원. 전세가는 9,000만원에서 9,500만원. 월세는 보증금 5,000만원에 월 35만원.

결론을 이야기하자면, 최저가 1억 240만원인 이 물건에 내가 썼던 가격은 1억 2,750만원. 낙찰가는 1억 2,880만원. 전날 경매에서 대략의 낙찰되는 가격선이 어느 정도인지 알 수 있었던 까닭에 낙찰을 바라보고 썼던 것이다. 거의 근접했다. 고작 130만원 차이가 났을 뿐이니까. 채 1%의 차이도 나지 않는다.

주소 감정평가 내역	면적(단위 : m²)	경매가 진행내역	일자-성명-임차금 주민등록 확인	등기부상의 권리관계
서울 도봉구 쌍문동 H아파트 ○○○동 ○층 ○○○호	대지 36.38/44970.1 (11평) 건물 76.92	감정 160,000,000원 ○○감정 (03.08.15) 최저	없음 배당요구종기 03.11.04	저당 국민은행 주택영등포 98.12.28 780만원 소유 이○○
〈감정평가내역〉 -철근콘크리트조 슬래브 -창경초등교 북측 소재 -버스정류장 북서측 인근 -아파트단지 형성 -도시가스난방	(23.27/28평형) 방3 15층 88.12.27 보존	102,400,000원 (64%) ------------ 유찰 03.12.15 유찰 04.01.12		92.09.02 저당 기업은행 삼전동 00.03.13 1억 2,400만원 가압 만○○ 02.10.16 2,500만원 가압 농협 창동신유통 03.01.14 224만원 가압 신용보증기금 강동 03.01.27 1,950만원 임의 기업은행 여신관리부 03.07.29 청구 120,000,000원
〈감정평가액〉 대지 48,000,000원 건물 112,000,000원				

    그런데 그 130만원 사이에도 나 외에도 두 명이 더 있는 것이다. 사람들이 다 비슷비슷하다는 것을 다시 한번 느낄 수 있었다.

    아무튼 이 건은 법원을 나오면서 몹시도 억울한 심정이다. 낙찰가 대비 겨우 1%의 차이로 떨어진 것이다. 1%만 포기했어도 잡을 수 있는 것이다. 그래도 이전 경우에 비하면 상당히 근접한 셈이다.

    다음은 그날 함께 입찰했던 물건이다.

주소 감정평가 내역	면적(단위 : m²)	경매가 진행내역	일자-성명-임차금 주민등록 확인	등기부상의 권리관계
서울 중랑구 신내동 S아파트 ○○동 ○층 ○○○호 〈감정평가내역〉 -학교시설보호지 구 -지구단위계획구 역 -철근콘크리트조 슬래브 -학교, 아파트단지 소재 -대중교통 사정 보통, 개별난방 -2종일반주거지역 (세부변경 입안) -학교시설보호지구 해제입안 〈감정평가액〉 대지 54,000,000원 건물 126,000,000원	대지 40,861/57491.8 (12평) 건물 59.76 (18평/25평형) 방2 12층 96.05.08 보존	감정 180,000,000원 ○○감정 (03.08.04) 최저 115,200,000원 (64%) - - - - - - - - - - - - 유찰 03.12.16 유찰 04.01.13	전입 01.11.27 조○○ (소유자의 장인) 〈동사무소 확인〉 전입 01.11.12 조○○ 전입 00.07.03 서○○ 배당요구 종기 03.10.31	소유 서○○ 00.07.11 전 소유자 : 김○○ 저당 기업은행 영등포 02.02.26 1억 5,000만원 가압 서울신용보증 재단 광진출장소 02.12.16 1억 7,500만원 가압 기술신용보증 동부 03.01.14 1억 1,400만원 가압 대우캐피탈 서울2지점 03.02.17 215만원 임의 기업은행 여신관리부 03.07.26 청구 150,000,000원 저당 기술신용보증 강남지역관리센터 03.08.25

시세 1억 6,000만원에서 1억 8,000만원 형성. 전세가 9,500만원에서 1억 1,000만원. 월세는 5,000만원에 40만원.

동행했던 이부장님이 묻는다.

"가족관계라고 하지만 임대차 계약이 있으면 어떡합니까?"

"소액이라면 상관없고⋯⋯."

"왜죠?"

"소액이라면 가장 우선적으로 배당을 하게 되어 있거든요. 비록 선순위 은행이 있더라도 소액임차금에 대해서는 먼저 보존시켜줍니다."

"그것은 은행에서는 인정하기 힘들겠군요. 대출을 할 때는 임차인이 없었을 텐데."

"그래서 특별법인 셈이죠. 소액임대차에 대해서는 다른 권리에 우선을 주는 특별법."

"만일 소액이 아니라면요?"

"그렇다면 조금 문제가 되죠. 채무자의 장인으로 표시된 조○○가 근저당보다 앞서지 않습니까?"

조○○의 전입일은 2001년 11월 12일이고, 최초 근저당은 2002년 2월 26일. 그렇다면 만일 임대차 계약을 맺었을 경우에는 대항력을 가지게 된다. 대항력을 가지면서 배당을 요구하지 않았으니, 그 임차금에 대해서는 낙찰자가 부담해야 한다.

"만일, 임대차 계약이 맺어져 있다면, 그 보증금을 낙찰자가 부담 해야죠."

"그렇다면 이 건은 피해야 하지 않습니까?"

"그런데 세상이라는 게 그렇게 만만하지는 않지요. 임대차 계약을 작성하지 않았는데 작성했다고 한다면 그것은 위장임차인이 되는 거잖아요. 즉 불법행위라는 거지요."

"그렇죠."

"그러면, 그것은 형사사건이지요. 부당하게 돈을 취하려고 했으니."

위장임차건은 형법상 '강제집행면탈죄'에 해당되는 행위이다. 3년 이하의 징역이나 1,000만원 이하의 벌금형을 받는다.

여기서 강제집행면탈죄(强制執行免脫罪)는 강제집행을 면할 목적으로 재산을 은닉·손괴(損壞)·허위양도하거나 허위의 채무를 부담하여 채권자에게 해를 끼치는 죄(형법 327)를 말한다. 이 죄는 채권자의 채권을 보호하는 것에 중점을 두고 있다. 근래에 이슈가 된, 전두환 전 대통령이 추징을 피하기 위해 은닉한 재산으로 추정되는 전재용 씨 재산에 대해 이 죄를 언급하는 것이다.

"하지만 임대차 계약은 나중에라도 임의로 작성할 수 있지 않습니까?"

"그게 만만하지 않지요. 제가 고소 제기를 한다면, 그 사람이 스스로 위장임차인이 아니라는 것을 증명해야 합니다. 계약서야 당연히 필요한 것이고, 그 시점에 돈이 오고갔다는 은행계좌의 내역도 보여주어야 합니다. 계약서야 뒤늦게 만들 수 있겠지만, 은행 간에 자금이 오고간 흔적을 만들 수는 없겠지요. 물론 이 건의 경우에 수년 전부터 정말로 그런 경우를 미리 대비하고 준비하고 있었다면 아주 심각한 문제겠지요."

최저가 1억 1,520만원. 입찰가 1억 4,100만원. 1억 4,500만원으로 쓰려고 하다가 입찰봉투를 쓰면서 400만원을 빼버렸다. 400만원이 어딘가. 게다가 그날도 1건만 입찰에 참여하는 것도 아니고 3건이나 입찰에 참여하고 있었다. 그 중에 하나쯤은 사람들이 조금 낮게 써내지 않을까 하는 기대 심리도 작용했다.

결과는? 낙찰가 1억 4,300만원. 이 건 역시 고작 200만원의 차이로 떨어졌다. 마지막 순간 가격을 낮추어 쓴 것이 실책이다. 처음 생각대로 써냈다면 분명 낙찰되었을 것을. 마치 시험 치다가 마지막 순간에 답을 고쳐 쓰는 바람에 틀린 듯이 아주 비통한 심정이다.

그날 입찰에 들어갔던, 또 한 건은 시세 1억 4,500만원이고 최저가가 9,600만원인 물건이다. 써냈던 입찰가는 1억 1,630만원. 낙찰가는 1억 2,206만원. 약 600만원 차이가 난다. 아예 이렇게 가격차이가 많이 날 때는 아쉬움도 없다. 처음부터 나와는 인연 없는 물건이었겠거니 여기는 것이다.

1 경매에 참여하면서 느끼는 것은, 수익의 핵심은 권리분석을 어떻게 하느냐의 문제가 아니더라. 100건의 물건이 있다 할 때 권리분석이 조금이라도 미심쩍다 싶은 것은 한두 건이 채 되지 않고, 설사 조금 미심쩍은 부분이 있다면 그 부분은 잘 알고 있는 사람을 통해 확인해볼 수도 있는 것이다.

문제는 마지막 순간 극대 수익을 바라는 마음과 놓칠 수 없다는 마음의 그 절묘한 교차점에 있다. 나 하나의 마음만이 아니라 경매에 참여하는 다수자의 마음을 함께 헤아리며 입찰에 참여하는 것이다. 그래서 마치 한 건을 제대로 해냈을 때 그 쾌감은 수익을 통해 얼마의 돈을 벌어들였다는 것에서가 아니라, 배짱과 기 싸움에서 이겼다는 그런 심정이 더 강하다.

실제로 경매법정에서 투자 수익을 찾고자 한다면 권리분석에 매진할 것이 아니라, 입찰에 참여하는 순간 갖는 그 감각을 얻는 게 중요하다.

2 흔하지 않지만 선순위 세입자가 있는 경우도 기회가 될 수 있다. 선순위 세입자의 경우에는 그 전세보증금을 낙찰자가 부담해야 한다. 전세보증금을 보존시켜 주고도 수익이 남을 정도로 떨어졌다면 입찰에 참여해볼 수 있다. 이때 가장 큰 장점은 세금이다. 낙찰가를 기준으로 세금을 내는 까닭에 오히려 취득세와 등록세에서 효과가 크다. 팔 때가 문제라고? 팔 때는, 취득시에 인수해야 하는 채권(여기서 전세보증금)을 포함한 가격을 인정 받아 양도소득세 면에서도 효과적이다. 뿐만 아니라 신규 세입자를 구해야 하는 부담도 없고, 적은 돈으로 매입할 수 있다는 장점도 있다.

[권리분석]

　다음은 권리분석에 들어갈 때 고려해야 할 점들이 무엇인지를 개략적으로 보이고자 한 것이다. 권리분석에 대해서는 이 책을 읽은 이후에 꼭 깊이 있는 책을 읽어야 한다. 단계를 잘 밟는 것이 필요하다. 처음부터 권리분석만을 중심으로 다룬 책을 접한다면, 그 깊이에 그만 질려버린다.

　개인적으로는, 권리분석에 대한 깊이 있는 판례집을 구해두고 3년 동안 제대로 펼쳐보지 못한 것도 있다. 너무 어렵기도 하고 따분하기도 해서 마음 잡고 공부해볼까 하다가 이내 지쳐버리곤 했다. 그런데 실전사례를 통해 해당 물건을 분석하면서 다양한 상황 속에서 필요한 점을 찾아볼 때는 그 책이 아주 유용했다. 이 책에서 언급될 내용이 명확하게 다 이해가 된 뒤라면, 수준 높은 책을 읽어봄 직하다. 하지만 일반적인 사례 가운데는 적용할 경우가 많지 않으니, 잘 소장해두고 있다가 상황별로 찾아보는 것도 좋다.

| 권리분석의 개념 |

　부동산 경매에 있어서 권리분석이란 권리관계뿐만 아니라 채무자, 세입자, 채권자들의 향후 예상 법적 대처방향에 대해서도 검토하여 낙찰 후 소유권이나 수익에 영향을 끼칠 수 있는 내용을 분석하는 것이다.

　법원 서류를 기초로 하여, 부동산등기부등본, 주민등록등본, 토지대장, 건축물관리대장, 공시지가확인원, 도시계획확인원 등으로 이루어지며, 그 외에도 이해관계인에 대한 탐문 결과도 반영한다.

　가장 먼저 말소기준권리가 무엇인지 살피는 것부터 시작이다. 말소기준권리를 중심으로 낙찰 이후 소멸하는 권리와 인수해야 하는 권리를 구분할 수 있어야 한다. 말소기준권리에는 경매신청등기, (근)저당, (가)압류, 가등기 이 여섯 가지가 있다. 이 중에서 가장 먼저 등기되어 있는 것이 해당 사건의 말소기준권리다. 대개 여타 권리 없는 경우 선순위 (근)저당권이 말소기준 권리가 된다. 말소기준권리에 앞서는 권리들은 대부분 소멸하지 않고 낙찰자가 인수해야 하는 권리가 된다.

현 상태의 인수경락 여부, 취득 부동산의 사용제한, 경매 취득 후 원인무효, 가등기로 인한 소유권 침탈 가능성에 대해 분석해야 한다. 추가한다면, 이해관계인들의 태도가 변할 것도 가정하여 인수 경락대금 부담, 경매 취소 가능성까지 대비하고 있어야 한다.

| 권리분석의 단계 |

예비분석

경매 물건은 무수히 많다. 경기가 나쁘면 쏟아져나온다는 표현이 맞을 정도이다. 목적에 따른 기본 사항들(위치, 가격, 용도 등)을 결정했으면 그에 따른 물건들을 검색할 수 있다. 그 많은 물건들 가운데 1차적으로 불리한 것을 배제하는 과정이다. 시간과 자금 여력에 맞추어 본분석에 들어갈 물건들을 추려내는 과정이다. 사람마다 상황이 다르겠지만, 개인적으로는 10건 내외의 물건을 추려 프린팅을 한다(모니터를 들여다보기보다는 종이가 편한 것을 보면 인터넷 세대라 부르기에는 부족한 듯하다).

본분석

선정된 목록에서 세밀한 사항을 점검하기 시작한다. 이 목록들을 가지고 현장을 방문하여 물건을 살핀다. 이때 부동산의 현재가치와 전망을 함께 고려해야 한다. 동사무소에서 주민등록 전입을 살피고, 주변 부동산 중개업소를 방문하여 시세를 파악한다. 가능하다면 주인과 세입자를 만나는 것도 좋다.

보유하고 있는 자금여력을 고려하여 입찰 당일 참여할 수 있는 물건을 최종적으로 선정한다. 목적에 따라 다를 수 있지만 대개 4건 이내로 잡는다(4건을 초과하면, 멀티태스킹 능력이 부족한 내게는 혼자서 관리하기가 만만치 않다).

최종확인

경매 물건은 마지막까지 혹시라도 빠트린 부분이 없는지 다시 한번 꼼꼼히 살펴보아야 한다. 입찰 당일날 경매법정에서 확인할 사항도 있다. 경매기록 서류철을 통해 변경된 사항과 파악되지 않은 부분이 없는지 다시 한번 확인토록 한다. 그리고 중요한 부분은 여기서부터 입찰감각이 필요하다는 점이다. 주변 분위기에 휩쓸려 낙찰 받고자 하는 마음이 앞서 지나치게 높은 가격을 써낼 것도 아니지만, 또 지나치게 낮은 가격을 쓸 것도 아니다.

이 부분은 연습을 해볼 수 있다. 초보자라면 처음부터 입찰할 것은 아니고, 자신이 분석한 물건에 대해 가상으로 입찰가를 산정해두자. 그리고 낙찰가와 비교하는 것이다. 실수요자가 아닌 바에야 낙찰가가 자신이 예상한 가격 대비 3% 이내에서 이루어졌다면, 아주 우수한 편이라고 말할 수 있다.

| 권리분석시 주의사항 |

이 부분에 대해서는 짧게 설명할 수 없다. 그렇다하여 전혀 모른 채 입찰에 참여해서는 안 된다. 해당 부분이 발견되면 상세한 사항에 대해 검토해야 한다.

인수 또는 인수 가능성 있는 권리

- 임차인의 대항력 여부 : 전대차(轉貸借), 세대합가(世代合家) 등에 유의
- 제한물권인 용익물권(지상권, 지역권, 전세권) 및 등기한 임차권 인수 여부 확인
- 소멸되지 않거나 경락 취득 후 소유권이 박탈될 가능성이 있는 권리(미소멸 가압류 포함)여부 확인

① 소유권 이전 청구권 보전 가등기 : 가등기 중에 배당 절차에서 우선변제권을 행사하는 담보 가등기가 아닌 순수한 소유권 이전 청구권 보전 가등기는 채무자와 청산 절차를 거친 후 본등기로 넘어간다고 봐야 한

다. 소멸이 안 되는 이러한 가등기는 반드시 피해야 한다.

② 가처분 : 주로 처분금지 가처분이 문제되는데, 추후 가처분권자가 본안 소송에서 승소하면 역시 소유권이 반환된다.

③ 환매권 : 환매특약에서 약정한 내용대로 환매권자에게 환매를 당할 수도 있다.

④ 예고등기 : 등기의 말소, 회복에 관한 재판이 진행 중이라는 뜻이다. 등기원인의 무효 또는 취소를 이유로 등기의 말소 등 소가 제기된 경우 이를 제3자에게 경고하기 위해 법원의 촉탁으로 행해지는 등기이다. 추후 소송 결과에 의해 소유권을 뺏길 수 있다. 가급적 피해야 한다.

법정지상권, 관습상 법정지상권, 유치권 확인

① 법정지상권, 관습상 법정지상권 : 법정지상권 문제는 땅주인과 건물주인이 서로 다를 때 나타나는데, 난해한 경우가 많다. 많은 기회가 숨어 있기도 하지만 그만큼 위험하기도 하다. 명확하게 확인하지 않고서 섣부르게 뛰어들어서는 안 된다. 관습상 법정지상권은 경매에서는 분묘기지권(墳墓基地權) 하나뿐이다.

② 유치권 : 신축 건물의 경우에만 발생할 수 있다. 그 외의 경우는 허위일 가능성이 높다.

인도 난이도

낙찰로 소유권 취득 후 세입자, 점유자에 대한 부동산 인도 난이도와 주택 인도 예상 소요 기간도 판단해야 한다. 배당을 전혀 받지 못하는 임차인이 있는 경우에는 명도 저항이 거세질 수도 있다. 가능하면 임차인이 소액임차인이나 전세금을 상당부분 배당 받는 물건에 입찰할 것을 권한다.

대위변제 가능성 및 배당 포기 가능성 여부 판단

직후 순위 임차인의 대위변제(代位辨齊) 가능성 여부와 낙찰을 포기하게 하기 위한 대항력 보유자의 배당 포기 가능성을 판단해야 한다.

경매 취소 취하 가능성, 공유자의 우선매수권 행사 가능성 여부 판단

채권이 감정가보다 낮을 경우에는 소유자에 의한 경매 취소 가능성도 고려해야 한다. 공유지분이 있는 경우에도 공유자에 의한 우선매수권이 행사되어 낙찰되더라도 인수하지 못할 수도 있다. 이 경우에는 손실을 입지는 않겠지만, 그동안의 노력이 무위로 돌아가게 된다.

| 주민등록등본 확인 |

경매부동산의 권리분석에 있어 주의를 기울여야 할 부분이 임차인 관계이다. 임차인에 대한 권리분석을 하기 위해서 필요한 것이 주민등록등본이다. 부동산 경매에서 손해를 보는 가장 큰 원인이 임차인에 대한 잘못된 권리분석에 있다.

개인이 이해관계가 없는 타인의 주민등록등본을 발급, 열람하는 것은 사실상 불가능한 일이지만, 경매가 진행 중인 부동산에 대해서는 '주민등록법 시행규칙 제12조 2항(행정자치부령 제59호)'에 의하여 전입일자 확인이 가능하다. 이때 열람하려고 하는 부동산이 경매 진행 중임을 증명할 수 있는 자료(신문공고 및 경매 정보지)를 동사무소에 제시하는 것으로 가능하다. 주민등록등본을 발급 받을 수 있다면 좋겠지만 그럴 수는 없고, 대신 주민등록등본 상의 전입일과 세대주에 대해서는 확인할 수 있다.

이때 가장 주의 깊게 확인해야 할 부분은 점유자의 전입일자이다. 임대차계약서 상의 계약인(세대주)과 그 가족들의 전입일자도 반드시 확인해야 한다. 사설 경매정보지나 경매정보사이트(인터넷) 등으로는 임차인의 전입일자만을 확인할 수 있겠지만, 반드시 동사무소를 방문하여 임차인의 전입일자뿐만 아니라 가족들이나 동거인의 전입일자도 확인해두자.

| 부동산등기부등본 보는 방법 |

부동산등기부등본은 부동산에 대한 권리 관계를 일반인에게 알리기 위하여 국가에서 작성해놓은 장부로, 사람에 있어서의 호적등본과 같은 것이다. 하지만 모든 부동산에 부동산등기부등본이 있는 것은 아니다. 호적등본이 출생신고를 하지 않으면 존재하지 않는 것처럼 부동산 역시 소유권 보존등기를 하지 않으면 부동산등기부등본이 존재하지 않는다. 이렇게 출생신고가 되어 있지 않은 부동산을 '미등기부동산'이라 한다.

부동산등기부등본은 권리분석 및 물건분석을 하는 데 있어 없어서는 안될 자료이다. 부동산등기부등본이 전산화됨에 따라 인터넷(대법원 사이트)을 통해 발급 받을 수 있다. 부동산등기부등본은 표제부, 갑구, 을구로 되어 있다.

표제부

부동산의 소재지와 그 내용을 나타낸다. 지번, 지목, 면적, 구조가 기록된다. 반드시 경매로 나온 해당 물건과 주소가 일치하는지 살펴야 한다. 간혹 비슷한 이름으로 된 물건들이 있으니 주의를 기울여야 한다.

갑구

소유권에 대한 사항이 기록된다. 압류, 가등기, 예고등기, 가처분등기, 경매개시결정 등이 주요 내용이다. 경매물건과 소유자가 일치하는지 확인하고, 기타 사항 역시 제공된 정보와 일치하는지를 살펴야 한다.

을구

소유권 이외의 권리에 대한 사항이 기록된다. 저당권, 지역권, 전세권, 지상권 등이 표시된다. 날짜 관계는 민감한 사항이니 반드시 확인해야 한다. 특히 최초근저당 설정일과 그 금액을 확인하자. 소액일 경우에는 대위변제 가능성에 대해 염두에 두어야 한다.

06 건물만 따로 살 수도 있다?

지방과 달리 서울에서는 물건을 확인하는 것도 만만한 일이 아니다. 교통사정도 좋지 않다 보니 물건지를 찾아 이동하는 데 허비하는 시간이 너무 많다. 다른 무엇보다도 물건을 찾아 운전을 한다는 게 가장 힘든 일이 되어버렸다. 몇 주간을 계속 뛰어다녔는데도 한 건도 낙찰 받지 못하고 있어 내심 실망하고 있었다.

투자의 측면에서 늘 주의를 기울이는 것이, 마음이 내몰릴 것을 조심하는 점이다. 한달 동안 물건들을 확인하고 있었고, 지난 한주 내내 다른 일을 전폐하고 뛰어다녔는데 소득이 없다. 이런 때에 어떻게든 한 건 실적을 올리겠다고 마음이 내몰릴까 조금은 염려된 까닭이다. 급하게 먹어서 체하는 법이듯, 물건 분석도 제대로 하지 않고 어떻게든 하나 건져보겠다고 나설까 조심스럽다. 그래서 한주간 쉬기로 했다. 카페 활동도 하고, 읽다만 책도 들여다보고, 사람도 만나면서 휴식을 가지게 되었다.

그리고 한주가 지난 뒤 다시 물건들을 살펴보았다. 그렇게 최종적
으로 관심을 갖게 된 물건이 모두 세 건. 그 중 두 건은 평이했는데,
한 건이 연구가치가 있다. 심상찮다. 다음이 정보지에 나와 있는 그
건에 대한 자료이다.

주소 감정평가 내역	면적(단위 : m²)	경매가 진행내역	일자-성명-임차금 주민등록 확인	등기부상의 권리관계
서울 서대구 홍제동 ○○○번지 ○○아파트 ○○동 ○○호 〈감정평가내역〉 – 철근콘크리트조 –공동주택, 근린시 설 혼재 –버스정류장 인근 –도시가스 개별난 방 –일반주거지역 –도시계획도로 접 함	대지권 없음 건물 107.12 (32.4평/45평형) 방4, 화장실2 16층 01.10.30 보존	감정 200,000,000원 ○○감정 (03.04.08) 최저 128,000,000원 (64.0%) - - - - - - - - - - 유찰 03.12.18 유찰 04.01.15	전입 미상 〈동사무소 확인〉 전입자 없음 열람 03.12.18 배당요구종기 03.06.25	소유 박○○ 외 3 02.01.24 압류 서대문구 02.02.04 가압 중앙건설 02.02.23 7,000만원 가압 기술신용보증 강남지역관리센타 02.04.19 가압 윤○○ 02.04.19 4억 8,668만원 가압 기업은행 여신관리부 02.05.10 4,749만원 강제 윤○○ 03.03.20

처음에는 발견하지 못했다. 1차로 선정된 물건들을 두고 한 건씩
주변 시세를 확인하는 중이다. 시세 확인은 기본적으로 정보지를 제
공하는 경매 사이트에서도 확인할 수 있지만, 다시 한번 부동산 사
이트에 나와 있는 매물 정보를 활용한다. 이때도 한 곳이 아니라 적

어도 두 곳은 반드시 확인한다.

그렇게 시세를 확인하는데, 이 물건에 대해 주변 시세와 가격차이가 너무 많이 나는 것이다. 주변 중개업소에 나와 있는 매물로는, 43평형에 매매가가 2억 8,000만원에서 3억원으로 거래되고 있다. 전세가만도 1억 7,000만원에서 1억 8,000만원에 거래되고 있다. 그런데 이 물건은 최저가가 1억 3,000만원에 못 미치는 것이다.

그래서 유심히 살피는데, '대지권 없음'이라는 단어가 눈에 들어왔다.

대지권 없음

대지권 없음이라? 대지권 없음?

그래서 감정평가서를 들추어보니 대지에 대해서는 전혀 언급되지 않고 있다. 대지에 대한 가치를 뺀 것이다. 그래서 가격이 그렇게 낮은 것이다.

오호라, 이거 뭔가 일 되겠다. 흔하지 않은 물건이다. 관심이 동하기 시작했다. 그때부터는 개인적으로 폐인모드가 작동된다. 누구를 만나러 갈 일도 없고, 누가 전화를 해도 받을 일이 없다. 우선 이것부터 해결하고 볼 일이다.

여러 가지로 생각해볼 수 있다. 가끔 아파트의 경우 대지권이 있지만 미등기인 채로 거래되는 경우가 있다. 그 점은 하등 거래에 문제로 작용하지 않는다. 전체 아파트가 일괄적으로 그렇게 처리되곤 했으니까. 그렇다면 이 건 역시 그러할까? 그 아파트 단지 내의 모두가 그런 건이라면 하등 문제되지 않는다.

확인하려면 어떻게 해야 하나? 생각해보면 방법은 많다.

인접 물건의 등기부등본을 떼어보는 것으로 쉽게 해결되었다. 해당 물건이 1303호였으니 1302호와 1203호를 떼어보았다. 그런데 그 물건들에는 대지권이 명시되어 있는 것이다. 경매로 나온 이 물건에서만 대지권이 빠져 있다.

정보지상에 '대지권 미등기'라는 문구가 있으면 반드시 감정평가서를 유심히 살펴보아야 한다. 만일 감정평가서 상에 대지에 대해서도 평가되어 있다면, 단독으로 또는 다른 입주자들과 함께 대지권의 등기를 내면 될 것이다. 하지만 그렇지 않고 대지권이 빠져 있다면, 대지권의 가격을 감안한 가격 이상으로 최저입찰가가 떨어진 상태에서 입찰에 참여해야 한다.

이처럼 대지권이 평가되지 않은 물건의 경우에는, 우선 낙찰 받은 뒤에 대지권만이 다시 경매에 나올 때 그것을 낙찰 받으면 된다. 아니면 대지권 소유자로부터 매입하는 것도 생각해볼 수 있다. 대지권 소유자는 지상건물 때문에 대지의 소유권 행사에 제한되니 낮은 가격에서라도 팔고자 할 것이다.

관리비 미납 문제

감정평가서를 보는데, 아파트가 처음 지어진 시점부터 쭉 공실인 채로 방치되어 있다고 나와 있다. 준공된 지가 3년이 지났는데도 아무도 들어와 살지 않은 것이다. 그래서 전년도까지 미납된 관리비가 약 700만원. 그나마 적게 나온 것이 도시가스 개별난방인 까닭이다. 중앙난방이라면 비록 비어 있다 하더라도 관리비가 많이 나온다. 그래서 오래도록 공실인 경우에 대해서는 중앙난방인지 개별난방인지도 살펴보는 것이 좋다. 정확한 비용은 관리사무실에 문의해보면 알 수 있다.

방문을 앞두고 대략 계산을 해보니 대략 900만원 정도 될 것을 예상할 수 있었다. 작은 금액이 아니다. 근래 서울에서 물건들은 대개 10% 미만의 수익을 바라고 들어가는데, 900만원이면 5%에 가깝다. 경우에 따라서는 1,000만원 정도의 시세차익을 보고 들어갈 수도 있는 판에, 만일 관리비를 계산하지 않는다면 낭패다. 기껏 낙찰받았지만 수익이 전혀 없는, 헛수고가 되는 것이다. 그 대신 정말로 아무도 입주한 적 없는 물건이라면, 명도 문제는 이미 해결되어 있는 셈이다.

공유자 지분 문제

소유자가 4명이다. 대개 공유지분이 있을 경우 낙찰률은 엄청 떨어진다. 애써 낙찰 받아봐야 공유자가 있다면 그 사람이 매수 신고를 하면 낙찰가격에 매입할 수 있는 권리가 주어지기 때문이다. 그 외에도 설사 낙찰된 뒤에도 기존 공유자들과 그 물건에 대한 관리 문제로 협의하고 상의해야 하는데, 모르는 사람들과 그런 과정을 거친다는 것이 부담스럽기도 하다. 그런 이유들로 지분 경매에 대해 사람들은 별로 관심을 갖지 않는다.

하지만 꼭 접어두기만 할 것이 아닌 것은, 일단 낙찰 받게 되면,

공유물분할청구권(公有物分割請求權)을 행사하면 법원에서 그 물건을 분할해주거나 매각해서 그 매각대금을 분배해준다.

그런데 이 건은 비록 공유자가 있어도 지분 경매건은 아니다. 소유자가 모두 4명인데, 채무자 역시 동일한 그 4명이다. 공유자 지분 문제는, 그 물건에 대한 공유자가 다수이지만 채무자는 그 중 한 사람(또는 일부)인 경우이다. 채무자가 아닌 공유자가 그 지분을 우선 매수할 수 있는 권리를 갖는 것이다. 즉 이 물건에서는 공유자에 대해 걱정할 것이 아니라는 뜻이다.

결정적인 문제는 하나뿐이다. '대지권 없음'이다. 이 점은 현장을 방문한다 해서 해결될 일이 아니다. 말인즉슨, 땅에 대한 소유는 다른 사람이 가지고 있고 건물에 대해서만 이번에 경매로 나온 것이다.

먼저 땅에 대해서 등기부등본을 출력해보았다. 각 세대별 지분이 다 명시되는 터에 A4지 50장이나 출력되어졌다. 찬찬히 살펴보니 2003년 초에 경매를 통해 낙찰 받은 사람이 드러났다. 땅만 경매를 통해 먼저 매입한 것이다. 한참을 뒤져서야 경매정보사이트에서 그 자료를 찾아볼 수도 있었다.

땅에 대해서 찾아본 결과 다음의 정보를 볼 수 있었다. 1년쯤 이전에 땅만 경매로 나왔던 것이다.

이 땅에는 지상권이 성립한다. 즉 땅 주인이 땅에 대한 권리를 행사하기에 제한된다는 뜻이다. 사실 당연하기도 하다. 주택도 아니고 집합건물에서 땅에 지상권이 없을 수가 없다. 그런데도 이 땅을 매입한 사람의 의도를 이해할 수 없다. 일반적으로 지상권이 성립하는

주소 감정평가 내역	면적(단위 : m²)	경매가 진행내역	일자-성명-임차금 주민등록 확인	등기부상의 권리관계
서울 서대문구 홍제동 ○○○번지 〈감정평가내역〉 -○○아파트 및 동 상가부지로 이용 -스위스그랜트호 텔 남동측 소재 -버스, 홍제역 도 보 5분 소요 -기존주택지대 -부정형 평탄지 -6x6m 각지에 위치 -일반주거지역 〈감정평가액〉 개별공사지가 975,000원 02.01.01 기준 표준공사지가 975,000원 감정지가 1,269,400원	대지 45.5/4129 (13.8평) (○○연립재건축주 택조합 소유) 지상에 14층 아파트 및 상가 소 재 법정지상권 성 립여지 있음	감정 57,757,000원 ○○감정 (02.04.30) 최저 36,965,000원 (63.0%) -------------- 유찰 02.10.15 유찰 02.11.10 낙찰 02.12.10 41,800,000원 -응찰자수 : 2명 -낙찰자명 : (주)○○	없음	저당 중앙건설 97.03.31 8,400만원 발급일자 02.09.30 임의 중앙건설 02.04.29 청구 84,000,000원

땅은 매력이 떨어질 수밖에 없다. 자신의 땅이라 한들 권리행사도 제대로 할 수 없는 땅이 무슨 소용인가.

　문제는 그 땅을 낙찰 받은 사람이 법인명으로 되어 있다는 점이다. 호기심이 생기기 시작했다. 개인이 그 땅을 낙찰 받았다면 그 사람이 뭔가 잘 모르고 저질렀겠거니라고 짐작해봄 직하다. 하지만 법인이라면?

정보지에 낙찰자명이 드러나기도 했지만 땅의 등기부등본 상에서도 낙찰자명을 확인할 수 있었다. 그 법인에 대해 역시 대법원사이트 등기서비스에서 법인등기부등본을 출력할 수 있다. 그렇게 이 한 건을 위해 참 많은 A4지를 소모하는 중이다. 어느 구석진 곳에 있을지도 모를 함정을 피하려면 확인할 수 있는 모든 정보를 파악할 필요가 있다는 주의다.

확인 결과 법인의 주요 업태가 부동산 거래와 임대, 부동산 컨설팅 등으로 이루어져 있다. 이제와서 생각하면 지나친 비약이었는데, 당시에는 더욱 의문이 커졌다.

'경매를 모르는 사람들이 아니다. 경매를 전문적으로 다루는 사람들인데, 이들이 땅을 가졌을 때는 이유가 있을 거다. 뭔가 대응책을 마련하고서 승산을 보았기에 들어간 게 아닐까.'

그렇게 짐작해볼 수 있다. 그래서 혹시라도 놓친 부분이 있나 해서 지상권과 대지권에 대해 깊이 있는 내용들을 다시 탐독하기도 했다. 사두기만 하고 오래도록 펼쳐보지 않았던 판례집도 들추어보기 시작했다. 그런데 아무리 따져보아도 문제가 보이지 않는다. 전혀 위험해보이지 않는 것이다. 입찰에 참여할 것인가 말 것인가. 이런 햄릿형 고민을 하는 물건은 흔하지 않다.

현장을 찾아가 아파트 내부를 살펴보았다. 관리사무소 이야기는, 입주조차 되지 않은 채 3년간 방치된 건이라고 한다. 새시도 되어 있지 않았다. 수도와 전기배관은 이상 없는데, 보일러는 수리해야 했다. 관리비는 체납된 것이 예상대로 대략 900만원.

건너편에 분양 중인 빌라에 전화를 걸어 시세와 임대가를 다시 확인해보았다. 지하철역도 도보로 10분 거리에 있었다. 그리고 무엇보다도 마음에 들었던 것은 내부순환도로가 지나고 있고 IC가 있어서 교통여건이 최상급이다. 서울 시내 어디를 간다고 하더라도 내부순환도로를 이용할 수 있는 것이다.

단점은 아파트 단지가 아니라는 점. 연립주택 몇 채를 헐어 재건축한 것인데 한 동만 서 있다. 그리고 서향이다. 그것도 정서향이다. 이 점이 또 사람을 망설이게 만든다.

그리고 문제는, 대지권이 없는 곳이라 은행 대출이 원활하게 이루어질지 알 수 없다. 감정평가서를 가지고 은행권을 찾아가 보았더니 대출되는 곳이 없다. 그래서 다시 제2금융권을 찾아갔다. 물건에 대해 잘 모르는 사람은 전혀 알아보지를 못했는데, 경매를 잘 아는 대출담당자를 찾을 수 있었다. 그래서 만일 1억 5,000만원에 낙찰 받는다면 어느 정도 대출이 가능할까 했더니, 1억원까지 가능하겠다는 확답을 받았다. 그렇다면 계산이 나온다.

다음이 경매에 입찰하기 전에 뽑은 대강의 손익계산서이다.

감정평가금액	200,000,000원 (★)
최저가	128,000,000원
실거래가(땅을 포함했을때)	270,000,000원 (★)
전세가	160,000,000원
낙찰예정가	160,000,000원 (☆)
등기비용(취득세, 등록세 등)	10,000,000원
도배, 장판, 싱크대 등	3,000,000원
관리비	9,000,000원
이사비용	없음
차 액	**+ 18,000,000원** (감정평가금액 기준)

관리비는 이사 이후에 소송을 제기하기로 한다. 대개의 경우 관리비가 체납되더라도 얼마 되지 않지만 이번 건은 3년간이나 비워두는 바람에 거의 1,000만원 가깝게 밀려 있는 것이다. 대개의 경우에는 관리비는 낙찰자가 부담한다. 하지만 법원 판례는 낙찰자가 관리비를 부담하지 않는 것으로 나와 있다. 문제는 관리비를 내지 않는다면 대개 관리실에서 단전과 단수를 통해 내지 않을 수 없게 만든다는 점인데, 그렇다면 일단 내고서 법원 소송을 통해 회수해야 한다. 우선은 관리비를 부담하는 것으로 계산했다. 장차에 회수할 수 있다면 추가 수익이 발생한다.

그렇다면 제2금융권 대출을 1억원 받을 때, 준비해야 할 자금은 모두 8,200만원이다. 수익은 1,800만원이고, 관리비를 회수했을 때는 2,700만원이 된다. 33%의 수익이다.

그리고 땅의 지분에 대해서는 이전 경매에서 4,180만원에 낙찰 받았으니 그 가격대로 매입할 수 있을 것으로 본다면? 정 팔지 않겠다면, 적어도 그 물건을 되팔기 전에는 억지로 높은 가격을 주고 매입할 필요는 없다. 주택의 경우는 토지와 건물을 별도로 매매할 수 있다. 하지만 집합건물(아파트 같은)의 경우는 별도로 매매가 되지 않는다. 매매하기 위해서는 대지 지분을 매입해야 하는 것이다. 하지만 임대를 놓는 데는 대지지분이 없다한들 별 무리 없다.

대지를 매입했을 때, 세금을 제하고 1,500만원의 추가 수입을 기대해봄 직하다. 입찰에 참여하기로 했다.

현재 최저가는 1억 2,800만원. 이전 최저가는 1억 6,000만원이다.

이전 최저가보다 높은 1억 6,560만원으로 써냈다. 그래도 수익이 분명하다면 해볼 만한 것이다. 지금껏 어떤 물건도 이전 최저가보다 높게 썼던 적은 없었는데, 이 건에 대해서는 그렇게 쓰더라도 수익은 분명해 보였다. 이전 최저가에 비해서도 560만원을 더 높게 썼다. 아쉬운 것은, 이 물건을 일찍 발견했더라면 이전 경매에서 단독 입찰로 받았을 것을 너무 늦게 본 것이다.

결과는?

1억 7,800만원을 써낸 사람이 한 명 있고, 1억 7,600만원을 써낸 사람이 또 있었다. 그들 역시 이 물건을 보았던 것이다. 그렇게 나는 3순위자가 되었다. 1,240만원이나 더 높게 쓴 사람이 있다니 억울할 것도 없다. 그들도 이 물건에서 분명 수익성을 보았던 것이다.

이전에 땅을 낙찰 받은 사람도 입찰에 참여하고 있었다. 눈치를 보니 그들이 쓴 가격은 1억 5,000만원 미만이었나 보더라. 이전 경매에서 최저가로 낙찰 받을 것을 하고, 후회하고 있다. 지나치게 욕심을 부린 것이다. 두 사람이 서로 하는 이야기, "지료(地料)나 받지 뭐."

그 말을 듣자 웃음이 나왔다. 경매를 전문적으로 하는 법인이라 하여, 그들에 대해 지나치게 과대평가했던 것이다. 정말 아무것도 아닌 아주 작은 문제였는데, 혹시나 내가 알지 못하는 함정이 있을까 지나치게 걱정했던 것이다.

[법정지상권]

토지와 건물을 별도로 소유하기도 하고 매매할 수도 있기에 나타난 문제이다. 법정지상권이 성립하지 않는다면 토지 소유자가 건물의 철거를 요구할 수 있다. 법정지상권이 성립한다면 토지 소유자가 행사할 수 있는 권리는 극히 제한된다.

민법에서 인정되는 법정지상권은 다음 다섯 가지 경우가 있다.

1. 토지와 그 지상 건물이 동일인에게 속하는 동안에 건물에 대해서만 전세권을 설정한 후 토지소유자가 변경된 경우
2. 토지와 그 지상 건물이 동일인에 속하는 동안에 어느 한쪽만 저당권이 설정된 후 경매로 인해 토지와 건물의 소유권이 다르게 된 경우
3. 토지와 그 지상 건물이 동일인에게 속하는 동안에 그 토지 또는 건물에만 가등기담보권 등이 설정된 후 경매 또는 청산절차를 통해서 토지와 건물의 소유자가 다르게 된 경우
4. 토지와 입목(立木)이 동일인의 소유에 속하고 있는 동안에 경매 기타의 사유로 토지와 입목이 소유자를 달리하게 된 경우
5. 토지와 건물이 동일인의 소유에 속하고 있는 동안에 그 건물 또는 토지만이 매각되어 토지와 건물이 소유자를 달리하게 된 경우(이때 이것을 관습상의 법정지상권이라고 한다)

[지료는 얼마나 부담하는가]

그렇다면 지료는 얼마나 부담할까? 경매 책을 한참을 뒤져도 잘 나오지 않는 부분이기도 하다. 그리고 사실 정해진 값이 없다. 땅주인과 건물주가

서로 협의되지 않는다면, 판사가 판결을 내리는 것에 의지하는 수밖에 없다. 그래서 정확하게 말할 수는 없지만, 통상적으로는 대개 감정가의 6%를 지불한다.

위 물건의 경우 대지지분은 14평이 되지 않고, 평당 100만원이 채 되지 않는다. 즉 1,400만원에 대한 연 6%. 연 84만원이다. 그들이 땅을 매입한 가격은 4,180만원이었는데, 그 연간 지료가 고작 84만원에 불과한 것이다. 당신이 만일 그 땅을 가진 주인이라면 어떻게 할까?

건물자가 2,000만원에라도 사주겠다고 하면 반기지 않을까? 그 땅을 먼저 매입했던 사람들이 지료를 운운했을 때, 경매에 대해 미숙한 사람들이라는 사실이 드러나버린 것이다.

간혹 그런 점을 노려볼 수는 있다. 땅과 건물이 별도로 경매로 나왔고, 지료를 계산하더라도 은행이자만큼은 된다 싶을 정도로 수차례 유찰될 수도 있다. 그럴 때는 땅을 잡고서 건물주에게 지료를 요구하는 것이다. 만일 지료를 2년간 체납한다면 건물을 경매로 붙여버릴 수도 있다. 그러자면 충분히 떨어져야 한다는 전제가 붙는다.

아무튼 법정지상권이 성립하는 토지의 매입에는 아주 신중을 기해야 한다. 반면 법정지상권이 성립되지 않는 건물의 매입 역시 신중해야 한다.

07 역세권이 좋은 이유

다음 건은 동일한 시점에 입찰하려 했던 물건이다.

동작구 흑석동에 있는 32평형이다. 현재 시세가 3억 7,000만원에서 3억 8,000만원으로 형성되고 있다. 감정가 3억 4,000만원. 벌써 3,000만원이나 차이가 난다. 감정가에 낙찰 받는다고 하더라도 수익은 있다. 대개 이런 경우가 잘 없다. 2003년 부동산 시세가 좋을 때 파악한 감정가는 대체로 현 시세보다 5%에서 10% 정도 과다하게 계산되어 있다. 그런데 이 건은 10% 이상 낮게 평가된 것이다. 그러면 두 눈이 번득 뜨인다. 마음이 급해지는 것이다.

반면에 전세가는 낮은 편이다. 1억 6,000만원.

현장을 방문했더니, 마침 안내방송이 나온다. 지하철 공사와 관련하여 안내가 있으니 몇 시에 어디로 모이라는 이야기이다. 그래서 확인해보니 이미 지하철 공사가 진행 중이고, 국립현충원에 역이 만들

주소 감정평가 내역	면적(단위 : m²)	경매가 진행내역	일자-성명-임차금 주민등록 확인	등기부상의 권리관계

서울 동작구
흑석동 H아파트
○○○동 ○○○호
 	
〈감정평가내역〉
-철근콘크리트조
  슬래브
-현충원 북측
  인근
-동작역 도보20분
-도시가스개별난방
 	
〈감정평가액〉
대지
102,000,000원
건물
238,000,000원
	대지
	38.9/43685.2
	(12평)
	건물
	83.47(25.25평)
	방3
	15층
	88.12.21 보존
		감정
		340,000,000원
		○○감정(03.05.20)
		최저
		272,000,000원
		(80.0%)
		
		---------- 	
		유찰 04.01.08
			없음
			
			배당요구종기
			03.09.13
				소유 김○○
				01.07.27
				전 소유자
				정○○
				저당 서울은행
				흑석동
				02.04.02
				2억 6,000만원
				가압 하나은행
				론센타
				02.08.08
				218만원
				저당 서울은행
				흑석동
				02.09.25
				1,500만원
				가압 신한카드
				채권관리 특별팀
				03.04.14
				732만원
				저당 정○○
				03.04.26
				3,500만원
				임의 하나은행
				채권관리팀
				03.05.16
				청구
				250,975,555원
				가압 서울보증보험
				신용채권관리
				센타
				03.07.26
				440만원

어지는 중이다. 완공일은 2007년. 3년 남았다. 그래서 전세가에 비해 매매가 높은 것이구나. 매매가는 전철역이 생기는 점이 반영된 것이다.

바로 옆에 동작역이 있어서 그 차이가 얼마나 클지는 장담할 수는 없지만, 아파트에서 동작역까지 도보로 20분 정도 소요된다고 보고, 국립현충원역까지는 15분 정도 소요될 것으로 보았다. 게다가 그곳이 2개 노선이 만나는 환승역이라면, 완공되었을 때 교통사정에 대한 매력은 더욱 커질 것은 당연한 일. 지하철은 공사계획이 발표되면 한 차례, 착공에 들어가면 한 차례, 또 완공되면 한 차례. 그렇게 3번에 걸쳐 상승을 본다. 이 건은 완공을 노려볼 수 있다. 그렇다면 이 건은 매입하고서 바로 팔려고 할 게 아니라, 전세를 놓고 2년 뒤를 기다려 봄 직하다는 판단이 섰다.

다음은 대강의 수익 분석과 투입자금의 규모이다.

감정평가금액	340,000,000원
최저가	272,000,000원
실거래가	370,000,000원 (★)
전세가	160,000,000원
낙찰예정가	330,000,000원 (☆)
등기비용(취득세, 등록세 등)	23,000,000원
도배, 장판, 싱크대 등	1,000,000원
관리비	없음
이사비용	2,000,000원
차 액	**+ 14,000,000원**

투입자금		
	낙찰가 등 제반 비용	3억 5,600만원
	전세가	1억 6,000만원
	투자원금	약 2억원

문제는 2억원이나 되는 자금을 묶어둘 만하냐는 점이다. 그리고 2억원을 어디서 융통하느냐는 점도 해결해야 한다. 2년간 2억원에 대한 기회비용을 7%로 가정한다면 2,800만원. 2년 뒤에 시세가 4억원을 가야 본전이다.

그리고 앞선 건과 같은 날에 입찰이 이루어지는데, 하나는 중앙에서 이루어지고 하나는 서부지원에서 입찰이 진행되었다. 몸이 둘이 아닌 바에야 한 건을 포기할 수밖에 없다. 다음날 확인해보니 이 건은 경매 취소되어 있다. 부채가 많지 않아 집주인이 변제했을 수도 있다. 하지만 그럴 요량이었다면 1회차 이전에 이루어졌어야지. 기초자료를 유심히 살펴보면 부채의 대부분이 서울은행으로 되어 있다. 은행이 합병되면서 서울은행과 하나은행이 같은 회사가 아닌가. 그렇다면 이 물건은 짐작해보건데 부채 승계를 통해 매입했으리라. 매입자는 입찰에 참여하는 대신, 채무자인 집주인과 채권자인 은행과 함께 거래하면서 경매를 취하한 것이다.

실전경매에서 나타나는 재미있는 기법인데, 212페이지에서 '내 돈 들이지 않고 부동산 매입하는 법'을 다루면서 다시 언급하겠다.

🔴 Clinic 재 · 정 · 클 · 리 · 닉

역세권 아파트

아파트의 가치에 있어 교통은 아주 중요한 요소이다. 역세권은 사람이 모이는 곳으로 환금성이 뛰어나다. 아파트 단지가 크다면, 걸어서 단지를 통과하는 데만도 5, 6분은 소요되기도 한다. 여기서 다시 5, 6분이 넘지 않는 거리가 좋다. 10분 이상 걸어야 한다면 사람들은 버스 노선을 확인하려고 할 것이다.

[입찰 직전 경매조서 열람시 확인사항]

입찰 당일날 법정에 가서 확인할 것은 두 가지다. 해당 물건이 경매에서 빠지지나 않았는지 경매 법정 입구에서 취하·변경 여부를 확인해야 한다. 그리고 법원은 입찰 당일에 한하여 입찰자들에게 '경매조서'를 열람할 수 있도록 한다. 입찰자는 경매조서로서 지금까지 조사·분석한 사항들을 최종 확인하는 것도 좋다.

이때 확인해야 할 내용은 다음과 같다.

1. 권리변동 관계
2. 대위변제 등으로 인한 인수채권의 추가 발생 여부
3. 송달의 적법 여부
4. 공고, 게시 등 절차상 하자 여부
5. 추가배당 및 배당취소 여부

일련의 사항들을 확인하고 변동사항이 없거나, 그 사항이 경미한 경우에는 문제될 게 없다. 하지만 심각한 문제가 있다면 입찰에 응해서는 안 된다. 어떤 투자에서도 동일한 원리. 사람이 마음이 내몰리면 끝장이다. 전날까지 그 물건을 낙찰 받아서 얼마의 수익을 거두겠네 하는 상상으로 마음이 들떠 있다면 더욱 조심해야 한다. 그 수익을 놓치기 싫어하는 마음이 위험에 둔감하게 만든다.

또, 많은 사람들이 당일날 경매 법정에 가서 참여한 사람들의 수와 분위기에 편승해서 높은 가격에 써내기도 하는데 주의해야 한다. 먼저 마음을 다스리는 법을 터득하지 못하면, 어떤 툴도 위험하기 짝이 없는 것이다. 많은 사람들이 경매를 통해 큰 부를 얻은 것도 사실이지만, 경매를 통해 손실을 입거나 마음고생만 진탕하고 아무 덕을 얻지 못한 사람이 있는 것도 사실이다. 대개가 공부가 부족했다기보다 마음을 다스리는 데 실패한 까닭이다.

경매 법정에 가기 전날, 충분히 수익성을 검토한 입찰가격에 쓸 수 있도록 해야 한다. 이 입찰가격을 쓰는 것에는 거의 예술적인 감각이 필요한데, 주의 깊게 몇 번의 경매를 유심히 살펴본다면 그 감각을 터득할 수 있다.

▶ **배당 절차**

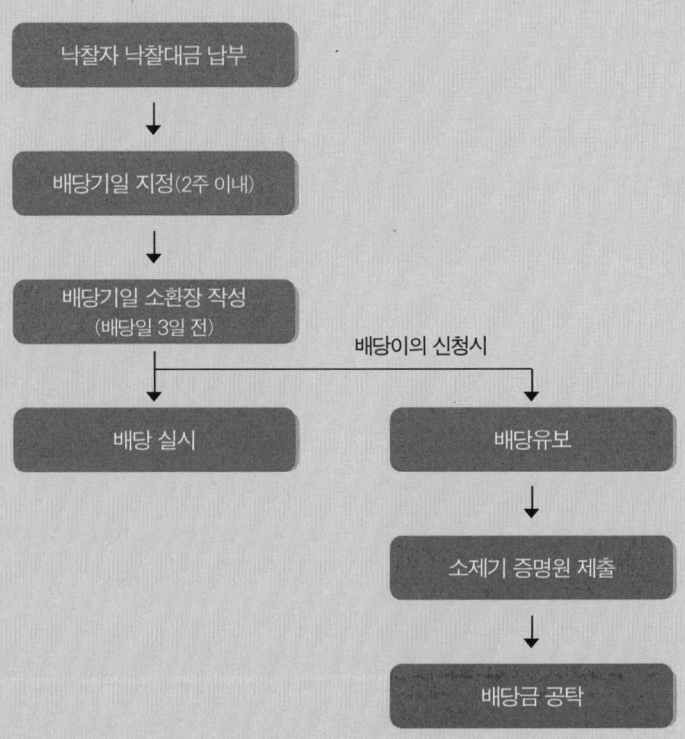

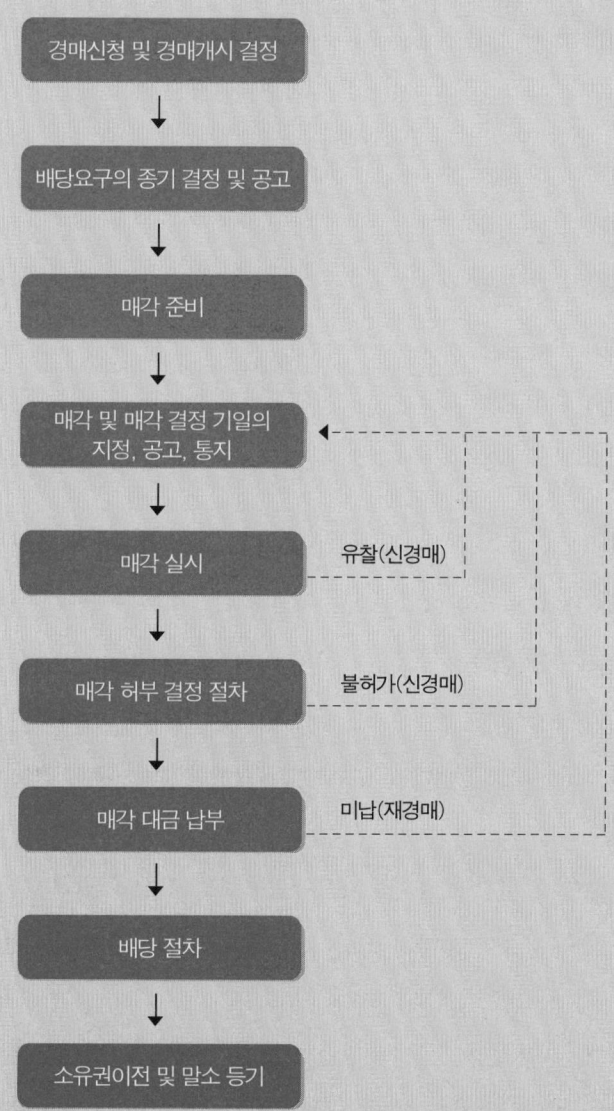

08 드디어 낙찰, 유치권을 해결하라

다시 또 떨어지고 나니 기운이 빠졌다. 한달 하고도 보름을 뛰어다녔지만 전혀 실속이 없다. 잠시 시간을 두고 생각해보기로 했다. 아파트의 낙찰가가 벌써 한달 사이에 다시 상승세를 타고 있음은 분명했다. 신문지상에서도 경매가 매력 있다는 기사다. 그렇다면 앞으로는 더 적은 수익을 기대할 수밖에 없다는 말인데, 왠지 맥이 빠져버린다.

이미 경매 시장에 사람들이 다시 몰려들기 시작했다면 아파트는 더 이상 수익을 기대하기 힘들다. 그렇다면 일찌감치 소외물건으로 눈을 돌려볼 필요가 있다.

그래서 먼저 지방 물건들을 살펴보기 시작했다. 밤새도록 하나씩 살펴보았지만, 아침이 밝아올 무렵 접고 말았다. 그 지역을 모르는 입장에서 쉽게 판단할 수 없는 것이다. 단순히 가격이 많이 떨어졌다고 관심을 가질 것도 아니고, 그 넓은 지역을 다 돌아다닐 수도 없는 노릇이다. 잘 알고 있는 지역이라면 대강 짐작이라도 하겠지만 그렇지 않은 곳은 엄두가 나지 않았다.

그리고 그동안 관심을 접고 있었던 오피스텔이나 빌라를 살펴보기 시작했다. 환금성이 취약한 이곳에서 충분히 하락한 뒤에 매입한다면 수익을 거둘 수 있을 거라 보았던 것이다. 그런데 몇 달 사이에 시장 분위기가 많이 바뀌어 쉽게 희망적인 물건이 보이지 않았다.

그러던 중 다가구주택을 조회하다가 한 물건을 발견했다. 지도 상으로는 전철역에서 아주 가깝다. 우선 그게 가장 큰 매력이다.

결론부터 이야기하자면 낙찰 받았다. 2순위자에 비해 300만원을 더 높이 쓴 것으로 낙찰 받았다. 새해 들어 두 달 동안 뛰어다니다가 10번 떨어지고 11번째야 성공한 것이다.

그게 다음 물건이다. 감정가 2억 9,794만원인데 두 번의 유찰로 64%선까지 내려와 있었다. 2억 2,800만원에 낙찰 받았다. 차순위자는 2억 2,500만원. 300만원 차이가 났을 뿐이다. 감정가 대비 1%의 차이로 낙찰 받은 것이다.

이 물건은 여러 가지로 재미있는 물건이다. 단점과 장점이 고르게 어우러져 있다. 용답역에서 무척 가깝다. 아쉬운 점은 용답역이 2호선 본선이 아니라, 사람들이 왕래가 많지 않은 지선이라는 것. 그리고 땅 모양이나 건물이 네모 반듯하지 못하고 사다리꼴인 것도 단점이다. 공간활용도가 낮은 것이다.

문제의 핵심은 유치권. 일반적으로 유치권은 경매에서 핵이라 이름 붙어 있다. 등기부 상에 드러나지 않으면서 꼼짝없이 낙찰자가 당

주소 감정평가 내역	면적(단위 : m²)	경매가 진행내역	일자-성명-임차금 주민등록 확인	등기부상의 권리관계
서울 성동구 ○○동 ○○번지 〈감정평가내역〉 -일반주거지역 -철근콘크리트 라 멘조 슬래브 -4가구 -용답초등교 북서측 인근 -버스정류장 및 용 답초등교 도보 5분 소요 -사다리형 토지 -남동측 8m, 북동측 2m 도로 접함 -도시가스 개별난 방 〈감정평가액〉 대지 186,048,000원 건물 109,747,210원 제시 외 2,146,320원 표준공시지가 1,170,000원 개별공시지가 1,200,000원 감정지가 1,710,000원	대지 108.8(33평) 건물 1층 63.19 　　(19.11평) 방3 2층 61.92(18.73평) 방3 3층 50.28(15.21평) 방2 지층 66.76(20.19평) 방2, 창고2 제시 외 건물 옥탑 8.13(2.46평) 96.11.4 보존	감정 297,941,530원 ○○감정(03.05.11) 최저가 190,682,000원 (64.0%) ------------ 유찰 03.11.24 유찰 04.01.05 ※남○○로부터 시설공사대금 15,400,000원, 박○○로부터 노후시설 수리 및 베란다 확장 비용 24,500,000원의 유치권 신고되어 있으나 성립 여부 불분명	전입 00.06.07 김○○ 3,500만원 확정 00.06.07 지하 방3 배당 03.05.14 전입 00.02.19 남○○ 4,000만원 확정 00.02.19 전부 배당 03.07.16 전입 02.08.29 박○○ 4,000만원 확정 03.07.16 3층 방1 및 거실 배당 03.07.17 전입 03.02.17 최○○ 5,500만원 확정 03.02.13 2층 방3 배당 03.07.13 배당요구종기 03.07.18	소유 진○○ 96.11.03 저당 제일은행 씨에스씨 여신운용 02.08.07 7,560만원 가압 농협 화양 03.02.10 484만원 가압 농협 동대문 03.02.10 722만원 가압 삼성캐피탈 중구 채권센타 03.02.27 531만원 임의 제일은행 여신관리부 03.4.23 청구 66,632,575원 가압 제일은행 여신관리부 03.05.30 1,136만원 가압 국민은행 동부엔피엘 관리팀 03.07.03 1,055만원 가압 삼성캐피탈 중구채권센타 03.07.23 505만원 가압 서울보증보험 안양 03.10.09 1,519만원

해야 하는 권리이다. 대개의 경우 시공업자가 건물을 짓다가 업주가 부도를 내는 바람에 공사대금을 받지 못했을 경우 성립한다.

그 외에도 세입자가 주인의 동의 하에 건물의 개·보수를 하여 건물의 가치가 상승했을 때 권리를 주장할 수 있다. 낙찰자에게 어려운 부분은, 이게 등기부 상에 전혀 기록되지 않는다는 점이다.

하지만 그 경우는 정당한 권리를 행사할 때이고, 실전 경매 속에서 유치권 문제는 대개가 허위일 때가 많다. 집주인이 경매를 통해 그 집을 다시 회복하고자 할 때, 유치권을 잔뜩 신청해두는 것이다. 위의 사례에서는 유치권이 약 4,000만원(1,540만원＋2,450만원) 신청되어 있다. 그렇다면 사람들이 그 물건의 가치를 감정가대로 인정한다 하더라도, 유치권만큼을 더 고려해서 떨어지기를 기다리게 된다. 즉 유치권이 없다면 2억 5,000만원이면 입찰하려 할 텐데, 유치권 때문에 2억 1,000만원이 되어야 입찰한다는 뜻이다.

유치권 문제를 잘 해결할 수 있다면, 그런 물건만 찾아다니는 것 역시 큰 매력이 있다. 우연하게 발견하기는 했지만, 이 물건이 기회가 될 수 있겠다는 판단이 들었다.

새해 들어서 10번이나 입찰에 참여했지만 한번도 낙찰 받지를 못하여 스스로 마음이 조급해져 있지 않은가 냉정하게 살펴보아야 했다.

주말인지라 모처럼 고향에 내려와 있었다. 처음 계획은 며칠 간 쉬면서 산이라도 타려 했다. 그런데 전혀 계획대로 하지 못했다. 이 물건을 발견한 것은 토요일 밤. 일요일 아침으로 다시 서울로 올라오게 되었다.

그리고 현장 확인 차 방문했다. 집주인은 집에 없는지 초인종을 눌러봐도 나오는 사람이 없다. 보증금을 전액 다 회수하는 2층 세입자를 만나보았다. 건물 상태에 대해 물어보았더니 지은 지 오래지 않아 지금껏 문제를 일으킨 적은 없다고 한다. 배관도 이상 없고, 보일러도 말썽을 일으킨 적이 없고, 물이 새거나 벽이 갈라진 부분도 없다고 한다.

그렇다면 유치권은 허위일 가능성이 더욱 높은 것이다. 집주인은 유치권을 주장하지 못한다. 세입자의 유치권도 집주인의 동의하에 이루어지는 것인데, 2층 세입자의 말대로라면 몇 천만원이나 되는 유치권을 행사할 만큼 수리 소요가 있을 만한 물건도 아니다.

게다가 1층의 경우는 비록 전입자가 있기는 해도 그 관리를 주인집에서 하고 있다는 이야기도 들었다. 즉 주인집이 3층과 1층을 점유하고 있는 것이다. 그리고 유치권도 3층과 1층에 걸쳐 신청되어 있다. 분명 허위라는 판단이 섰다.

만일 끝까지 유치권을 주장한다면, 그 부분을 당사자가 증명해내야 한다. 유치권을 행사할 만한 수리 소요가 있었는지. 그리고 그 공사를 담당한 업자는 누구이며, 또 돈이 오고간 경위를 밝혀내야 한다. 단순하게 말로만 공사를 했다고 주장해서는 안 된다. 그리고 유치권 문제는, 일단 고소를 했다고 하면 고소를 한 당사자가 취하를 하더라도 취하될 성질이 아니다. 채권 문제이기 때문에 형사사건으로 취급받는다. 위장임차 건처럼 이 역시 강제집행면탈죄에 해당된다. 이는 고소인이 고소를 취하하더라도 없었던 일로 쉽게 마무리되지 않는다. 자신 있다면 이런 물건에 매달려보는 것이다.

[유치권]

유치권은 타인의 물건 또는 유가증권을 점유하는 사람이 그 물건 또는 유가증권에 대해 생긴 채권을 변제 받을 때까지 그 목적물을 압류하여 채무자의 변제를 간접적으로 강제하는 담보물건이다. 예를 들면 유치권자는 목적물을 경매에 부칠 수도 있고, 경우에 따라서는 목적물로 변제에 충당할 수도 있다. 또한 다른 채권자가 목적물을 경매나 강제집행을 하더라도 그 경락인에 대해서도 변제 받을 때까지 그 유치물의 인도를 거절할 수 있다. 타인의 물건을 수선한 사람이 그 수선대금을 받을 때까지 그 물건을 유치할 수 있는 것이다.

유치권은 반드시 그 물건 등과 관련하여 발생한 채권이어야 한다. 돈을 빌린 사람이 그 채무를 담보하기 위해서 점유를 맡기는 질권과는 성격이 다르다. 다음 네 가지 경우가 문제시 된다.

필요비 : 보일러가 고장나거나 누수현상이 있다면 고치지 않을 수 없다. 세입자가 꼭 필요한 수리를 했다면 그 비용은 유치권이 성립한다.

유익비 : 임차 목적상 꼭 필요하지는 않더라도 객관적 효용가치가 증대되는 비용이다. 가령 집에 엘리베이터를 설치했다면 이는 유익비에 해당된다.

시설비 : 대법원 판례에서는 시설비를 인정하지 않는다. 임차하여 식당으로 운영하기 위한 시설을 갖추었다면 그 비용이 시설비가 된다. 오히려 계약기간이 종료되는 시점 원상회복의무를 부담해야 한다.

건축대금 : 건물 공사를 맡은 시공사가 건물주(또는 시행사)로부터 건축대금을 받을 때까지 그 건물을 점유할 수 있는 권리이다. 경매에서 가장 쉽게 만나는 유치권 사례이다.

입찰에 참여했던 사람은 단 둘뿐이다. 나와 차순위자. 최저가가 1억 9,068만원이었는데, 내가 쓴 가격이 2억 2,800만원이고 차순위자는 2억 2,500만원이다.

경매에서 묘한 상황은 이럴 때 나타난다. 내가 이 물건에 입찰하지 않았다면 차순위자는 단독입찰로 그 물건을 낙찰 받았을 것이다. 그렇다면 그 사람의 심정은 어떨까? 잘 받았다고 기분이 좋을까? 최저가에 비해 3,400만원이나 더 썼다는 사실에서 애통해하지 않았을라나. 자기 혼자만 입찰할 줄 알았다면 최저가에 근접해서 쓰더라도 낙찰 받았을 것을, 3,400만원이나 더 쓴 사실에 대해 억울해하지 않았을라나.

그런데 내가 입찰에 참여하는 것으로 변수가 발생한 것이다. 고작 300만원 차이로 떨어지고서는 심정이 어떠했을라나. 감정가에 대비해 본다면 고작 1%의 차이인 것이다. 그렇다면 300만원만 더 높게 쓸 것을 하고 후회하고 있지 않을라나. 한 사람이 있고 없는 것으로 희비가 교차하는 것이다.

나 역시 마찬가지다. 만일 그 사람이 입찰하지 않고 단독입찰이었다면 아마도 땅을 치며 아쉬워했을 것이다. 단독입찰이었다면, 최저가에 비해 3,700만원이나 더 써낸 사실이 억울해서 아마도 한달 내내 잠을 이루지 못했을지도 모를 일이다. 그런데 나 외에 다른 사람이 있어서, 그것도 고작 300만원의 차이로 낙찰받을 수 있어서 흐뭇한 마음이 아닌가. 이렇듯 사람 마음이란 간사하다.

물론 그 사람의 마음을 이렇게 쉽게 진단한다는 것은 잘못이다. 그런데 이런 마음이 곧 내가 경매에 참여하면서 드는 마음 중 하나이다.

지나치게 높게 쓴 것은 아닐까. 그래서 스스로 이익을 갉아먹는 것은 아닐까. 또 하나는, 이렇게 낮게 썼다가 떨어지는 것은 아닐까. 차라리 몇 백을 포기하더라도 낙찰 받는 게 유익하지 않을까.

그 묘한 심리적 경계에서 늘 갈등한다.

다음은 이 건에 대해 입찰하기 전에 고심했던 내용들이다.

자금확보 문제

2억 2,800만원에 등기비용까지 해서 1,600만원. 그렇게 2억 4,400만원이 필요하다. 아파트와 달라서 제2금융권을 이용하더라도 대출금액이 많지 않은 것이다.

다음은 대강의 자금 확보 계획이다.

낙찰가	2억 2,800만원
등기비용	1,600만원
대출	1억원 (연리 8%) : 등기 이후 은행권으로 대출 전환, 6%대로
입찰보증금	1,907만원
추가 소요자금	약 1억 2,500만원

추가소요자금은 대략 3개월 정도만 융통할 수 있으면 된다. 지하층과 2층은 보증금을 전액 배당 받게 되어 있고, 재계약을 하거나 또는 새로운 임차인을 구하는 것으로 그 대부분을 회수할 수 있다.

대출금 역시 당장은 연리 8%에 달하지만 등기가 나오는 즉시로 은행권(다가구주택의 경우, 취급하는 은행이 많지는 않다. 하지만 없지는 않다)으로 대환 대출을 신청하여 옮길 수 있다.

부분 리노베이션 고려

건물이 지어지기를 묘하게도 1층에 사용하지 않는 창고가 있다. 바깥으로 바로 드나들 수 있도록 셔터가 만들어져 있는 것이다. 주차장이 부족한가 하고 도면을 살펴보니, 주차장은 건물 뒤쪽 마당에 확보되어 있다. 아마도 처음 지을 때는 창고로 활용할 목적이 있었지 싶다. 그렇다면 사용하지 않는 창고는 그 공간만큼 낭비하고 있는 셈이다.

그 창고를 방으로 고치기로 했다. 바깥으로 통하는 출입구에 벽을 쌓고 아래쪽으로 보일러를 깔았다. 다행히도 지하층이 지표보다 30센티 정도 높은데, 창고는 지표와 맞닿아 있어서 작업 소요는 많지 않았다. 창고 바닥부터 쌓아올리기만 하면 되는 것이다. 그리고 1층 거실 쪽에서 문을 만들었다. 그렇게 1층에는 기존에 있던 방 2개를 합친 크기의 큰방을 만들 수 있었다.

공사에 투입된 돈은 모두 250만원. 임대가는 그 방이 하나 더 있는 것으로 해서 기존 시세 4,500만원(이전 세입자는 4,000만원)에서 6,000만원으로 올려놓을 수 있었다. 즉 250만원을 투자하여 자산 가치가 적어도 1,500만원이 상승한 것이다.

실제로 단독주택이나 다가구주택 같은 경우는 매입한 뒤에 부분 리노베이션을 고려해서 수익성을 높이는 방안을 고려해야 한다. 집 앞쪽이나 뒤쪽에 발코니를 만들거나 마당에 정원을 꾸미는 것도 한 방법이다. 사용하지 않는 보일러실이나 지하실이 있다면 이 공간을 활용하는 방법도 고민해보아야 한다.

[리모델링 · 리노베이션]

건물의 개수와 보수를 리모델링, 리노베이션이라고 한다.

1999년 5월 <건축법>, <건축법 시행령>의 전면 개정과 2003년 일부 개정으로 건축물의 용도변경이 쉬워졌다. 낡은 주택을 싸게 사들여 용도를 변경하는 사례는 늘고 있다.

신축보다 일단 비용이 저렴하고 절차가 간편하다. 대개 1평당 200만원씩을 계산하는 신축에 비해 리모델링의 경우는 50만원 정도 수준으로 결정된다. 주택의 신축시에 설계와 허가 과정에서만 1개월 이상 소요된다.

간단한 내용으로 다음과 같은 사항을 고려해볼 수 있다.

발코니 설치

발코니를 설치하면 전용공간이 더 확보된다. 뒤쪽으로 만든 발코니에는 세탁기를 놓거나 창고로 사용할 수 있다. 앞쪽으로 만든 발코니에는 화단으로 꾸밀 수도 있다. 많은 비용이 들지도 않는다.

단열 보강

외벽을 스티로폼 등의 단열재로 감싸고 드라이비트나 인조석으로 마감하면 단열효과도 높이고 외관도 근사해진다.

버려진 공간 활용

보일러실이나 창고, 지하실 등은 버려진 공간이 나온다. 습기나 조명, 환기 등이 문제인 곳이다. 이런 곳을 서재나 공부방, 음악 연습실 등으로 꾸미는 것도 고려해본다.

기타

벽체를 헐고 아파트처럼 붙박이장을 만들기도 한다. 깔끔하면서도 공간 활용도가 높아진다.

낙찰잔금의 납부

잔금을 확보하는 데 예기치 못한 상황이 발생했다. J화재에서 대출하기로 해서 처리하는 중인데 잔금 기한을 3일 앞두고 유치권 문제를 걸고 나온 것이다. 그게 해결되기 전에는 대출이 안 된다고 통보해온 것이다. 안 될 일이었다면 일찍 안 된다고 하면 다른 곳을 알아볼 수도 있었을 텐데, 잔금 납부일을 겨우 3일 남겨두고 그러면 어떡하라는 말인가. 조직의 생리란 그런가 보더라. 자신의 이익에 집중할 뿐 거래하는 사람의 이익에는 아랑곳없다. 고약하다.

입찰기일에 최고가 입찰자로 결정이 되면, 입찰기일로부터 7일 후에 낙찰확정이 이루어진다. 법원에서 입찰시에 기록한 주소로 통보가 온다. 만일 우편물을 받지 못했다면 법원에 문의하면 다시 재발급 받을 수 있다. 법원마다 약간의 차이가 있으나 보통 낙찰기일로 부터 30일 이전에 잔금지급일이 지정되게 된다. 낙찰자는 잔금지급일에 낙찰잔금을 납부하는 즉시 자신의 명의로 소유권이전 및 말소 촉탁 등기를 할 수 있다.

사정이 여의치 않아 기한 내에 잔금을 마련하지 못했을 경우에는 재경매기일 3일 전까지 낙찰잔금을 납부하면 된다. 물론 이때는 재경매비용 및 지연이자를 추가로 납부해야 한다.

이 건의 경우에는 유치권 문제가 걸려 있어서 제2금융권에서도 대출을 꺼렸다. 그래서 택한 방법은 상호저축은행. 비록 한달 동안이기는 했지만 15%라는 고리를 감당해야만 했다. 그렇게 등기 이후에 다시 제1금융권으로 대환대출할 수 있었다.

잔금을 납부하고 자신의 이름으로 등기를 했다 하여 모든 것이 끝난 게 아니다. 경매부동산의 종결은 점유자로부터의 부동산 명도가 이루어진 것을 의미한다. 인도명령 대상인지, 명도소송 대상인지는 입찰기일 전에 파악하고 있어야 하며, 낙찰과 동시에 점유자들을 찾아가 명도의 시기 및 방법을 약속 받는 것이 좋다.

다가구주택의 매매가는 쉽게 산출되는 편이다. 월세로 임대를 놓았을 때, 그 월세 수입을 비교하여 역산하는 것이다. 투입되는 자금에 대한 연 10% 정도의 수익으로 보면 될까. 이 점은 그때 그때 상황과 금리에 따라 차이가 날 수 있다.

구분	전세가	월세가	임대가 합산	매매가(역산)
1층	6,000만원	1,000만원 +45만원/월	1억 2,000만원 +125만원/월	3억원
2층	6,500만원	1,000만원 +50만원/월		
3층+옥탑	9,000만원	9,000만원		
지하층	4,500만원	1,000만원 +30만원/월		

즉 3억 시세로 매입할 때 보증금에서 1억 2,000만원을 보존 받는다고 본다면, 총투자금이 1억 8,000만원이 된다. 이때 연간 월세 수입이 1,500만원, 즉 8.3%의 수익이다. 어떤가. 이 정도라면 만약 노후에 현금으로 1억 8,000만원의 여유자금이 있다면 투자해둘 만하지 않은가. 그래도 은행에 적금으로 넣어놓는 것보다는 3배 수준이다.

실제로 임대가 마무리되었을 때, 보증금 1억 5,000만원에 월 100만원의 월세 수입이 확보되었다. 1억 대출에 대한 연 이자는 630만원. 월세 수입의 연 환산액은 1,200만원이다.

결산		
	자산가치	3억 1,000만원
	낙찰	2억 2,800만원
	등기비용	1,600만원
	리노베이션	250만원
	총투자비	2억 4,650만원
	대출	1억 − 630만원/연
	보증금	1억 5,000만원 + 1,200만원/연
	실투자금	− 350만원
	(투자금을 전액 회수하고 350만원이 남았다)	
	연간 투자수익	+ 570만원
	매매시 (세전)수익	약 7,000만원

다가구에서 다세대로 전환 고려

다가구주택이라면 건물을 통째로 팔아야만 한다. 하지만 할 수만 있다면 다세대주택으로 전환해서 각 세대별로 팔 수도 있는 것이다. 그렇게 할 수만 있다면 수익성은 더욱 커진다. 문제는 그렇게 사줄 사람이 있느냐 하는 점이다. 매매할 자신만 있다면 고민해봄 직한 부분인 것은 사실이다.

가까운 왕십리 뉴타운 계획이 어떻게 진행되느냐에 따라 장차에 그곳도 재개발붐이 불지 않을까도 생각해본다. 아마도 한참의 시간이 흘러야겠지. 만일 그렇게 된다면, 다세대로 전환하는 것이다. 다가구와 다세대의 차이는 여기서도 있다. 다가구주택일 경우 재개발이 진행될 때 입주권이 한 세대만 나오지만, 다세대주택이라면 각 세대별로 입주권이 나온다. 이 점은 재개발에 대해서 학습해볼 일이다. 재개발 이야기가 불거질 즈음에는 다세대로 전환하는 게 백 번 나을 것이다.

양도소득세? 다세대로 전환하는 것으로 여러 채의 주택을 소유한 게 된다. 이때 다주택 소유에 대한 양도소득세 문제도, 다가구주택을 다세대주택으로 변경했을 경우에는 제외된다.

다가구주택과 다세대주택의 공부 상 차이는 많지 않다. 세대 간 벽체 간격이 30센티미터 이상이어야 하고 또 세대별로 주차장이 확보되어 있어야 한다. 이 물건은 각층별로 세대가 구분되는 까닭에 이 조건을 충족하고 있다. 주차장도 확보되어 있다.

아무튼 장차에 추이를 보아가며 어떻게 처리할지는 고민해볼 일이다. 이미 실현된 수익 외에 더 큰 수익을 생각해본다는 것은 마치 작품활동이라도 하는 듯 창조적인 즐거움이 늘 따른다.

Clinic 재·정·클·리·닉

다가구나 다세대는 낙찰 받아 시세차익을 남기고 되팔겠다는 생각은 조금 위험하다. 아파트와 달리 급매를 내놓는다고 한들 금방 거래되지 않는다. 다가구나 다세대 등은 임대수익을 우선적으로 따져봐야 한다. 보유하고 있는 동안에도 은행이자보다 나은 수입이 월세로 들어와야 한다.

간단하게 말하자면, 전세가를 기준으로 삼아야 한다. 환금성이 떨어지는 다가구나 다세대는 반드시 전세가보다 낮은 가격에서 매입할 것을 권한다.

[인도명령과 명도소송]

| 인도명령이란 |

인도명령이란 낙찰대금 납부 후 권리 없는 점유자가 경매부동산을 인도하지 않을 경우, 낙찰자가 부동산을 인도 받기 위하여 법원으로부터 받는 채무명의를 말한다. 인도명령은 명도소송에 비해 단시간에 부동산을 명도 받을 수 있는 점이 장점이다. 법원으로부터 인도명령 결정을 받은 낙찰자는 집행관을 통하여 인도집행을 하면 된다.

주의할 것은, 인도명령 신청은 낙찰대금 납부 후 6개월 이내에 해야 한다. 이 기간이 경과했을 때는 명도소송에 의해 부동산을 명도 받아야 한다. 간혹 점유자의 말만 믿고 사정을 봐주다가 그 기한을 넘겨버리는 경우도 있다. 그러면 이후에는 명도소송을 해야 하는데 그 기간 동안의 기회비용만큼은 손실인 것이다. 인도명령은 많은 비용이 들지 않으니, 설사 입주자와 협의 중이라 하더라도 인도명령을 함께 진행해두는 것이 좋다. 인도명령 절차에 대해서는 숙지해두어야 한다.

인도명령의 신청

인도명령 신청은 일반적으로 경매 법원에 서면 신청하는 것으로 이루어진다. 채무자, 소유자 또는 경매조서의 현황조사보고서 등 기록상 명백한 점유자가 그 대상인 경우에는 증빙서류의 제출을 요구하지 않지만, 채무자의 일반승계인(상속, 합병)을 상대로 하는 경우에는 호적등본 또는 법인등기부등본 등 권원 없이 점유하고 있음을 증명할 수 있는 증빙서류를 제출해야 한다. 경매기록 상 나타나지 않는 점유자를 상대방으로 하는 경우도 있다. 이때는 "채무자에 대한 인도명령에 기하여 인도명령을 실시하였으나 제3자의 점유로 집행불능이 되었다"는 집행관이 작성한 집행불능조서등본 또는 주민등록등본 등 그 점유 사실 및 점유개시 일시를 증명할 수 있는 서면을 제출해야 한다.

인도명령 신청서

인도명령 신청서에는 채권자, 채무자, 임차인, 낙찰인을 기재한다. 그리고 낙찰 받아 소유권을 취득하여 인도를 요구했지만 불응하여 인도명령을 구한 다는 취지를 기재하면 된다.

인도명령 당사자

1. 인도명령을 신청할 수 있는 자

① 낙찰인

② 낙찰인의 상속인

2. 인도명령의 대상이 되는 자

① 채무자 및 채무자의 일반승계인

② 소유자 및 소유자의 일반승계인

③ 압류효력 발생일 이후에 점유를 시작한 자

④ 채무자의 동거가족, 근친관계, 피고용인

⑤ 대항력 없는 모든 점유자(단, 민사집행법 적용시에 한함)

3. 인도명령의 대상이 되지 않는 자

압류효력 발생일 전에 점유를 시작한 자는 낙찰인에 대한 대항력을 가지고 있지 않은 자라해도 인도명령 대상이 되지 않는다.

즉 대항력이 없는 임차인이 압류효력 발생일 전에 점유를 개시한 경우에는 배당의 여부와 관계없이 인도명령 대상이 되지 않는다. 또 채무자로부터 부동산의 인도를 받은 후에 제3자가 불법으로 점유를 시작했다 하여도 인도명령의 대상이 되지 않는다. 이런 경우에는 명도소송을 통하여 채무명의(판결문)를 받은 후 집행관을 통하여 명도집행을 해야 한다. 그리고 압류의 효력발생 후에 점유한 자 하더라도, 유치권자나 낙찰인과 임대차계약을 한 임차인, 낙찰인으로부터 부동산을 매수한 자는 인도명령의 대상이 되지 않는다.

부동산인도명령 신청

사건번호
신청인(매수인)
　　　O시 O구 O동 O번지
피신청인(임차인)
　　　O시 O구 O동 O번지

　위 사건에 관하여 매수인은 　　　.　　.　　. 에 낙찰대금을 완납한 후 채무자(소유자, 부동산점유자)에게 별기 매수부동산의 인도를 청구하였으나 채무자가 불응하고 있으므로, 귀원 소속 집행관으로 하여금 채무자의 위 부동산에 대한 점유를 풀고 이를 매수인에게 인도하도록 하는 명령을 발령하여주시기 바랍니다.

　　　　　　　　　년　　　월　　　일

　　　　　　매수인　　　　　　　　　　　(인)
　　　　　　연락처(☎)

　　　　지방법원　　　　　　　　　　　귀중

☞유의사항

　1) 낙찰인은 대금완납 후 6개월 내에 채무자, 소유자 또는 부동산 점유자에 대하여 부동산을 매수인에게 인도할 것을 법원에 신청할 수 있습니다.

　2) 신청서에는 1,000원의 인지를 붙이고 1통을 집행법원에 제출하며 인도명령정본 송달료(2회분)를 납부하셔야 합니다.

인도명령 진행 절차

법원은 인도명령 신청이 있으면 일반적으로 서면에 의한 심리를 하게 되지만, 인도명령의 대상자가 임차인으로서 법원이 필요하다고 인정될 때에는 소환하여 심문하기도 한다.

인도명령의 결정 기간은 신청내용에 따라 차이가 있겠지만, 빠른 경우는 신청일로부터 3~4일 내에, 늦어도 2주 이내에 결정 난다. 결정문을 피신청인(점유자)에게 송달하게 되고, 신청인은 피신청인에 대한 송달증명을 발급받고 이를 첨부하여 관할법원의 집행관에게 인도집행을 신청하면 된다.

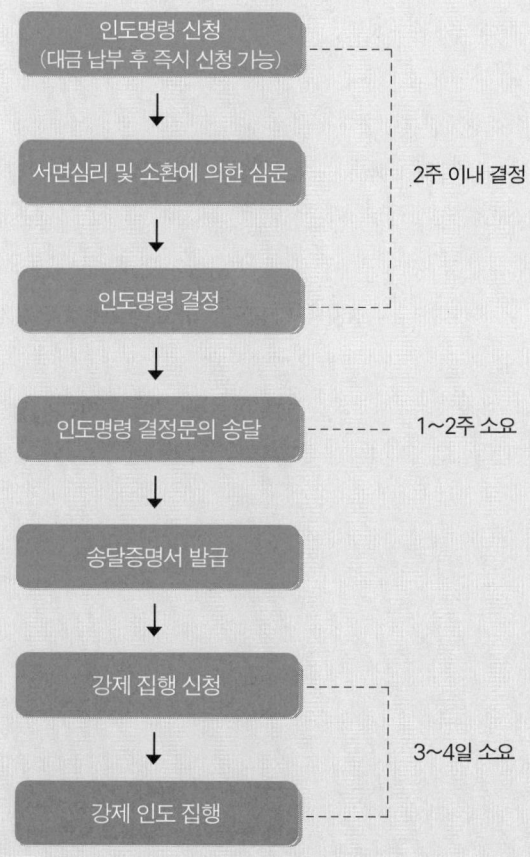

인도명령 집행

점유자가 인도명령결정문을 송달 받았는데도 부동산을 인도하지 않을 경우, 낙찰인(신청인)은 집행관에 의한 인도집행을 해야 한다. 인도명령집행은 낙찰인(신청인)에게 송달된 인도명령결정문과 인도명령신청서가 점유자에게 송달되었음을 증명하는 송달증명서를 첨부하여 집행관에게 신청을 해야 한다. 보통 신청일로부터 3~4일 내에 집행이 이루어진다.

인도명령은 강제집행의 부수절차로서 채무명의를 부여한 것이므로 집행문을 부여받을 필요는 없지만, 인도명령 신청인 또는 인도명령 대상자에 대하여 일반승계가 된 경우나 점유가 제3자에게 승계된 경우에는 승계집행문을 부여 받아 집행해야 한다.

1. 인도명령 대상자가 부재중일 때의 집행

점유자가 있음에도 불구하고 문을 열어주지 않거나, 집행이 2회 이상 불능된 경우에는 입회자의 입회 하에 강제로 문을 열고 점유자 소유의 물건을 빼낼 수 있다. 물건의 양이 적은 경우에는 건물의 한쪽에 보관하면 되지만, 그 양이 많을 때에는 먼저 낙찰자의 비용으로 유료창고에 보관한 후에 물건의 소유자로부터 창고비용을 지급 받아야 한다. 그러나 물건 소유자로부터 보관료를 지급 받지 못할 경우에는 채무명의를 얻어 물건(유체동산)에 경매신청을 하여 회수하여야 한다.

2. 건물이 비어 있을 때의 집행

이웃집이나 관리실(아파트의 경우)에 문의하여 빈집임이 확인되면, 이웃이나 관리인의 입회 하에 강제로 문을 열고 인도집행을 하면 된다. 물건에 대해서는 위의 방법과 동일하다.

3. 인도집행 후 재침입하였을 경우

인도집행이 끝난 후 재침입하였을 때에는 민사법적으로는 다시 채무명의를 얻어 재집행하여야 한다. 하지만 형사적으로 무단침입죄가 성립하므로 형사고소로 대응하는 것이 더욱 효과적인 인도방법일 수 있다.

| 명도소송이란 |

인도명령 대상자가 아니라면 명도소송을 해야 한다. 설사 인도명령대상자이더라도 신청기간인 6개월이 경과한 경우에는 명도소송을 통해 강제집행해야 한다. 협의에 의한 명도가 시간적, 경제적으로 가장 좋은 방법이지만 완만한 협의가 불가능할 때에는 부득불 명도소송을 통하여 부동산을 인도받을 수밖에 없는 것이다. 명도소송은 임대업을 하는 사람이라면 누구나 알고 있어야 하는 부분이다. 세입자가 제때에 월세를 입금하지 않고 차일피일 기한을 미루고 있다면 어찌하겠는가? 그때 건물의 소유자가 취할 수 있는 방법이 명도소송이다. 명도소송에는 인도명령과 달리 기한의 제한은 없다.

명도소송 신청

원고 및 피고의 성명과 주소, 청구취지, 청구원인을 기재하고 입증자료를 첨부하여 관할법원에 제출하면 된다.

〈첨부서류〉

- 소장 부본(소송당사자 수 + 법원용 1부)
- 부동산등기부등본 1통(소유권이전등기가 경료된 등본-소유자 확인용)
- 부동산 목록
- 도면(부동산의 일부에 대한 명도시)
- 인지 및 송달료 납부 영수증

명도소송 대상

1. 낙찰대금 납부일로부터 6개월이 경과하여 인도명령신청을 할 수 없는 인도명령대상자
2. 확정일자를 갖춘 임차인으로서 배당요구신청을 하였으나 선순위 채권

액이 많아서 배당에서 제외된 임차인

3. 압류효력 발생일 이전에 전입신고를 하였으나 선순위 가압류 및 근저
   당 등의 채권액이 낙찰대금을 초과하여 존재하고, 임차인이 소액임차
   인에도 해당하지 않아 배당절차에서 전혀 배당 받지 못한 임차인

4. 압류효력 발생일 이전에 점유를 시작한 점유자 및 그로부터 낙찰허가
   결정 일 전에 부동산의 점유를 승계 받은 자

5. 주거용 이외(상가, 공장 등) 부동산에 전세권을 설정해놓고도 배당을 받
   지 못한 임차인

6. 주거용 이외(상가, 공장 등) 부동산의 임차인으로서 압류효력 발생일 이
   전에 전입신고를 한 임차인

7. 기타 정당한 사유 없이 점유를 하고 있는 자

명도소송 절차

명도소송을 진행할 때는, 반드시 점유이전금지가처분 신청도 함께 진행해
야 한다. 점유이전금지가처분 신청이란, 대상 물건의 권리관계를 현 상태로
보존하기 위해 처리하는 것이다. 명도소송을 진행하는 중에 새로운 전입자
가 발생하지 못하게 하는 조치이다.

명도소송을 하기 위해서는 소유권이전등기가 우선 되어야 하고, 낙찰허가
결정등본과 부동산등기부등본을 첨부한 소장을 관할법원에 제출하여야 한
다. 소장 제출 일로부터 2~3주 내에 최초변론기일 소환장이 소송 당사자들
에게 송달되고, 소환장 송달일부터 2~3주 후에 최초변론이 열린다. 즉 소장
접수일로부터 4~5주 후가 최초변론기일(재판일)이 된다.

명도소송은 일반적으로 2회 이상 변론기일이 열리며, 판결선고가 되면 2
주 이내에 원고와 피고에게 송달된다. 판결에 이의 있는 당사자는 2주 내에
항소를 하면 되고, 항소가 없으면 판결은 확정된다. 원고(낙찰자)는 집행력
있는 판결정본과 송달증명을 첨부하여 집행관에 강제인도집행을 신청하여
부동산을 명도 받으면 된다.

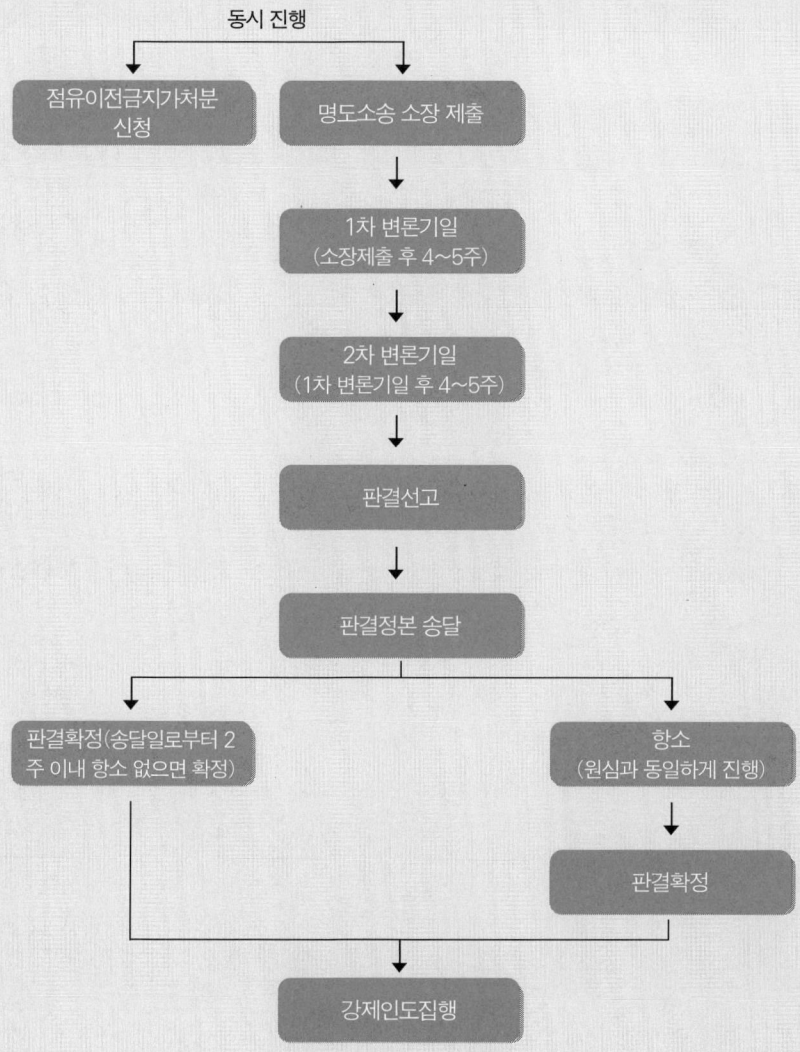

동시 진행

점유이전금지가처분
신청

명도소송 소장 제출

1차 변론기일
(소장제출 후 4~5주)

2차 변론기일
(1차 변론기일 후 4~5주)

판결선고

판결정본 송달

판결확정(송달일로부터 2
주 이내 항소 없으면 확정)

항소
(원심과 동일하게 진행)

판결확정

강제인도집행

명도소송 집행

원고(낙찰인)는 판결문과 집행문 그리고 피고에 대한 송달증명을 첨부하여 관할법원(부동산소재지 법원) 집행관사무소에 강제집행을 신청하면 된다.

〈필요서류〉

- 집행력 있는 판결정본
- 송달증명원
- 강제집행 예납금
- 도장
- 인감 증명서, 위임장(위임시 필요서류)

명도소송이 종결되는 것으로 경매의 모든 절차는 끝이다. 이후로 물건의 자산 가치를 높이고 효율적으로 관리하면 되는 것이다.

400만원으로
2억 만든 hope 이야기

3부

마크 파버는 〈내일의 금맥 Tomorrow's Gold〉에서 투자의 세계를 아주 적절하게 묘사하고 있다. 바다 위에 배가 떠 있고 그 갑판에 흔들의자가 놓여 있다. 여기서 사람들은 바다도 보지 않고 배도 보지 않고 흔들의자의 흔들림에 무슨 법칙이 있지 않을까 주의 깊게 들여다본다.

근자에 재정문제로 고심하는 많은 사람들을 만나다보니 이 점을 더욱 확연히 알겠다. 사람들은 바다에 대한 이야기도 관심 없고, 배에 대한 이야기도 관심 없는 듯하다.

일전에 한 증권사에서 주최하는 주식강연을 참석했던 적이 있다. 두 시간에 걸쳐 강사는 가치투자에 대해서 한참을 이야기했다. 전문 강사가 아닌 전업 투자자였던 까닭에 시간이 길기도 하고 다소 지루하기도 해서 간혹 조는 사람도 보였다. 강연의 마지막 부분에 이르러 강사는 추천종목을 언급하기 시작했다. 그러자 모든 사람의 눈이 번득이더니 펜을 들고 추천종목을 받아 적는 것이다.

많은 사람들은 이야기한다.

"다 안다. 다 아는 이야기는 그만두고, 지금 당장 어디에 투자하면 되는지 그것만 말해줘."

그런데 정말 다 아는 것일까? 정말 다 아는 것일까? 여러 성공학 서적을 보면서도 다 똑같다는 반응이다. 천만에. 그 모든 내용이 같은 게 아니다. 당신이 아는 부분만 보이는 까닭이다. 아는 부분만 들리는 까닭이다. 알지 못하는 내용은 매번 놓치고 늘 아는 부분만 걸러서 듣는 까닭이다. 그러니 늘 모든 게 똑같아 보이는 것이다.

돈이 있어야 돈을 번다는 논리는 틀렸다

사람들에게 돈을 버는 데 가장 필요한 것이 무엇이냐고 물으면 많은 대답들이 나오지만 그 중의 하나, '돈'이라는 대답도 나온다. 흔히들 돈이 있어야 돈을 번다고 말한다. 그 말이 아주 틀린 것은 아니지만 꼭 맞는 말은 아니다. 개인 재정문제에서 지속적이고 고정적인 수입은 아주 중요하다. 비록 많지 않더라도 고정 수입은 장기계획을 수립할 수 있는 근거가 된다. 그런 의미에서 돈이 있어야 돈을 번다는 논리는 참이다.

하지만 "돈이 있어야 돈을 번다"는 논리에서 의미하는 돈은 보다 큰돈이다. 지금 내가 갖지 못한 더 큰돈이 있다면 더욱 쉽게 돈을 벌 수 있을 텐데 하는 좌절에 대한 푸념이다.

얼마나 더 큰돈이 있어야 돈을 벌 수 있을까? 어떤 사람은 2,000만원이나 3,000만원을 이야기할 수 있고, 어떤 사람은 1억원이나 2억원을 말할 수도 있겠다. 그리고 손이 큰 사람은 10억원이나 20억원을 생각할 수도 있겠다.

그래서 사람들은 종자돈에 집착하고 고액 연봉에 신경 쓴다. 큰돈이 주어지면 다를 거라는 뜻이다. 저기 멋지게 사업을 잘 일구고 있는 사람처럼, "내게도 큰돈이 주어져봐. 나도 멋지게 해보일 테니까" 하고 호기 있게 말하지만 사실 그 말은 틀렸다.

장담하건데, 푼돈을 다루는 법을 알지 못하는 사람은 큰돈이 주어지더라도 다루지 못한다. 이런 사람들은, 옛날 사람들은 돈을 쫓지 말라고 했는데, 그 말이 이해되지 않는 것이다. 왜 돈을 벌고 싶은데 돈을 쫓지 말라고 하는가.

문제는 내게 돈에 대한 자기력(磁氣力)이 있느냐 하는 점이다. 내게 돈에 대한 자성(磁性)이 있느냐 하는 점이다. 그래서 부자들은 돈은 버는 게 아니라 불리는 거라고 말한다. 돈이란 쫓지 않아도 내게 다가온다고 말한다.

돈에 대한 자기력, 자성, 난 그 말을 돈을 컨트롤할 수 있는 능력이라고 말하고 싶다. 내게 돈을 컨트롤할 수 있는 능력이 있다면 돈은 다가온다. 내게 돈을 다루는 능력이 없으니 돈이 다가오지 않는 것이다. 운전을 하지 못하는 사람에게 티코를 가져다준들, BMW를 가져다준들 다를 게 있는가. 사고만 일으킬 뿐이다. 자전거라면 넘어져서 '아야~' 할 뿐이지만, 차를 몰게 되면 자칫 자신도 타인도 죽음으로 내몰지도 모른다. 로또에 당첨되어 100억원이 주어진들 부자가 될까. 아니다. 내게 돈에 대한 자성이 없다면, 그 돈은 나를 치고 지나치는 돈에 불과하다. 그 돈이 크면 클수록 더욱 크게 치고 지나치게 될 것이다. 나를 더욱 황폐하게 만들고 만다. 감당하지 못할 행운은 절대 행운으로 남아 있지 않는다. 우리는 일확천금이 어떻게 사람을 망치는지 많은 사례들을 알고 있다.

그러니 부모님이 재산을 물려주지 못했다고 원망할 일도 아니다. 비빌 언덕이 없다고 아쉬워할 일도 아니다. 아주 무례하고 건방진 이야기일 테지만, 자성이 없는 사람에게는 가난도 일종의 복이다. 감당치 못할 행운은 절대 복이 아니다.

8년을 공부하면 2년이면 분명 부자가 된다

이제부터 제시될 사례는 아주 옛날이야기도 아니다. 불과 2, 3년 전 이야기이다. 처음부터 많은 돈이 있었던 사람도 아니다. 아주 작은 돈, 고작 400만원으로 시작했다. 첫 투자에서 기간 내내 최대로 자금이 동원되어야 할 때도 900만원에 불과했다. 그 900만원도 고작 일주일 정도만 융통할 수 있으면 되었다. 그렇게 시작했다.

그 이후에도 목돈을 들였던 적은 없다. 어떤 이는 그를 보며 아주 대단한 운이 따랐다고 말할 수도 있겠다. 하지만 현실 세계란 너무도 복잡 미묘한 부분이 많아서 아주 다양한 상황이 연출될 수 있다.

물론 워낙 가진 게 없는 처지인지라 한번의 투자를 통해 수익이 실현될 때까지 꼬박 1년을 고스란히 쉬어야 했다. 그 기간 내내 새로운 투자를 거의 하지 못했다. 그 점은 돈이 없기 때문에 감수해야만 했던 기다림이다. 좀더 넉넉한 처지였다면, 그래서 좀더 많은 돈을 가지고 있었다면 분명 더욱 쉬운 게임을 펼쳤을 것이다. 그래서 돈이 있어야 돈을 번다는 논리는 일견 반은 맞는 것이다. 하지만 돈이 없다 하여 이 모든 일을 접어버릴 만큼 모든 기회가 박탈되었다고 생각하는 것 역시 지나친 억지다. 그 점은 꼼짝도 하지 않으려는 자신에 대한 비겁한 변명이다.

이 장에서 언급할 사례는 오랜 지기이며 〈선한 부자〉 카페에서 닉네임을 'hope'로 사용하는 분이다. 살고 있는 집의 전세금까지 포함해서 3,000만원이 총자산(부채 포함)이었던 사람이, 1년 5개월 후 순자산만 2억원이 되었다. 그 기간 동안 급하게 회전할 수 있는 현금도 300만원 정도에서 6,000만원으로 커졌다.

10년을 걸쳐 10억원을 번다 하여 그 사람이 매년 1억원씩을 벌어들이는 것이 아니다. 지금은 농경사회도 아니고 수렵사회도 아니다. 모든 게 아주 발빠르게 변하는 초고속 인터넷 사회이고 자본주의가 첨예하게 발전한 사회이다. 하루가 다르게 새로운 파생금융 상품이 등장하는 시기이다.

제대로 된 툴 하나를 정통하게 익히고, 또 기회를 분명하게 알아보는 안목을 가졌다면, 부자가 되는 데 많은 시간이 걸리지 않는다. 재정 문제로 밤잠을 설치지 않게 되는 데 아주 많은 시간이 걸리는 것도 아니다. 분명 장담하건데, 8년을 공부한다면, 2년에 걸쳐서 부자가 된다.

문제는 기회를 알아볼 수 있는 안목이 있느냐 하는 점이다. 그 안목을 기르는 데 집중해야 한다. 그 안목은 흔들의자만 바라보아서는 절대 길러질 수 없다. 지금 당장 쓸모없어 보이더라도, 뜬구름 잡는 소리인 듯 들리더라도, 다 아는 이야기라 여겨지더라도 바다도 보고 또

배도 봐야 한다.

일견 바다와 배에 대해 신경 쓰지 못하는 것에 대해서도 이해는 된다. 그런 장기적인 속성에 집착하기에는 마음이 조급하다. 조금이라도 빨리 현실에서 결과를 확인하고 싶은 것이다. 그런데 묘한 속성은, 마음이 조급할수록 더욱 먼 길을 선택하고 걸음은 더욱 힘겹다는 것이다. 일단 정상을 밟았는데, "이 산이 아닌게벼" 하는 유머 속에 나오는 얼치기 리더 꼴이다. 처음부터 잘못된 길을 오가느라 시간과 정열을 낭비하는 것이다. 그때부터 모든 일에서 세 배로 힘이 들기 시작한다.

다른 무엇보다도 이번 사례에서 우리에게는 아직 기회가 있다는 사실을 보이고 싶다.

이 단원에서는 hope님과 나 자신, 이렇게 두 사람의 사례가 한 목소리로 나온다. 조금 억지스러울 수 있다. 그래서 hope님이나 나를 개인적으로 아는 사람에게는 혼란스러울 수 있겠지만, 그게 독자들이 이해하기에 편할 듯하다.

2002년 10월부터 2003년 12월까지 있었던 hope님의 사례를 중심으로 이야기를 풀어내려 한다.

01 경매에 관심을 갖게 되다

세상에 책을 내면서 또 〈선한 부자〉 카페를 운영하면서, 나는 두 가지 역할을 하려고 한다.

하나는, 흠 많고 티 많고 대단한 커리어를 갖지 못한 보통 사람이 만들어낸 증거가 되고자 한다. 그 점은 지금 어둡고 긴 터널을 지나고 있는 사람들이 품었을 막연한 희망에 대한 증거가 되어줄 것이다. 나역시 그런 증거가 되어줄 사람이 단 한 명이라도 있었다면, 마치 낡은 자동차처럼 그 숱한 방전을 아주 쉽게 이겨낼 수 있었을 것을. 그러기에 더욱 필요성을 느낀다.

또 하나는, 님들의 처음 시작을 기억하고 그 성장 과정을 기억하는 증인이 되고자 한다. 어느날 갑자기 짠~ 하고 성공했네 하며 나타나는 것이 아니라, 그 처음을 기억하는 증인이 되고자 한다. 그래서 님들의 과거와 여정이 폄하 당하고 님들의 결과만으로 오해를 살 때, 님들을 대신해서 항변하고 싶다.

그 너머의 것은 없다. 그 너머의 것은 지나친 욕심이며 가능하지도 않다. 또 그것만으로 충분하다. 결국 부자가 될 사람은 어떻게든 될 것이고, 되지 못할 사람은 누가 무엇을 가져다주더라도 되지 못할 것이라 생각한다. 난(내가 아니더라도) 부자가 될 사람들에게 작은 이정표를 세워주는 것으로 그들의 걸음이 한결 가벼워질 것에서 만족한다. 스스로 부자가 될 수 없는 사람에게는 내가 있다고 한들 부자가 되지 않을 것이다.

이제 한 사람에 대해 증인으로서 나서려고 한다. 아직 부자는 아니지만 부자가 되어 가고 있는 한 분의 이야기.

hope님을 처음 만난 것은 예비군 동원훈련장이다. 나는 현역 대위로 동원훈련을 시행하는 부대의 군수과장이었고 hope님은 동원훈련에 예비군으로 입소하였다.

첫날 훈련을 마치고 야간 근무를 편성하는데, 예비군 가운데 장교 출신자들과 함께 동석하여 그 임무를 맡기게 되었다. 그 자리에서 함께 이야기를 나누게 되었다.

당시 나는 대전 생활을 시작한 지 오래지 않아 아직 교회를 정하지 못하고 있던 터라, hope님이 섬기는 교회를 나가게 되었다. 그렇게 시작된 만남은 대전을 떠난 뒤에도 대전을 찾을 때면 꼭 hope님을 만나게 되었다.

당시 hope님께 가졌던 느낌. 참 맑구나.

가까운 사람에게는 재정문제로 조언하지 못한다. 얼굴을 맞대면 일종의 벽이 생겨나고 서로가 그 벽을 뛰어넘지 못한다. 물론 내게 있는 건방이나, 내가 구사하는 직접적인 화법이 상대를 불편하게 만들었을 수도 있다. 어찌되었건 hope님은 한참 후배인 내가 하는 이야기를 들을 때도 자존심 상해하지도 않았고 있는 그대로 받아들였다. 그래서 참 맑구나, 참 맑구나 하고 여기고 있었더랬다.

대부분의 목자들이 그러하듯, 그 역시 형편이 여유롭지 못했다. 교회에서 받는 사례비는 법정 최저생계비에도 미치지 못했다. 그래서야, 3인 가족의 도시 생활은 만만한 게 아니다. hope님이 선택한 대안은 새벽에 신문배달부터 시작해서 저녁에는 학생들 과외교습을 하는 것이 다였다.

평생토록 하늘의 것에 소망을 두었던 분이어서인지 땅의 일에는 서툴기 짝이 없는 것이다. 과외를 할 경우, 50만원이나 100만원 받고 하는 사람들도 있을 터인데도, 그분은 5만원, 3만원씩 받고 그 일을 하는 거였다. 그 돈도 커보였다는 것이다. hope님을 만날 때면 언제나 피곤에 지쳐 두 눈이 충혈되어 있었다. 새벽부터 시작된 일은 늘 자정을 넘어서야 끝났다. 그렇게 열심히 뛰어다녔지만 수입은 많지 않았다.

전역을 하면서 대전을 떠난 뒤에도 대전을 지나칠 때면 꼭 만나곤 했다. 한번은 조심스럽게 몇 권의 책을 권해드렸다.

얼마 뒤에 전화를 받았다.

"경매를 공부해야겠어요."

놀라운 변화다. 땅의 것에 대해 관심을 갖기 시작한 것이다. 그리고서 몇 권의 책을 사서 읽으시고 그 이야기들을 전해준다. 그리고 얼마 뒤에는 대학에서 경매 강좌를 수강해서 듣기 시작했다는 말씀을 들었다. 그것 또한 얼마나 놀라운지.

시간과 돈을 헐값에 맞바꾸는 일을 하던 분이다. 경매 강좌를 신청하기 위해 사용한 비용도 그분의 입장에서는 적은 금액이 아니다. 그리고 그 강좌를 듣기 위해 시간을 빼야 했으니 그만큼 과외 몇 건을 포기할 수밖에 없었다.

하지만 그분의 결단을 높이 샀다. 그때 뭔가 일이 이루어지겠구나 알았다.

아무리 훌륭한 건축가라도 거미가 짓는 거미줄보다 더 완벽한 건축물을 지을 수 없다고 한다. 하지만 아무리 못난 건축가라도 거미보다 나은 점은, 그 건축물을 짓기도 전에 상상할 수 있다는 점이라고 했다. 사람의 개인사에서 미래의 일이란 꼭 그곳까지 가봐야 하는 것이 아니더라.

처음 〈선한 부자〉 카페를 만들고 1만 명의 선한 부자를 만들겠다고 외쳤을 때 나는 이미 선언했다. 10년 뒤, 2013년이 되어 1만 명의 선한 부자들과 함께 멋진 파티를 할 텐데, 그때 말할 거라고.

"나는 이렇게 될 줄 알았다. 나는 이렇게 될 줄 알았다."

그것은 10년 뒤가 되지 않더라도 알 수 있는 것이다. 꼭 그 시점까지 가봐야 아는 것이 아니다. 그 점을 그날 hope님과의 전화를 통해 보았다. hope님의 미래를 보았다.

그 전화를 받고서 두 달쯤 지나서 또 한 차례 전화를 받았다. 처음 경매에 입찰했다는 소식을 들었다. 아직 교육기간이 채 끝나지 않을 때였는데 한 건을 성사시켰다는 이야기다. 그때가 2002년 10월경이다.

이후로 몇 차례 잘못된 투자와 몇 차례의 성공적인 투자가 있었다. 여전히 과외교습을 계속하고 있다. 신문배달도 아주 최근까지 계속했다.

당시 그분의 재정 상태는 살고 있는 집의 전세금으로 총자산 3,000만원. 1년 5개월이 지난 2004년 2월경에는 총자산 5억 6,000만원, 순자산만 2억원으로 불어났다.

| 경매의 장점 |

시세보다 싸게 구입할 수 있다

한번 유찰될 때마다 감정가에서 20% 내지 30%씩 감액된다. 경매를 통해 부동산을 취득하면 시세보다 낮은 가격으로 부동산을 구할 수 있다. 특히 환금성이 낮은 부동산이나 권리분석이 까다로운 물건의 경우는 더 낮은 가격으로 취득할 수도 있다.

20%씩 감액될 때는 대략 100% →80% →64% →51% →41% →33% 이렇게 이루어진다. 이는 감정가 대비 일률적으로 20%씩 감액되는 게 아니라, 이전 가격 대비 20%씩 감액되는 까닭이다.

소멸기준 권리보다 우선하는 권리 외에는 모두 말소된다

일반적인 거래에서는 물건을 인수 받을 경우 그 물건에 얽힌 모든 권리 관계를 고스란히 떠안는 경우가 생긴다. 경매를 통해 부동산을 매입하면, 소멸기준 권리보다 후순위 권리는 모두 소멸된다.

경기에 영향을 덜 받는다

시중 경기가 좋을 때는 투자할 곳이 많다. 하지만 경기가 침체기일 때는 마땅한 투자처를 찾기 힘들다. 경매는 경기가 어려울수록 더욱 많은 물건이 쏟아져나오는 특성을 가지고 있다. 오히려 경기가 나쁠 때 더 큰 기회를 가질 수 있는 곳이다.

임야매매 증명이 없어도 임야를 취득할 수 있다. 토지거래 허가지역의 부동산도 토지거래 허가 없이 취득할 수 있다

투기적 거래가 성행하는 지역과 지가가 급격히 올라 일정 면적(주거지 247㎡) 이상의 취득을 금지하는 지역의 부동산을 취득할 때에는 토지거래 허가를 받아야 한다. 2004년 4월 현재, 수도권의 토지거래 허가지역 면적은 수도권 전체 면적의 84%에 달한다. 하지만 경매로 취득할 경우에는 토지거래 허가를 받지 않아도 된다.

다만, 농지의 경우에는 일반 취득과 같이 농지취득 자격 증명을 발급 받아 낙찰기일 전까지 제출하여야만 취득이 가능하다.

| 경매의 단점 |

확인하기 힘든 권리로 인한 위험성

부동산등기부등본만으로 확인이 어려운 권리관계와 부동산등기부등본에 나타나지 않는 유치권, 법정지상권, 숨어 있는 대항력 있는 임차인 등에 대해서 신중을 기해야 한다. 권리분석을 잘못하였을 경우에는 손실을 입을 수도 있다.

소유권 취득과 부동산 인도의 지연 가능성

낙찰 후에도 세입자 및 소유자 등 이해관계인이 항고를 하면 보통 2~3개월, 재항고 시에는 5~6개월의 기간이 소요되어 소유권 취득이 늦어진다. 또 명도 대상 점유자들이 부동산을 자진 명도해주지 않아 법적인 힘을 빌려(인도명령, 명도소송) 부동산을 인도 받아야 할 경우에는 더욱 많은 시간이 필요하게 되어 경제적, 시간적으로 손실을 입게 된다. 이 부분은 예전에 비해 이미 상당 부분 개선되었다.

02 어떻게 연 960%의 수익이?

    부동산에 대한 몇 권의 책을 읽고, 2002년 9월에 3개월 과정의 경매강좌를 신청했다. 다른 사람들에게는 여유로울 시간인 저녁 시간대가 내게는 그때부터 본격적인 노동시간인 까닭에 시간을 내기가 만만치만은 않다. 하지만 대가를 치르겠다는 결단 없이 아무것도 이루어질 수 없음도 분명하다.

    책을 읽을 때와 달리, 사안의 경중을 느낄 수 있는 강의가 보다 현실감 있게 다가왔다. 실전 사례들을 통해 더욱 많은 공부가 되고 있었다. 잠이 부족하고 몸은 고달팠지만, 성실만큼은 누구보다도 자신 있는 처지라 문제 삼지 않았다.

    강좌가 만들어지고서 한달쯤 지났을 때다. 교수님이 경매에는 법원경매만 아니라 자산관리공사의 공매도 있다는 말씀을 하신다. 또 여러 공단에서 운영하는 자체 공매도 있다는 사실을 알게 되었다. 법원 경매야 모르는 사람이 없는데, 경매에 관심을 가진 사람들도 자산관리공사 공매에 대해서는 소홀하다고. 특히 여타 기관에서 운영하는 공매에 대해서는 대부분의 사람들이 알지 못한다고. 많은 사람들이 알지 못하는 공단 경매가 기회가 많을 수 있다는 점을 놓치지 않았다.

인터넷 시대에 살면서도 아직 인터넷 문화는 익숙하지 못하다. 이메일을 사용해본 적도 없다. 인터넷이야 아주 기초기능만 확인할 뿐이다. 그날 물어가며 검색기능을 사용하게 되었고, '공단'이라는 이름으로 모든 공단을 다 조회해보았다. 하나씩 검색하다가 근로자복지공단에서 진행하는 공매가 있는 것을 발견했다. 근로자복지공단은 지금은 더 이상 공매를 직접 처리하지 않고 2003년 하반기에 자산관리공사로 모든 업무를 넘겼다. 하지만 당시에는 여전히 운영 중이었다.

공매를 취급하는 곳				
한국자산관리공사	지방자치단체	국세청(세무서)	예금보험공사	은행

많지 않은 물건들 가운데 충남 논산군 엄사리에 나온 아파트가 있어 관심을 가지게 되었다. 낮에 남는 시간이 있고 가깝기도 해서 찾아가 보았다. 지금까지 책으로 강의로 그렇게 이론으로만 접하던 사례를 이제는 직접 움직이며 살펴보게 된 것이다.

움직인다는 것에는 참 묘한 경계가 있다. 지금에서야 움직인다는 것이 아무렇지도 않지만, 당시에는 아주 대단한 벽을 넘어야 했다. 이론으로 '그렇지 그렇지' 하는 순간과, 실제로 움직여 아무도 보지 못한 기회를 찾아내야 한다는 그 사이에는 아주 높고 큰 벽이 있다. 그

벽을 뛰어넘는 게 쉽지 않다. 그래서 많은 사람들이 그 한번을 채 시도해보지도 못하고 그냥 체념한 채로 주저앉아 있는 것을 본다. 그 중압감은 내게도 다르지 않았다. 아무것도 아닌 것인데도, 자꾸만 나를 끌어당기는 무엇이 다시 주저앉게 만들곤 했다.

꼼짝도 하지 않는 것은 아주 편안하다. 그것은 매우 대단하고 강렬한 유혹이다. 일단 옷을 입고 문 밖으로 나서기만 하면 될 것을, 그러지 못하고 제자리에서 맴도는 것이다.

그런 점에서 볼 때 자기 자신을 이원화시켜놓는다는 점은 아주 유용하다. 최선의 방책에 대해 결정했으면 묵묵히 그대로 따르기만 하면 되는 것이다. 그래서 판단하는 나와 그 판단을 실천하는 나를 따로 구분해두는 것도 유익하다.

현지에서 물건을 보기 전에 기초 자료는 확보되었다. 21평대의 아파트. 감정가 5,500만원. 매주 10%씩 떨어져서 4,000만원 미만까지 떨어져 있었다. 감정가 대비 약 73%.

공매는 경매와 달리 제공된 정보가 많지 않아 직접 모든 내용을 확인해야 한다. 먼저 세입자를 만나보기로 했다. 세입자는 현역 군인으로 육군본부에 근무하는 대위였다. 전세가 2,500만원. 이미 공매로 아파트가 넘어갔다는 사실도 알고 있었고, 자신에게 대항력이 없다는 점도 잘 알고 있었다. 세입자로서는 2,500만원의 전세금 가운데 2,000만원밖에 회수하지 못할 형편이다. 하지만 그도 어쩔 수 없다는 사실을 잘 알고 있어서 명도 문제는 전혀 어려워 보이지 않았다. 세입자가 요구한 것은 보일러 수리비용 60만원. 그 정도라면 감수할 만하다.

주변 정황을 보며 위험요소와 장점들을 살펴보기 시작했다.

① 임대가 잘 나가는 곳이다. 육해공군 본부가 가까이 있어서 군인들의 전입과 전출이 빈번한 곳이다. 지역 내에서 선호도가 높은 지역이다.

② 장차에 논산군이 논산시로 승급될 것에 대해 오래전부터 이야기되고 있기도 했다.

③ 가진 현금이 거의 없는 상태에서도 시도해볼 수 있을 만큼 작은 물건이다.

단점은 나중에야 알았는데, 공매는 경매와 달라서 인도명령을 할 수 없다는 점이다. 명도소송만 가능하다. 그렇다면 최악의 경우 명도에 문제가 생긴다면 서너 달 정도 골치를 썩일 수도 있다. 하지만 이 점을 굳이 걱정하지 않았던 것이, 세입자가 받아갈 돈이 전혀 없는 게 아니라면 명도는 아주 순조롭게 이루어진다.

문제는 여타의 장단점에 대한 부분과 권리분석의 어려움이 아니라, 내 속에 지닌 확신이다. 태어나서 처음 하는 투자, 경우에 따라서는 입찰보증금을 잃을 수도 있다는 점 때문에 두려웠다. 제대로 한 것인가, 잘못한 것은 아닌가 하는 두려움에 망설였다.

경매에 대한 사회적 윤리 문제

경매가 망한 사람들을 이용해서 돈을 번다 하여 부정적인 사람들이 많은 것도 사실이다. 일전에 그런 기사를 보았다. 임대 아파트 한 동이 통째로 경매로 넘어갔고, 한 사람이 그 모두를 낙찰 받았다고.

기사의 요지는 그랬다. 임대 아파트에 사는 사람들은 가난한 서민들인데 그들의 고통을 통해 투기꾼 한 사람이 폭리를 취했다는 고발성이다.

다른 사람의 불행을 통해 행운을 얻으려는 게 옳지 않다는 뜻이기도 하다. 그 마음은 분명 옳다. 누군가 돈을 잃어 그 돈이 내게로 온다면 그것은 분명 삼가야 할 일이다. 다른 사람의 주머니에 든 돈을 빼먹겠다는 생각은 옳지 않다. 그 대표적인 것이 로또가 아닌가. 대다수의 주머니에서 1만원씩을 빼다가 그것을 소수의 몇 명에게 몰아주는 시스템이 바로 복권이다. 그 점은 주식 시장도 크게 다르지 않다. 대세 상승이 아닌 바에야 분명 손실을 입은 사람의 그 손실이 다른 사람에게 수익이 되는 것이다. 투자의 세계에서 어딘들 그렇지 않은가.

하지만 경매의 경우는 조금 다르다. 위에서 예로 든 임대 아파트의 경우, 왜 낙찰자가 욕을 들어야 하는가. 굳이 누군가 책망 받아야 한다면 그 임대 아파트를 분양했던 시행사가 받아야 할 게 아닌가. 임대 아파트는 정부에서 많은 지원이 있고 그 지원으로 아파트를 세우게 된다. 그런데 그 사업수익을 다 어디다 가져다버리고 경매로 넘어가게 만들었단 말인가. 사업을 부실하게 운영한 시행사가 비난 받아 마땅하다.

그 아파트에는 그곳에 살고 있는 입주자들의 권리만 있는 것이 아니다. 그 아파트를 짓는 데 자금을 투자한 채권자들의 돈도 있는 것이다. 모르기는 해도 그 채권자는 숱한 서민들의 돈이 맡겨진 은행권이 대부분일 것이고 또 국민의 혈세로 이루어진 정부지원금이다. 은행에서 그 채권을 회수하지 않는 것이 옳다는 말인가. 은행의 부실은 누가 감당하기에.

설사 낙찰자가 그 아파트를 매입하지 않았다 하여, 그곳에 살고 있
는 입주자들이 그 아파트를 가질 수 있는가? 아니다. 절대 아니다. 그
낙찰자가 있음으로 해서 그곳의 입주자들은 법에서 정한 소액임차에
해당하는 돈이라도 돌려받을 수 있는 것이다. 아마 더 많은 사람들이
그 아파트에 관심을 가지고 더 많은 사람들이 입찰에 참여해서 낙찰
가가 높아졌다면, 그곳 입주자들이 더 많은 돈을 회수했을 테지. 원금
을 보존받았을 테지.

그런데 공중파에서 이를 기사화하는 것이 낙찰자에게 비난의 화살
을 돌리고 있는 것이다. 그게 아주 옛날이야기도 아닌, 2003년 11월
경이다. 이래서 합리적이지 못하고 감성적이기만 한 대중은 여간 불
편한 게 아니다. 선한 의도가 늘 좋은 결과만 가져온다면 누가 뭐라고
할까. 하지만 대중의 감성은 늘 엉뚱하게 불거진다. 서로에게 유익하
지 않다. 모든 실책과 실정이 선한 의도 하나만으로 변명될 수 있는
가. 앞뒤 살피는 능력도 없이 쉽사리 흥분만 하는 무리는 언제나 틀린
다. 단언하건데 언제나 틀린다.

개인적으로 〈선한 부자〉 카페에다 2003년 9월경 '부동산 시장에
대한 단견'을 남겼다. 그 글의 요지인즉, 객관적인 데이터로 볼 때 상
투라는 조짐은 없지만 투자게임의 속성상 지금은 투자할 시기가 아
니라는 얘기였다. 그리고 강연에서 늘 하던 이야기 가운데 하나는, 또
다시 지금과 같은 상승세를 맞이하기 힘들 거라는 이야기였다. 여러
물건을 가지고 있으면서 쉽게 팔 수 없었던 내 처지에서는 급격한 상
승세가 반갑기만 했을까? 아니다. 도리어 불안했다.

그러다 부동산 경기가 꺾이자 다시 또 하나의 글을 남겼다. '누가 부동산을 부추기는가.' 서민을 위한다며 강하게 추진하는 정책 가운데 가장 핵심을 두는 것은 아파트 시세 안정이다. 그런데 내 소견에는 그 정책으로 인해 시세 안정이 아니라, 도리어 의도한 것과 반대로 아파트의 장기 상승세를 만들어낼 듯하다. 그냥 두었으면 제대로 천정을 한번 치고서 2004년 하반기가 되기 전에 꺾여 추락하고 장기 침체기로 들어갈지도 모를 텐데, 그걸 막았다. 엘리어트 파동이론을 보면 눌림목 현상은 추가 상승을 위해 힘을 비축하는 과정이다. 인위적으로 만들어진 눌림목 현상은 2차 시세를 만들어낼지도 모른다.

이런 형편에 다시 부동산 대세 상승이 온다면, 그 책임을 소수의 가진 자와 투기꾼에게 몰아붙일 것인가. 장담할 수야 없는 노릇이지만, 만일 다시 대세 상승이 온다면 그것은 자신의 삶에 대해 책임질 줄 모르고 감성적이기만 한 대중과 그 대중에게 영합하려는 아마추어 정권에게 그 책임이 있다.

만일 당시 엄사리에 있는 그 아파트에 아무도 응찰하지 않아 4,000만원이 아니라 3,500만원으로 떨어졌다면 세입자에게 돌아가는 돈은 2,000만원이 아니라 1,500만원밖에 되지 않는다. 물론 받지 못한 잔여금액에 대해 아파트의 원주인에게 받아낼 수 있겠지만, 그거야 법적인 것이고 현실에서는 불가능한 이야기다. 망해서 자기 소유의 아파트가 헐값으로 넘어간 형편에 세입자의 전세금을 보존시켜줄 돈이 있겠는가. 그런 사례는 들어본 적도 없다.

경매가 자본주의 사회의 필요악일까? 아니다. 굳이 따지자면 절대선이다. 투자의 세계에서 윤리적인 문제를 고민해본 적 없지만, 굳이 따지더라도 여타 어떤 투자에 비해 해로울 게 전혀 없는 유일한 게임으로 보인다. 부가가치의 창출만 사회에 기여하는 것이 아니다. 자본 흐름의 동맥경화를 풀어 돈이 순조롭게 순환하는 것 역시 절대적으로 필요하다.

채무자 역시 자신의 담보물건이 경매로 넘어가는 것으로 해서 그 낙찰가와 상관없이 자신의 모든 채무가 다 소멸되는 것일까? 많은 사람들이 오해하는 부분이기도 한데, 담보물건이 넘어갔다 해서 채무가 해소되는 것이 아니다. 낙찰가로 해결하지 못하고 남은 부채는 여전히 채무자가 짊어져야 한다. 다른 재산이 압류되거나, 여타 보증을 섰던 친인척의 재산이 경매로 넘어갈 것이다.

결국 경매는 경쟁률이 높아져서 낙찰가가 높아져야 서로에게 유익하다. 그것은 채무자에게도 그러하고 채권자에게도 그러하다. 부실채권이 회수되지 못하고 자금이 묶이는 것은 국가 경제에서도 득 될 일이 아니다. 보다 많은 사람들이 경매에 참여하는 것은 만사가 다 유익하다. 경매에 참가하는 투자자 입장에서야 수익이 떨어질 터이니 안타까울 노릇이지만.

저 산은 내게 움직이라고 한다

근로자복지공단 공매는 서울에서 입찰이 이루어졌다. 시간을 내어서 서울까지 올라가는 일이 만만하지만은 않다. 하지만 가만히 있는다 하여 누가 내게 무엇을 가져다줄까. 하늘은 스스로 돕는 자를 돕는다고 하지 않는가.

공매는 경매와 달리 입찰가 대비 10%를 보증금으로 먼저 내야 한다. 입찰 보증금 400만원을 겨우 구해다가 입찰에 응했다. 단독입찰이다. 4,000만원에 낙찰.

얼떨결에 낙찰 받고 나니 남은 자금을 구할 길이 막막하다. 이곳저곳 전화를 돌리다가 S화재에서 경락자금대출로 2,400만원을 융통할수 있었다. 제2금융권이라 이자가 세기는 했지만 당시에 그곳만큼 많은 금액을 융통할 수 있는 곳을 찾지 못했다. 남은 잔금 1,200만원과 등기비용으로 240만원 정도가 더 필요했다. 하지만 그것은 이내 해결했다. 마이너스 통장으로 500만원을 만들고, 명도문제가 해결되자마자 일찍 세입자를 구할 수 있어서 그 임대보증금으로 갚을 수 있었다.

등기 직후에 은행권으로 대출을 옮겼다. 대출금액은 3,000만원. 부족한 자금에서 600만원을 더 확보하게 된 것이다. 이자는 6.2%. 최저수준이다.

그리고 임대를 놓게 되었는데, 보증금 1,000만원에 월세 30만원. 세입자가 건네준 보증금으로 급하게 융통했던 잔금을 갚을 수 있었다. 은행 대출 3,000만원에 대해서는 매달 15만원씩 이자가 지불되고, 그 이자는 월세 30만원으로 충당하게 되었다.

400만원으로 시작해서 총투자금액이 300만원에 불과하다. 매달 월세차익으로 15만원이 남는 수익을 갖게 되었다. 개인적으로는 3명의 학생을 상대로 한달을 뛰어야 얻게 되는 수입이다. 그렇게 매달 36시간 노동을 해야 얻을 수 있는 수입을 이제 고정적이며 안정적으로 얻게 된 것이다.

1년이면 180만원의 수익이다. '에게~' 하는 반응을 보이는 사람이 있을지도 모르겠다. 고작 연 180만원의 수익이라니. 어지간한 사람이 기회만 잘 잡으면 반나절 데이트레이닝으로 얻을 수도 있는 수입이다. 그러니 대단찮아 보일지도 모르겠다.

결산			
	감정가	5,500만원	
	낙찰가	4,000만원	
	등기비용	240만원	
	기타비용	60만원	
	대출	3,000만원	− 15만원/월
	임대	1,000만원	+ 30만원/월
	총투자금	300만원	
	실현수익	+ 15만원/월	

수익은 절대액수만 볼 게 아니라 투자금 대비 상대액수로도 따져 봐야 한다. 실질 투자금이 고작 300만원이었다는 점을 고려해야 한다. 당시에는 더 큰돈도 없었다. 그 정도가 딱 여력이다. 300만원 투자에 매년 180만원의 수익이라면 연 60%의 수익을 확보한 것이다. 일단 그것만으로 성공적인 투자를 한 것은 분명하다.

뜻하지 않았던 행운은 노무현 대통령을 통해 찾아왔다. 당시 노무현 후보의 대통령 공약으로 행정수도 건이 불거지면서 그 일대 부동산 가격이 치솟기 시작한 것이다.

1년 뒤에 재계약을 하게 되었는데 그때는 보증금 2,000만원에 월 30만원을 받을 수 있게 되었다. 그리고 그 임대를 떠안고 매매를 하게 되었다. 그때 매매가가 7,000만원 +α.

300만원 투자에 월세차익으로 1년간 180만원의 수입을 가졌고, 매매 차익으로 (세후) 2,700만원의 수익을 가지게 되었다. 연 960%의 수익인 셈이다.

당시 1년을 기다렸던 것은 양도소득세를 줄이고자 한 까닭이다. 1년 이내 거래의 경우 실거래가를 기준으로 세금이 부과되며 양도차액의 36%라는 무거운 세금이 부과된다. 하지만 1년 이상 보유하게 되면, 금액에 따라 9~36%의 차등 세금을 내게 되며, 또 실거래가가 아니라 기준시가를 기준으로 세금이 부과된다. 기준시가로 양도차액이 1,000만원 이하일 경우 양도소득세는 9%로 적용, 최대 90만원을 낼 뿐이다. 그렇게 세금 부담을 훨씬 덜게 된다. 양도소득세를 성실하게 신고하고자 했고, 절세에 대한 계획이 도리어 더 큰 행운을 가져다 준 셈이다.

이 한 건을 통해 얻은 것은 수익보다 더 큰 것이다. 무엇보다도 경매를 통해 돈을 벌 수 있다는 자신감을 갖게 되었다. 늘 모든 사람들이 가는 길로만 다녔는데 이제 혼자서 움직일 수 있게 된 것이다. 대중이 함께하지 않는 길은 늘 불안했고 그래서 늘 남들과 같아지려고 했다.

그것은 마치 초식동물과도 같은 삶이다. 군중 속에 있으면 마음은 편안하다. 하나둘쯤은 희생될 수도 있겠지만, 대중 속에 있기 때문에 그 희생양은 내가 아닌 다른 누군가 될 거라고 안심하는 것이다. 하지만 이 한 건을 통해 홀로 가는 걸음에 대해 발을 디밀어넣은 형국이 되었다. 그리고 홀로 가는 걸음에 대해 두려워하지 않는 법을 배웠다.

더불어 장차에 제대로 된 투자를 할 수 있는 작은 종자돈이 만들어진 것이다. 행정수도 건을 통한 행운은 예상치 못했던 덤이다.

묻고 싶다. 과연 돈이 돈을 버는가?

돈이 있으면 훨씬 유리한 게임을 수월하게 펼칠 수 있는 것도 사실이다. 하지만 이번 사례에서 동원되었던 돈은 최대 900만원이고, 실투자금은 고작 300만원에 불과했다. 매번 이런 사례를 찾을 수는 없을 것이다. 하지만 이전 책 《33세 14억, 젊은 부자의 투자일기》에서 언급된 모든 사례 가운데에서도 목돈이 들어가는 사례가 있던가. 그 책에서도 최대로 동원된 자금이 2,500만원이다. 그 돈도 마이너스 통장에서 1,000만원을 마련했고, 나머지는 퇴직금을 미리 끌어다 썼던 것이다. 돈이 돈을 번다고? 아니다. 기회가 분명하다면 어떻게든 돈은 준비가 된다. 나 스스로 기회가 분명하다는 것을 확신하고, 또 다른 사람에게도 납득시킬 수 있다면 돈은 분명 준비가 된다.

관우가 화려한 전공을 만들어낸 것은 그의 손에 들려 있는 멋지고 근사한 청룡언월도 때문이 아니다. 큰 칼은 그걸 다룰 줄 알 때나 유용한 것이다. 승부 이전에 먼저 목검부터 시작할 일이다.

누누이 강조하건데, 작게 시작해야 한다. 무리해서 없는 돈 끌어들이려 하지 말고, 작게 작게 시작해야 한다. 제발 작게 시작해야 한다. 주위 사람들 마음고생 시키지 말고.

[양도소득세]

양도소득세는 중요한 사항이다. 2004년 1월 1일 부로 좀더 강화되었다. 현재의 세율은 다음과 같다.

구분	과세표준	세율	누진공제
보유기간 2년 이상	1,000만원 이하	9%	
	4,000만원 이하	18%	− 90만원
	8,000만원 이하	27%	− 450만원
	8,000만원 초과	36%	− 1,170만원
보유기간 1년 이상 ~2년 미만	40%		
보유기간 1년 미만	50%		
1세대 3주택 이상자 주택	60% (03. 12. 31 현재 1세대 3주택 이상인 자가 04. 12. 31 이전에 양도하는 주택은 일반세율 적용)		
미등기 양도	70%		

1세대 3주택 이상 판정시 주택수에 포함되는 주택(국내 소재 주택에 한함)

① 수도권(서울, 인천, 경기) 및 광역시(부산, 대구, 대전, 광주, 울산)에 소재하는 주택. 다만, 광역시에 소속된 군 및 읍면 지역 주택이나 수도권 중 당해 지역의 주택보급률, 주택가격 및 그 동향 등을 감안하여 재정경제부령이 정하는 지역의 주택은 제외한다.

② 상기 ① 단서 지역 및 수도권·광역시 이외의 지역에 소재하는 주택으로서 그 주택(부수토지 포함)의 기준시가가 당해 주택 및 그 밖의 주택 양도 당시 3억원을 초과하는 주택

1세대 3주택 이상이더라도 중과세에서 제외되는 주택

① 광역시에 소속된 군 및 지방자치법 규정에 의한 읍면 지역 주택, 수도권 중 당해 지역의 주택보급률, 주택가격 및 그 동향 등을 감안하여 재정경제부령이 정하는 지역의 주택과 수도권·광역시 이외 지역 소재

주택으로 그 주택(부수토지 포함)의 기준시가가 양도일 현재 3억원 이하인 것

② 사업자등록과 임대주택법에 의한 임대사업자등록을 한 거주자가 임대 주택으로 등록하여 임대한 국민주택으로서 다음 중 하나에 해당하는 장기임대사업용 국민주택

구분		60% 중과 제외요건		
		임대호수	임대기간	규모
건설임대주택		5호 이상	5년 이상 임대 또는 임대주택법에 의해 분양	국민주택 규모 이하
매입 임대주택	기존사업자 (03. 10. 29 이전에 사업자등록 등을 한 자)	2호 이상	5년 이상	국민주택 규모 이하 기준시가 3억원 이하
	신규사업자 (03. 10. 30 이후에 사업자등록 등을 한 자)	같은 시·군에 소재한 5호 이하	10년 이상	국민주택 규모 이하 기준시가 3억원 이하

경매를 통해 부동산을 매입할 때, 요즘처럼 양도소득세가 중과세될 때는 장기 보유할 물건을 찾는 것도 유익하다. 2003년 10월 29일 이전에 임대사업자로 등록된 경우라면, 5년 보유하는 것으로 양도시 절세효과가 있다.

1 경매를 통해 얻게 된 부동산은 미등기 전매가 원천적으로 불가능하다. 하지만 그렇다 하여 등기 이전에 그 물건을 팔거나 임대를 놓지 못한다고 생각하고 가만히 있는 것은 잘못이다. 수요가 충분한 곳이라면, 등기 이전에도 매매 계약을 체결할 수도 있고 임대차 계약을 체결할 수도 있다.

사려는 사람과 서로 뜻이 맞다면, 10%의 보증금만으로 낙찰 받아서 그 물건을 구입하려는 사람의 돈으로 잔금을 치를 수도 있다. 낙찰자 명의로 등기한 이후에 곧바로 수요자에게 재등기하는 것이다. 고액의 양도소득세를 내고도 수익이 남는 다면 충분히 그런 거래를 추진해볼 만하다.

실물 경제에서는 너무도 다양한 변수들이 많다. 모든 일이 다 사람이 하는 일인 까닭에 명문화할 수도 없는 다채로운 사례를 조합해낼 수 있다. 행여 이 말에 오해할까 두렵다. 지금 편법과 탈법을 부추기는 것이 아니라, 발상의 전환 같은 재치와 창조성을 요구하는 것이다.

2 이미 많은 사람들이 경매를 통해 자산 증식을 꿈꾸고 있다. 경매 제도 또한 많이 개선되어 보다 많은 사람들이 뛰어들 수 있는 가능성을 열어놓고 있다. 어쩌면 앞으로 수익을 낼 수 있는 핵심은 사람들이 찾지 않는 곳에 숨어 있는 부가가치를 찾아내는 것이 될 것이다.

3 가진 현금이 적다면 지방 물건에 관심을 가질 것도 추천한다. 서울과 수도권은 이미 많은 사람들이 경매에 관심을 가지고 뛰어들고 있는 형편이다. 게다가 가격이 만만치 않다. 지방 물건은, 경쟁도 적을 뿐더러 가격도 낮은 물건이 많다. 문제는 환금성인데, 그 점은 해당 지역 정보에 정통하다면, 환금성이 충분한 물건을 찾아 낼 수 있을 것이다. 잘 알고 있는 지방에 관심을 가져보자.

03 시세에 비해 임대가가 높은 지역을 노려라

하루는 〈교차로〉를 보다가 급매물이 나온 것을 보게 되었다. 대전 서구 도마동에 나와 있는 16평형 아파트. 지어진 지 20년이 되어 가는 오래된 아파트다. 매물로 나온 것이 3,100만원. 그 아파트는 어릴 적부터 살던 곳이라 시세와 주변 환경과 분위기를 정확하게 알고 있다. P대학교가 바로 옆에 있는 곳이라, 아파트 가격은 낮지만 월세 수익이 충분히 매력적인 곳이다. 당시만 하더라도 3,500만원에 거래되는 곳인데 급매물로 나온 것이다.

당장 전화를 걸어 광고를 낸 주인을 만나게 되었다. 오래된 아파트인데도 주인이 살아서인지 내부는 깨끗했다. 추가 비용이 들어가지 않는다는 뜻이기도 하다. 그 집주인은 최근 이사를 가기 위해 다른 지역에 21평형을 계약해두었는데, 잔금을 치르기 전에 계약이 되지 않을 것을 염려해서 급하게 내놓았던 것이다.

그 자리에서 바로 계약하는 조건으로 100만원을 더 깎을 수 있었다. 그렇게 3,000만원으로 계약을 하게 되었다. 3,500만원 물건을 3,000만원으로 매입할 수 있었으니, 고작 500만원의 수입이라고만 볼 수 없다. 거래단위가 작으니 전체 금액도 작지만, 실제로 14%나 싸게 구입한 셈이다.

한참 뒤에야 깨달은 사실이지만, 거래에서 협상법을 알아두는 것도 좋다. 협상에 강한 사람이 있는 법이고, 때로는 협상 그 자체만으로도 충분한 수익을 거두기도 한다.

아침이 되어 서로 마음이 변할 것을 걱정해, 바로 그 자리에서 폰뱅킹을 통해 계약금으로 200만원을 지불했다.

그 물건으로 은행에서 받은 대출이 2,400만원. 그리고 월세를 놓을 수 있었다. 보증금 500만원에 월 30만원. 다음이 수익을 계산한 결과이다.

매입가	3,000만원	
등기비용	120만원	
대 출	2,400만원	− 13만원/월
보증금	500만원	+ 30만원/월
총투자금	220만원	
실현수익		+ 17만원/월

투자원금이 고작 220만원에 불과한데 매달 17만원씩의 고정 수익을 갖게 된 것이다. 연 204만원 순수익.

204만원이 작은가. 일하지 않아도 많은 신경을 쏟지 않아도 되는

지속적이고 안정적인 수입이 만들어진 것이다. 그게 매년 보장되기를 투자원금(220만원) 대비 연 +92.7%의 수익이다.

투자 원리 1 : 후퇴계획을 세울 것

투자란 무엇인가. 여러 가지 의미로 접근할 수 있지만, 개인적으로 투자 원리 몇 가지가 있다. 그 중에 하나, "후퇴계획을 세울 것."

경매를 통한 자산 매입은, 충분히 기다리고 충분히 뛰어다닌다면 수익은 매입시점에 결정 나 있다. 한 물건을 사서 그 가치가 오르면 이익이 되고, 내리면 손실인 것은 투자라고 볼 수 없다. 그 점은 주식을 거래할 때도 동일하다. 어떻게 그런 경우가 있냐고 한다면 아직 그 세계를 잘 모르는 것이다. 주식이든 부동산이든 어디서나 지지 않는 게임은 있다. 문제는 공부한 만큼 그게 보인다는 점이다. 그나마 많은 사람들에게 지지 않는 게임이 쉽게 드러나는 곳이 경매 시장인 셈이다.

불확실한 미래에 배팅하는 것이야말로 투기다. 승리할지 패할지 자신도 장담하지 못하는 위험에 내모는 것이야말로 금해야 할 일이다. 그 점이 바로 후퇴계획을 세울 것과 일맥상통한다. 최악의 경우를 상정하고 그에 대한 대비가 되어 있어야 한다. 아무리 승리를 확신하더라도, 작전계획을 세울 때 후퇴 계획 없이 무모하게 돌진을 강요하는 장수는 없다. 그 점은 승리를 의심해서도 아니고 겁쟁이어서도 아니다.

부동산을 매입하고서 하락세로 돌아서면 어떡할 것인가? 하락세가

심해서, 10% 하락하면? 20% 하락하면? 은행 대출을 받아서 자금을 조달했다고? 그렇다면 금리가 치솟으면 어떡할 것인가. 지금의 6%대에서 8%로 상승한다면? 좀더 심해져서 10%로 상승한다면? 그에 대한 대비는 되어 있는가.

전국의 부동산이 절반으로 반토막 나는 것까지는 생각할 수 없다. 그때야 제대로 살아남는 산업이 있을 것인가. 전쟁이 날 것까지도 생각할 수 없다. 이 나라를 뜰 수 있는 형편이 아닌 바에야 그런 상황까지 가정하고 계획할 수는 없다. 금리가 또다시 IMF 시절처럼 20%를 뛰어넘는 것도 가정할 수 없다. 그때는 안전지대라고는 남아 있지 않는 모두가 공멸하는 형국인 것을. 하지만 적어도 예상할 수 있는 위험에 대하여 대비책은 언제든 마련되어 있어야 한다.

투자 원리 2 : 비노동 수익을 늘일 것

또 하나.

고정적이고 안정적인 비노동 수익을 늘여야 한다. 지금 연봉이 1억원이면 어떻고 2억원이면 어떠한가. 그 사람이 부자라고 부를 수 있는가. 부자처럼 보일 수는 있다. 누구보다 화려하게 살 수는 있다. 하지만 핵심은 노동을 통한 수입만으로 머물러 있어서는 안 된다는 것이다.

연봉이 1억원이라고 가정하자. 그러나 그 사람에게 그 일 외에 더 이상 수입이 없다면, 그는 평생 그 일에 매달려야 한다. 설사 연수입이 2,000만원뿐이라 하더라도, 그 수입이 노동과 상관없는 자산에서 나온다면, 그는 자유로울 수 있다.

그것을 혹자는 파이프라인이라고 부른다. 매일같이 산기슭까지 물을 긷기 위해 가지 않아도 파이프라인만 구축되면 수도꼭지를 틀면 물이 쏟아지는 것이다. 파이프라인이 만들어져 있다면, 더 이상 그 일에 매달리지 않아도 된다. 다른 일을 할 수도 있고 다른 투자처를 찾을 수도 있다. 그렇게 파이프라인을 얼마든지 증설해갈 수 있는 것이다.

위 사례에서는 연 204만원의 파이프라인이 만들어져 있다. 은행 금리로 비교해본다면 쉽게 이해가 될까. 연 204만원의 수입이라면 8,000만원을 은행에 예치하고 있는 것과 동일하다.

내게 누군가 묻는다면? 1억 연봉을 택할 것인가, 연 2,000만원의 파이프라인을 택할 것인가. 그 정도 비교라면 아주 간단하게 나온다. 나라면 당연히 연 2,000만원의 파이프라인이다. 고민할 것도 아니다. 비교 자체가 잘못되었다.

다르게 설정해볼까. 1억 연봉을 택할 것인가, 연 1,000만원의 파이프라인을 택할 것인가. 이 정도에서 답이 달라지지 않는다.

그렇다면 또 한번. 1억 연봉을 택할 것인가, 연 500만원의 파이프라인을 택할 것인가. 이쯤 되면 대답하기에 조금 망설여진다. 1억 연봉을 받다가 연 500만원 이상의 가치가 나오는 파이프라인을 만들지를 고민해보게 된다. 그게 아니라면, 당연 연 500만원의 파이프라인이다.

투자의 면에서 고심할 것 가운데 하나. 그 점은 이 투자 이후에 끝임없이 관심과 노력을 기울여야 할 것인가, 아니면 앞으로 더 이상 큰 노력 없이도 고정적이고 안정적인 수입이 들어올 것인가 따져보아야 한다. 비록 적은 돈이라도 파이프라인을 만드는 것에 집중해야 한다.

현재는 이 아파트의 시세가 4,000만원에 달한다. 매달의 월세 수익 외에도 미실현 수익(세전)이 800만원인 것이다. 1년 뒤에 팔았다고 가정한다면 세전수익은 450%에 달한다.

이 건을 성사시키는 데도 최대 800만원이 동원되었고, 그것도 고작 보름 정도의 기간에 불과했다. 투자원금은 역시 220만원에 불과하다. 그것이 아주 오래전 옛날이 아니라 2003년 5월경 얘기이다.

현재는 고도제한구역으로 설정되어 있어서 재건축이 어려운 상황 이지만, 바로 인접한 아파트가 15층까지 지어진 것으로 보아 장차에 재건축 문제가 불거져나올 것으로 보인다. 어찌되었거나 현재 거래 되는 가격보다 임대수입이 나은 곳이다. 이럴 형편에 매매를 통한 차 익에는 별로 흥미가 없다. 세금도 세금이지만, 결국 그 돈으로 또다시 뭔가 사야 한다면, 이만한 물건을 찾기란 만만치 않을 것이라는 사실 을 잘 아는 까닭이다.

둘러보면 가격은 높게 거래되는 데 비해 임대수입이 변변찮은 곳 도 있고, 가격에 비해 임대수입이 높은 곳이 있다. 때로는 급매를 통 한 거래가 경매를 통한 매입보다 더 큰 이익을 가져다주기도 한다.

그 차이 중 하나는 세금 문제도 있다. 매매를 통하면 기준시가를 통 해 세금을 내면 된다. 그게 탈법이 아니라 법에서 그렇게 하기를 요구 하고 있다. 대개 기준시가를 통한 세금이 실거래가를 통하는 것보다 30% 정도 수준에 머문다.

경매를 통한 매입은 낙찰가를 기준으로 세금을 낸다. 때에 따라서 는 경매를 통해 시중보다 500만원 정도 싸게 낙찰 받았다고 좋아라

하는 사람도 있다. 500만원이 어디냐는 것이다. 가만히 따져보면 세금으로 500만원을 더 내는 경우도 있는데, 그걸 모르고 조금이라도 싸게 구입했다고 좋아하는 것이다. 사실은 뒤로 그만큼 밑지는 것을 계산 못한 결과다. 경매를 통해 물건을 매입할 때는, 기준시가도 확인해서 세금을 얼마나 더 부담해야 하는지를 확인하도록 하자.

Clinic 재·정·클·리·닉

1 급매물에 대해서 관심을 가져야 한다. 급매물에서 경매보다 더 큰 수익을 거둘 때도 있다. 거래 가격도 고려해야 하지만 등기에 소요되는 제반 세금도 고려한다면 더욱 수익이 클 수도 있다.

2 평소에 매매가 대비 임대가 비중이 높은 지역을 파악해둘 필요가 있다. 그곳에 급매물이 나오거나 또는 경매로 물건이 나온다면 금방이라도 수익을 분석할 수 있을 정도로 상세하게 파악해두는 것이다. 늘 발견할 수야 없겠지만, 불특정 지역에 다수의 물건을 살피는 것보다 관심 지역을 미리 선정해두고 그곳에 물건이 나오는지에 대해서 집중하면 의외로 큰 수익을 거둘 수도 있다. 그래서 부동산은 현지에 살고 있는 사람이 더 잘 알 수 있는 법이다.

04 마음이 내몰리면 함정에 빠진다

2003년이 되자 행정수도건으로 대전 전체가 들썩거렸다. 서울에서 원정 나온 사람들이 부쩍 늘었다. 경매 법정은 이전과 다르게 사람들이 북적였다. 경쟁률도 치열해졌고 낙찰가도 점점 높아졌다. 아파트는 진작부터 관심을 가질 수 없었다. 아파트 상승세 탓도 있지만, 실수요자가 들어오는 데에야 당해낼 재간이 없다. 왠만하다 싶으면 감정가의 110%선은 써내야 낙찰되기를 바라볼 수 있었다.

내 형편에 덩치가 큰 것을 잡기에도 엄두가 나지 않았지만, 그렇게 무리하게 높여 쓰기에는 용기가 없다. 토지에도 관심을 가져보았지만, 역시 서너 달 사이에 분위기가 너무 달라졌다. 너무 많은 사람들이 관심을 가지고 덤벼드는 것이다. 벌써 신문에는 대전이 투기붐에 휩싸였다는 이야기가 곧잘 나오곤 했다.

계속 이런 상황이 이어진다만, 여전히 기회가 남아 있을까? 경매란 철저하게 소외되었을 때 기회가 많을 것인데, 전국에서 내로라하는 사람들이 몰려 덤벼드는 이런 형편이라면 기회가 모두 사라지고 만 것은 아닐까 의심이 들 수밖에 없다. 세상을 살아가는 데 새로운 툴을 익히고 배운 것을 써먹기로는 이제 고작 한번을 했을 뿐인데, 벌써 그 툴을 사용할 수 없는 상황이 되어버리면 어떡하나, 내심 너무 늦게 시작했다고 자책했다. 1, 2년이라도 더 일찍 공부하고 이쪽 계통에 관심을 가져볼 것을 하는 후회도 가졌다.

어쨌거나 그렇게 체념하기는 너무 억울하다. 이후로 한동안 사람들이 찾지 않을 아주 구석진 물건들을 찾아보기 시작했다. 한번은 반지하 빌라가 엄청 낮게 떨어진 것을 보았다. 기억하기로 대략 1,500만원 정도. 위치도 좋지 않았다. 찾아가 보니 습기가 차고 벽과 천정에 곰팡이가 피어 있는 것이, 먼저 방수공사부터 해야 할 형편이다. 그래서 설비업자를 만나 견적을 뽑아보았더니 생각만큼 큰돈이 들어가지 않았다. 타산이 섰다. 이대로야 누군들 들어와 살려고 하지도 않을 테고 팔리지도 않겠지만, 방수공사도 하고 도배를 새로 한다면 들어간 돈은 충분히 뽑겠구나 싶었다. 게다가 이렇게 험하니 아무도 관심을 갖지 않는 게 아닌가.

다른 사람들도 나만큼은 본다

마침 그 건을 구경하는데, 또 다른 한 사람이 와서 이리저리 살피기도 하고 디지털 카메라로 찍기도 하는 것이다. 그가 타고 온 차는 부산 번호판을 달고 있다. 인사를 한 뒤 잠깐 이야기를 나눴다. 전업으로 경매 물건을 보며 전국을 누비는 사람을 처음 만난 것이다. 전업 투자자라면 제법 적지 않은 자산(적어도 당시 나에 비추어)을 운용하고 있을 텐데 그처럼 작고 초라한 물건에도 관심 있다는 것이 흥미로웠다.

어쩌면 그와의 짧은 만남은 두고두고 경매 법정에 참여하면서 얼마의 가격을 써야 하는지 판단의 근거가 되었던 것 같다. 꼭꼭 숨어 있어서 아무도 모르는 물건이란 흔한 게 아니며, 사람들이란 다 나만큼은 똑똑하여 나만큼은 물건을 볼 줄 안다는 사실을 인정하고 입찰에 참여하게 된 것이다.

경매 법정에서 수익을 내는 물건은 분명 많다. 그런데 문제는 수익을 내는 범위 내에서 얼마의 가격을 써내느냐 하는 점이다. 지나치게 높게 써낸다고 그래서 낙찰 받았다고 좋아할 일도 아니다. 부동산이란 늘 거래하는 데 시간이 걸리는 법인데 조그마한 수익을 바라보고 돈을 장시간 묶어두는 것도 옳지 않다. 하지만 그렇다고 늘 충분한 수익을 거두겠다고 낮게만 써내는 것도 절대 수익으로 연결되지 못한다. 왜? 남들도 나만큼은 보기 때문이다. 내가 발견한 부분을 다른 사람들이 보지 못했을 리가 없다. 그래서 누군가 나보다 높게 쓰게 되어, 낙찰 받지 못하면 수익이 날 리가 없다.

처음 경매를 시작하는 입장에서 관심을 가지고 집중할 것은 분명 권리분석이다. 하지만 조금 더 진행하다보면 중요한 점은 그게 아니라는 사실을 금방 깨닫는다. 경매를 통해 수익을 거두는 입장에서 가만히 돌이켜보면, 경매는 권리분석을 잘하고 못하고의 게임이 아니다.

분명 난해한 물건이 있기도 하다. 법률 전문가도 갸우뚱거리는 물건도 있다. 심지어는 재판으로 가서 판사의 판결에 의지해야 하는 물건도 있다. 하지만 절대 다수는 아주 쉬운 물건들이며 특별한 함정이 없는 물건들이다. 문제는 권리분석을 얼마나 잘했느냐가 아니다. 권리분석을 하다가 모르고 미심쩍은 부분이 있으면 판례집을 들여다보고 전문가에게 물어보는 것으로도 해결된다. 법정 수수료를 제공하면서 법무사를 찾을 수도 있다.

정작 핵심은, 충분한 수익을 노리며 다음 기회를 기다릴 배짱과 적정한 수익에 만족할 줄 아는 그 절묘한 교차점을 잘 다루느냐 하는 점에 있다. 그 교차점을 잡는 것은 한두 권의 책으로 만들어지지도 않는다. 경매장에 부단히 참석하는 것으로, 또 진지하게 관찰하는 것으로 만들어질 수 있다.

마음이 먼저 내몰리면 끝장이다

아무튼 수리하는 것과 주변 여건의 불리한 점을 고려해서 최저입찰가인 45%선에 아주 근접하게 써냈다. 그런데 또 한 사람이 조금 더 높은 가격에 써내는 바람에 떨어졌다. 아마도 그 사람 역시 비슷한 판단을 했을 것이라 짐작해본다.

비록 낙찰 받지 못했지만, 이번 건을 통해 모든 게 다 갖추어진 물건을 찾을 게 아니라, 경우에 따라서는 일부 리모델링을 통해 가치를 재고시키는 것도 고려해야 한다는 사실을 터득한 셈이다. 그렇게 보니 더욱 많은 물건들이 눈에 들어오기 시작했다. 산 좋고, 물 맑고, 경치 좋은 곳이 아무에게도 눈에 뜨이지 않기를 기대하는 것이 잘못이다. 사람이 찾지 않는다는 것은 그 중 어느 하나가 부족할 텐데, 그 점을 찾아서 해결하면 되지 않겠는가.

여기저기 물건들을 살펴보고 시간 내어 찾아가보곤 했지만, 처지와 여건에 맞는 것을 찾기란 만만치 않다. 가진 돈이 없어서 낮은 물건만 찾아보게 된다. 아직 아는 게 많지 않아 어려운 물건은 피하게 된다. 이래저래 다 거르고 나니 손에 잡히는 게 없다.

시간은 흘렀지만, 여전히 가지고 있는 지식이 일천해서 혼자서 뭔가를 저지를 형편이 되지 못했다. 경험이 부족해서 매 건마다 강의를 하셨던 교수님에게 전화로 다시 확인해보곤 했다. 그래야 마음이 놓였다.

고수익은 어려운 물건에서 나온다고 하는데, 다른 사람들이 피하는 물건을 해결하려면 그만큼 많이 알아야 한다는 것은 당연하다. 그러자니 공부가 너무 부족했다. 석 달의 교육과정에서 모든 것을 다 얻을 수 없는 것이다.

강의를 하셨던 교수님을 찾아뵈려면 서울로 올라가야 했다. 함께 강의를 들었던 한 분과 함께 주말이면 별도로 교육비를 내면서, 서울로 강의를 하셨던 교수님을 찾아가 교육을 받았다. 시간이 넉넉할 때는 교수님과 함께 다니면서 실전사례를 경험하기도 했다. 그렇게 오래도록 토요일에는 전혀 일을 하지 못하게 되었다. 하지만 대가를 치르지 않고서 열매를 얻지는 못할 것임을 알기에 기꺼이 움직일 수 있었다.

그러다 또 한번 경매에 참여하였다. 한 연립주택이 경매로 나와 있는 것을 보게 되었다. 다른 면보다도 위치가 좋아 보였다. 집이 오래되었고 주변여건이 좋아 보였는데, 다음 입찰은 감정가 대비 50% 수준이다. 최저가 2,200만원.

아직까지는 부동산에 대한 안목이 부족한 편이다. 재정문제에 관심을 가진 것도 오래지 않았고, 그 이전에는 부동산에 대해 관심을 가져본 적도 없다.

그런 형편에 너무 쉽게 판단하게 된다. 오르막길에 위치한 물건이었는데, 그때는 그런 점이 보이지 않았다. 가까운 곳에 새 아파트 단지가 있다는 것만 눈에 들어왔다. 저 아파트에 들어가기에 너무 비싸다고 생각하는 사람들은 여기를 찾지 않을까 하고 아주 단순하게만 생각했다. 그리고 무작정 많이 떨어진 것에만 가치를 두고 뛰어든 것이다.

많이 떨어진 것에는 다 그만한 이유가 있는데, 남들이 아직 발견하지 못했겠거니 하고 아주 순진한 생각을 했다.

경매에 참가하면서 기억할 것 하나. "남들도 나만큼은 영민하다. 남들도 나만큼은 본다. 남들도 나만큼은 부지런하다." 그걸 인정하지 않으면 안 된다. 하지만 그때는 그렇게 생각하지 못했다. 아무도 그 물건에 관심을 갖지 않는다고 생각했다. 아무도 보지 못한 것을 발견했다고 여겼다.

중개업소에 전화를 해서 시세를 확인했다. 매입하려는 듯이 물어보았다. 이 점도 실수였다. 중개업소에는 사려는 사람에게는 높게 부르고, 팔려는 사람에게는 시세보다 낮게 부른다는 점을 간과했던 것이다.

"지금 그곳에 제일 낮게 나온 게 5,500입니다."

그 연립에서 급매로 거래되는 것이 5,500만원이라는 게 아닌가. 오히려 감정가 4,500만원보다 20%나 더 높은 것이다. 아파트도 아닌 물건에, 요즘 같으면 의심이라도 한번 해볼 만했는데, 당시에는 오래도록 잡을 만한 물건이 없었다는 점, 바로 얼마전에 작은 가격 차이로 떨어졌다는 점, 그리고 행정수도 건으로 대전 전체가 들썩인다는 점에서 그만 내몰리고 말았다. 아무 의심도 하지 않고 그 말을 그대로 믿었던 것이다.

나름대로 타산이 선다고 판단하여 3,800만원으로 낙찰 받게 되었다. 2,200만원이 최저가인데 이전 최저가인 3,850만원에 조금 못 미치게 쓴 것이다(참고, 대전은 매번 30%씩 떨어진다. 서울은 20%씩). 오래도록 많은 물건을 살펴보았지만 단 한 건도 성사시키지 못하여, 마음이 조급했던 것인지도 모른다. 어떻게든 꼭 잡고 싶었던 것이다. 많은 이익이 아니라도 좋았다.

어떤 특정 투자에 대해 공부를 할 때 이 점을 조심해야 한다. 배우고 공부하는 것까지는 좋은데, 또 그만큼 내몰리게 된다. 서둘러 손에 익은 툴을 다루어보고 싶은 것이다. 그것은 마치, 고교 시절 처음 유도를 배우던 심정과 비슷했다. 겨우 몇 가지 테크닉을 익히고 한번 시험해보고 싶다는 마음에, 집으로 돌아가는 중에 깡패라도 만났으면. 하고 기대하는 것이다. 하룻강아지인 것이다.

장자의 이야기 중에 비슷한 게 있다.

옛날에 싸움닭을 잘 훈련시키기로 소문난 기성자(紀渻子)라는 사람이 있었다. 왕이 닭을 맡기고 나서 그 사람을 불렀다. 그런데 아직 싸우기에는 멀었다는 것이다.

"아직 싸울 때가 아닙니다. 아직 불같이 기운이 넘치고 어떤 닭과도 싸울 자세입니다. 공연히 뽐내기만 하고 자신의 기운을 너무 믿고 있습니다."

왕은 이해가 되지 않았지만 기성자를 돌려보냈다. 다시 얼마간 시간이 흘러 그를 불렀다. 여전히 싸울 때가 아니라는 것이다.

"아직 싸울 때가 아닙니다. 아직도 다른 닭의 울음소리가 들리면 불끈 화를 냅니다."

왕은 이해가 되지 않았다. 얼마 뒤에 다시 불렀다. 그는 여전히 비슷한 말을 했다.

"아직 멀었습니다. 아직도 상대를 보기만 하면 노려보고 깃털을 곤두세웁니다."

얼마 뒤에 다시 불러 묻자 기성자는 마침내 대답했다. 싸울 준비가 되었다는 것이다.

"예, 이제는 출전시켜도 됩니다. 다른 닭이 울어도 움직이는 빛이 안 보이고, 먼 데서 바라보면 마치 나무로 조각한 닭과도 같습니다. 이제 성숙한 싸움닭이 되었습니다. 어떤 닭도 감히 덤비지 못할 것이며, 아마 바라보기만 해도 도망칠 것입니다."

그렇다. 싸우고 싶어서 발버둥을 치는 것은 아직 하수라는 뜻이다. 마음이 조급해져 내몰린다는 것은 아직 하수라는 뜻이다. 그날의 내가 그랬다. 어떻게든 익힌 툴을 이용해서 수익을 내고 싶었다. 지금껏 들인 돈이며 시간에 대한 투자를 회복하고 싶어 마음이 조급했던 것이다.

낙찰을 받자 그 길로 곧바로 전날 전화를 걸었던 중개업소를 찾아 갔다. 그런데 중개인의 이야기가 밤새 달라져 있다.

"그곳에 4,500으로 내놓은 사람도 많아요."

무슨 말이냐, 어제 전화를 했을 때는 5,500이 제일 낮은 거라고 하지 않았느냐?

한 사람의 입에서 하루 만에 시세의 20%가 요동을 친 것이다. 믿을 수 없는 곳이다. 그곳을 나와 주변 중개업소를 찾아가서 물어보니 시세는 4,700만원에서 4,800만원으로 형성되는 것을 알았다. 그것도 거래는 거의 이루어지지 않는다고 한다. 처음 계획보다 800만원이 빠지는 것이다. 바라보았던 수익이 그 정도였는데, 꼭 그만큼 부풀려졌던 것이다. 그나마 팔려고 하면 4,500만원 미만이라야 가능했다. 그렇게 해서도 언제 이루어질지 알 수 없는 형편이다. 그래서는 수익이 되지 않는다.

중개업소에 4,500만원에 팔아주면 중개비로 200만원을 주겠다고 제안했다. 일반적으로 그 정도 물건을 거래했을 때, 중개수수료로 지불해야 할 금액이 20만원이 되지 않는데, 그 열 배를 약속한 것이다. 하지만 잔금을 치러야 하는 날이 되도록 그 집을 보겠다고 나서는 사람이 한 명도 없었다. 함정을 밟은 것이다.

오래도록 보유하고 있다고 해서 득 될 것으로 보이지 않았다. 그 정도의 집에 들어오겠다는 사람이 없는 것이다. 세입자도 언제 나타날지도 몰랐다. 언제 팔릴지는 더더욱 알 수 없는 일이다.

다음이 들어갈 비용에 대한 계산이다. 아직은 입찰시 보증금 220만원만 들어가 있는 상태이다.

낙찰가	3,800만원
등기비용	250만원
이사비용	100만원
총투자금	4,150만원

아깝기는 하지만 입찰보증금으로 법원에 냈던 220만원을 포기하는 수밖에 없다. 이제 와서 본다면 담담해질 수도 있을 듯하지만 당시 내게는 220만원이 작은 돈이 아니다. 불과 얼마전만 해도 그 정도 돈이면 넉 달치 생활비였다. 새벽마다 신문배달을 하며 얻은 수입으로 따지더라도 여섯 달을 꼬박 돌려야 얻을 수 있는 돈이다. 그 돈을 잃는다고 생각하니 경솔한 행동에 후회막급이다. 당시에 중개업소를 두어 군데만 더 확인해보았어도 이런 실수는 막을 수 있었다.

어찌되었든 입찰보증금을 포기할 수밖에 없다. 손실이 아까워서 가지고 있어볼까 하는 마음이 전혀 없었던 것은 아니다. 하지만 오기야말로 모든 일을 망치는 지름길이 아닌가. 손을 털고 일어나지 못하고 오기로 버티다가 모든 것을 잃고 마는 것을 숱하게 보아왔다. 그래서 모든 일에 마음이 중요한 것이다. 내 마음가짐이 중요하다. 남들이 다루지 못하는 대단한 테크닉은 있으면 좋지만 그게 핵심은 아니다. 들어갈 때 역시 마음이 먼저 내몰렸던 까닭이기도 했지만, 조금이라도 손실을 줄이려면 마음을 먼저 다스리고 있어야 한다.

사람들은 자꾸만 남들이 보지 못하는 무엇에 아주 대단한 기회가 숨어 있을 거라 믿는다. 사람들은 여느 사람들이 모르는 분야에 기회가 있을 거라 믿는다. 아주 어렵고 대단한 공식이 적용되어야 왠지 안

심한다. 그래서 끝임 없이 테크닉에 집중하고, 끝임없이 남들보다 발 빠른 정보에 집중한다. 누가 고수란 말인가? 다른 사람이 사용하지 못하는 현란한 기술을 사용하는 사람이 고수란 말인가? 게임에 이기기 위해서 비장의 필살기를 갖추어야 하는가?

꼭 아니라고 할 수는 없지만, 단언하건데 단지 그 부분에만 집중한다면 그 걸음은 아주 먼 걸음이 될 것이다. 지나고 보면 늘 알 수 있지 않은가. 늘 나 자신의 마음을 먼저 다스리지 못해서 손실을 입곤 하지 않았던가. 이익에 집착하는 마음, 돈이 된다더라에 먼저 마음이 내몰려 늘 함정에 빠져들곤 하지 않았던가.

재정과 관련된 서적을 수백 권을 읽어도 소용없다. 장자에 나오는 수레 만드는 노인 이야기처럼 글이란 이미 죽은 지식이다. 책을 통해 무엇을 얻을 수 있는가. 그래서 옛날 선인들의 도제시스템으로 들어가면, 물 긷는 데만 3년을 보내도록 하는 게 아닌가. 마음을 다스리는 시간이다.

느리고 더뎌 보여도 그게 제일 빠른 길이다.

그 날의 패인도, 마음을 다스리지 못한 결과다.

 재·정·클·리·닉

투자든 사업이든 어떤 일에서건, 묘하게도 생각만 하고 있으면 모든 게 잘될 것처럼 여겨진다. 심각한 착각이다. 현실은 결코 녹록치 않다.

[이해관계인]

부동산 경매에 있어서 어떤 사람들이 이해관계인인지 알아두고 진행하도록 하자.

이해관계인이란 해당 물건에 대한 경매절차에서 중대한 권리를 가진 사람들을 말한다. 이들의 권리를 보호하기 위해, 경매절차의 전반에 걸쳐 경매에 관여할 자격을 주고 있다.

1. 압류채권자와 집행력 있는 판결정본에 의해 배당요구를 한 채권자

경매신청을 한 채권자를 말한다.

2. 채무자 및 소유자

3. 부동산등기부등본에 기입된 권리자

① 용익물권자 전세권자, 지상권자, 지역권자, 임대차등기를 한 임차권자

② 담보권자 저당권자, 저당채권에 대한 질권자

③ 가등기권리자

4. 부동산 위의 권리자로서 그 권리를 증명한 자

경매신청기입등기, 즉 압류의 효력발생 시기 전에 부동산등기부등본에 권리 기입이 되어 있지 않더라도 제3자에 대하여 대항할 수 있는 권리를 취득한 자를 말한다.

① 유치권자

② 점유권자

③ 특수 지역권자(입회권)

④ 건물등기 있는 토지 임차인

⑤ 부동산의 인도와 주민등록을 마친 주택임차인(대항력 있는 임차인)

⑥ 경매신청기입등기 후에 경매부동산을 취득한 자나 용익물권, 담보
　물권의 설정등기를 한 자

　　그러나 위의 권리자들은 경매집행법원에 그 권리를 증명할 경우에만
이해관계인으로 인정 받게 된다(이 점은 중요한 사항이다).

| 이해관계인의 권리 |

• 집행에 관한 이의신청권
• 배당요구신청이 있으면 법원으로부터 그 통지를 받을 권리
• 매각조건의 변경에 합의할 수 있는 권리
• 경매기일에 출석할 수 있는 권리
• 경락기일에 경락의 허부에 관하여 진술할 수 있는 권리
• 경락허가 및 불허가의 결정에 대해 즉시 항고를 할 수 있는 권리
• 배당기일에 출석하여 배당표에 관한 의견을 진술할 수 있는 권리
• 입찰을 신청할 수 있는 권리
• 경락 후의 경매신청 취하에 동의할 수 있는 권리

05 무엇이 이익을 가져다주는가

그 후로도 조그맣게 수익을 낸 거래가 있었지만 크지 않았다. 세금을 제하고 겨우 400만원 정도의 수익만 남기고 팔기도 했다. 연초에는 대전 노은지구에 30평형대 아파트도 하나 청약 받을 수 있었다. 입주하기 위해서는 아직 2년을 더 기다려야 한다. 현재도 프리미엄이 무척 많이 붙어 있지만, 이 책의 내용과는 달라 굳이 언급하지 않겠다.

지나고서 보면, 경매 자체의 수익보다는 경매 물건을 살펴보는 것으로 부동산에 대한 안목이 길러졌던 것이 더 큰 이익이다. 몇 달 동안 구석구석 쑤시고 다녔더니, 대전시내에 어지간한 곳은 가격을 꿰뚫을 정도가 되었다. 그리고 그 점은 급매물에 대한 분석에서 아주 용이했고 이후 몇 차례의 거래에서 작은 수익을 얻을 수 있었다.

그 즈음 살고 있는 집의 전세 계약이 끝나가고 있었다. 아이 교육문제도 있고 해서 마음속으로 선호하던 지역이 있었기에 그 지역에 매물이 나오지나 않는가 관심을 가지고 있었다. 경매든 급매물이든 나오기만 하면 당장이라도 잡겠다고 기다리고 있었다.

그러던 차에 시세가 1억 2,800만원인 물건이 1억 2,400만원으로 급매로 나온 것을 보게 되었다. 400만원이 싼 것이다. 전체 가격으로 보면 얼마가 아닌 듯하지만 400만원이라 하면 몇 달을 일해야 겨우 모을 수 있는 돈이다. 역시 바로 전화를 걸었고 그날 밤으로 찾아가게 되었다. 그때가 밤 9시 30분경이다. 다른 사람이 찾기 전에 먼저 잡으려면 밤을 지낼 것을 기다릴 수 없기도 했다.

당장 계약하는 조건으로 350만원을 깎을 수 있었다. 그렇게 1억 2,050만원에 계약을 하게 되었다. 바로 그 자리에서 폰뱅킹으로 300만원을 먼저 입금했다. 주중에 계약금의 나머지 잔여금 900만원을 입금키로 했다. 사실 당시에는 900만원을 마련한다는 것도 만만치 않았다. 고심했지만, 적금을 해약해서 겨우 해결할 수 있었다. 만기가 얼마 남지 않았지만 그렇다 하여 뾰족이 돈을 구할 방법은 없었다.

그날 저녁 먹고 나갔다 와서 하는 소리가 대뜸, "나 집 샀어"였다.

이때 그 아파트를 담보로 대출 받은 돈이 8,000만원. 나머지는 살고 있던 전세보증금을 뺀 것이 3,000만원. 당시만 하더라도 3,000만원짜리 전세집에서 살고 있었다. 부족한 돈이 400만원에 조금 미치지 못했는데, 마이너스 통장을 이용했다가 두 달 뒤에는 회복시킬 수 있었다.

날짜에 맞추어 입주할 수 있었다. 오래도록 좁고 눅눅한 지하방을 전전하다가 지상으로 올라온 것이다. 얼마나 기쁘고 좋은지. 그날을 잊을 수 없다.

결산	매입가	1억 2,050만원	
	등기비용	500만원	
	대출	8,000만원	– 45만원/월
	투자원금	4,550만원	
	유지비용	– 45만원/월	

이 물건은 부동산 경기에 따라 오르고 내리기를 반복하다, 현재 시세는 1억 5,000만원. 미실현 수익(세전)은 2,400만원이다. 매달 적지 않은 돈이 이자로 지불되고 있지만 시세 상승분이 충분히 상쇄하고 있다. 월 45만원이 1년이면, 540만원이다. 이미 5년치 이자분을 수익으로 실현하고 있는 것이다. 매달 45만원이 이자로 지불되고 있지만, 그렇다고 생계에 지장이 큰 것도 아니다. 없으면 없는 대로 살 수 있는 것이 가계지출의 묘한 속성이다. 실제로 그 이자는 여타 두 건의 부동산에서 나오는 월세 수입(15만원 + 17만원 = 32만원)으로 일부는 충당할 수 있기도 하다.

이사를 하고서 마음이 조금 넉넉해졌다. 곧 도래할 첫 투자건(논산 엄사리 아파트)이 1년 되는 시점에 매매할 것을 준비하고 있었다. 그때부터 목돈이 손에 잡히면, 본격적으로 경매를 해볼 수 있을 거라는 기대도 품고 있는 중이다. 지금껏 자본금이 워낙 작아서 조그마한 물건 외에는 볼 엄두조차 내지 못했지만, 이후에는 조금 더 큰 물건을 볼 수도 있는 것이다. 움직일 수 있는 행동반경이 더 확대되는 것이다. 그만큼 더 많은 기회 가운데 취사선택할 수 있으리라.

이 시점에 가만히 지난 재산의 변동 내역을 계산해보게 되었다. 1

년 전 재산은 전세보증금 3,000만원에 은행 잔고는 200만원이 채 되지 않았다. 그런데 1년이 채 되지 않아 자산의 규모가 달라졌다.

다음이 그 시점까지의 대략적인 자산 내역이다.

자산 총액 2억 6,200만원 + α	부채 총액 1억 4,900만원
엄사리 아파트 7,200만원 (4,000만원 낙찰)	엄사리 아파트 대출금 3,000만원 보증금 1,000만원
도마동 아파트 4,000만원 (3,000만원에 매입)	도마동 아파트 대출금 2,400만원 보증금 500만원
현재 살고 있는 아파트 1억 5,000만원 (1억 2,050만원에 매입)	살고 있는 아파트 대출금 8,000만원
기타, 분양권 + α	순자산 1억 1,300만원 +α

처음 부동산을 공부해야겠다고 생각하고서 아직 1년이 되지 않은 시점이다. 지하방을 빌리기 위한 3,000만원의 전세보증금이 전 재산이었는데, 1년이 되지 않은 시점에 8,300만원(+α)이 더 불어나 있는 것이다(실제로는 당시 거래 시세가 현재와 달라 위 계산보다는 얼마간 자산이 적다고 판단했더랬다). 자산총액 2억 6,200만원, 순자산 1억 1,300만원. 한참 움직일 때는 몰랐는데, 가만히 집계해보고서야 놀랍기도 했고 믿어지지가 않았다.

빚진 자의 심정

지나고 보니 생활에서도 많은 부분에서 변화가 있다. 예전에는 바깥에서 친구라도 만난다면 차 한잔 가격에도 신경을 써야 했다. 그리고 그 돈이 집사람에게 미안하기 그지없었는데, 이제 그런 정도는 가볍게 마실 수도 계산할 수도 있게 된 것이다. 돈보다 더 좋은 것은 미래에 대한 희망이 생겼다는 점이다.

언제든 성실만큼은 누구에게도 뒤지지 않을 자신이 있었다. 게으름 피우지 않고 누구보다도 열심히 살 자신은 있었다. 하지만 그 '열심'이 삶을 바꾸지는 못하고 있었다. 돈은 중요한 게 아니라 자위하면서 막연히 미래에 뭔가 준비되어 있겠거니 불안을 잊고자 했다. 새벽부터 밤늦은 시각까지 매일같이 반복되는 일상에 늘 녹초가 되었지만 그게 싫지는 않았다. 할 수만 있다면 더한 곳에 몸을 내몰 수도 있었다. 잠시 다녀가는 나그네 인생에 얼마간 고달프다고 그게 대단한 일인가. 그렇게 생각하고 있었더랬다.

문제는 미래에 대한 희망을 품기에는 너무 막막하기만 하다는 현실이다. 열심히 살았으니까 뭔가 근사한 것이 기다리고 있겠지. 착하고 성실한 사람이 복 받는다는 옛날의 전설과도 같은 이야기들처럼 편안한 노후가 기다리고 있겠지. 하지만 늘 마음 한구석에 불안을 지울 수 없었다. 한번도 그런 내색하지 않았지만, 그렇게 막연히 기대하고 있었지만 늘 불안했다.

성실하고 열심히 살았지만 처지는 점점 더 어려워졌더랬다. 지상에 살다가 지하로 이사를 가게 된 날 밤새 잠을 이루지 못했다. 때마침 그날 내리던 빗소리가 지하방에서는 얼마나 크게 울리는지. 습기가 차는 탓에 한여름에도 한번씩 보일러를 돌려주어야만 했던 곳. 여치 울음소리가 때로 소름이 끼쳐 집 밖에 나오면 다시는 들어가고 싶지 않았던 곳.

열심히는 살았지만 처지는 점점 빈궁해지고 있었다. 새벽부터 신문배달로 시작해서 자정이 넘는 시간까지 과외교습을 뛰느라 늘 두 눈이 충혈되어 있었지만 형편은 전혀 나아지지 못했다. 무엇이 문제였는가. 무엇이 문제였는가. 신도시 아파트촌을 지나다니면서 매일같이 떠올렸다. 학창 시절에는 나도 꽤 공부 잘하는 축이었는데, 도대체 저 많은 집들 가운데 왜 내 집 하나 없는가. 남들보다 그렇게 못나지는 않았던 것 같은데, 왜 내 형편은 평균치보다 못한가. 그렇게 얼마나 많은 자책을 했던지.

정신없이 1년을 보내고 뒤돌아보니 문득 너무 많은 게 달라져 있다는 사실을 깨달았다. 그것은 자산이 증가한 것하고는 다른 점이다.

삶에 대해서, 미래에 대해서 희망을 품게 된 것이다. 막연하고 추상적인 희망이 아니라 구체적인 실체가 보이는 희망을 갖게 된 것이다. 적어도 돈 문제로 사랑하는 사람의 가슴을 아프게 하지는 않을 수 있다는 희망을 갖게 된 것이다. 포근한 말뿐만 아니라 더불어 무엇인가 해줄 수 있는 사람이 되어 있는 것이다. 그것은 자신에 대한 아주 강한 신뢰이기도 했다. 이전의 내 모습에서 도대체 뭐가 잘못된 것인지 알지 못하며 숱하게 자괴감에 빠졌던 것과는 반대로 이제는 내 모습에서 아주 당당한 자신감을 갖게 된 것이다. 무엇이든 해낼 수 있다는 자신감이, 그 자신감이 삶을 행복하게 만들고 있다. 그런 터에 자산이 늘어난다는 것은 정말 아주 작은 일이다.

그리고 묘한 것은 마음 한구석에 빚진 자의 심정이 점점 커지고 있다는 점이다. 지금도 많은 사람들이 전철이나 역 같은 곳에서 좌판을 펼쳐놓고 조그마한 수익을 위해 하루 온종일 고생하고 있는 모습들을 본다. 컵라면 하나로 끼니를 때우는 그들을 보면 마음 한켠이 아련하게 떨린다. 그들이 어렵게 벌어들이는 돈은 정말 아주 작은 돈일 텐데, 난 이렇게 쉽게 돈을 벌어도 되는가. 너무 쉽게 돈을 벌고 있는 것은 아닌가.

사람이 살아가는 모습이 참으로 다채롭다는 점을 인정하면서도 왠지 너무 쉽게 돈을 벌고 있다는 점은 늘 마음 한구석을 불편하게 하고 있다. 이렇게 쉽게 돈을 벌어보지 못했던 이유로 그 마음이 더 커진 것인지도 모르겠다. 세상에 뭔가 크게 빚을 지고 있다는 느낌이다. 죄책감 같은 것과는 다른 무엇. 그 무엇이 나를 사로잡고 있다.

그것은 빚진 자의 심정이다.

06 내 돈 들이지 않고 부동산 매입하는 법

2002년 10월경에 이루어졌던 첫 물건에서 수익이 실현된 시점은 1년이 지난 2003년 10월 말이 되어서다. 일찍 매수자가 나타나 9월 하순경에 매매계약을 맺을 수 있었다. 아직 잔금을 주고받지는 않았지만, 계약금을 받자 여유가 생기기 시작했다. 어쨌거나 10월 하순경이면 차액을 실현, 여유자금이 생기는 것이다.

그래서 다시 주위를 분주하게 돌아다니기 시작했다. 돈이 없어서 놓쳐야 했던 기회들에 대한 아쉬움도 컸던 터라 내심 많이도 기다려 왔다. 하지만 지난번처럼 마음이 먼저 내몰려 실패하지 않도록 주의에 주의를 기울였다.

이전에는 가진 현금이 적어 감정가로 5,000만원 내외의 물건을 살펴보는 게 다였다. 하지만 1년이 지난 이후부터는 게임이 달라졌다. 1억원 내외의 물건을 살펴볼 수 있는 여력이 생겨난 것이다. 그만큼 선택의 폭은 넓어졌지만, 실수했을 경우 잃을 수 있는 금액도 커졌다는 뜻이기도 하다.

이래서 모든 일에서 작게 시작해야 한다. 작게 시작해서 그 게임의 속성을 파악해야 한다. 무턱대고 큰 게임부터 벌였다가 예기치 못했던 변수를 통해 시행착오를 겪는다? 시행착오를 통해 배우는 것은 좋은데, 문제는 그 손실을 회복하는 데 만만치 않은 시간이 소요된다는 점이다. 손실이 작을 때는 문제가 되지 않는다. 하지만 손실이 크다면 경우에 따라서는 평생 그 짐을 짊어지고 다녀야 할지도 모를 일이다. 그래서 매사에 작게 시작해야 한다. 그 더디고 먼 걸음이 갑갑해 보일지라도 작게 시작해야 한다. 푼돈 버는 법부터 배워야 한다.

사람들은 흔히 이야기한다. 1억 모으기는 어려워도 1억에서 2억 되기는 쉽다고. 천만에 말씀이다. 문제가 돈이었다면 그 말이 옳을지 모르겠다. 수억을 가진 형편에도 미래는 늘 안개속이다. 1억을 모으는 과정에서 얻게 된 경험과 자기절제와 안목이 2억을 쉽게 벌게 해주는 것이지 단순히 1억이라는 돈이 돈을 벌게 해주는 게 아니다. 그래서 처음에는 작게 시작해야 한다.

여러 물건들을 살펴보다가 9건을 추려낼 수 있었다. 그 중에 3건을 낙찰 받았다. 오래도록 경매 법정에 낙찰가를 파악하고 있던 터라, 꼭 낙찰 받겠다 생각하면 어느 정도를 써내야 하는지 잘 알고 있기도 했다. 하지만 낙찰 받았다 하여 성공은 아니다. 수익으로 연결되지 않은 낙찰은 실패사례로 언급될 만하다. 미리 결과를 말하자면, 낙찰 받은 3건 가운데 1건은 성공, 1건은 실패, 1건은 보합이다. 각각에서 1,800

만원 수익, 630만원 손실, 그리고 차액 없음이다.

다음은 2003년 9월에 발견한 물건이다. 입찰일자는 9월 27일. 정부에서 부동산 안정을 위한 10 · 29 조치를 내놓기 한달 전이다.

주소 감정평가 내역	면적(단위 : m²)	경매가 진행내역	일자-성명-임차금 주민등록 확인	등기부상의 권리관계
대전시 유성구 전민동 ○○번지 ○○아파트 ○○동 ○○호 〈감정평가내역〉 -철근콘크리트조 -차량접근 및 주정차 용이 -인근대로변 버스 소재 -대중교통 사정 보통 -도시가스에 의한 중앙난방 -일반주거지역 -연구단지구역 -국가산업단지 〈감정평가액〉 토지 36,000,000원 건물 84,000,000원	대지 50,869/267061 (15.4평) 건물 84.17(32평형) 17층 94.06.10 보존	감정 120,000,000원 ○○감정(03.01.21) 최저 84,000,000원 (70.0%) ------------ 유찰 03.08.18	〈동사무소 확인〉 전입 00.10.02 이○○ 열람 03.09.19 배당요구종기 03.05.09	저당 교보생명 02.02.05 8,440만원 청구액 65,000,000원 발급일자 03.07.28 가압 하나은행 02.05.04 152만원 외 4건 합 3,251만원 임의 교보생명 03.01.10

대전시 유성구에 있는 32평형 아파트. 감정가 1억 2,000만원. 한번 유찰되어 -30%인 8,400만원이 최저입찰가이다. 채권총액이 9,700만원 정도. 감정가보다 낮다. 이 경우에는 낙찰이 된 이후에도 원주인이 그 모든 채권을 갚고 취하할 가능성이 있다. 애써 분석하느라 여기저

기 뛰어다녔더니 경매 당일날 가보면 매각 물건에서 빠져 있는 것이다. 낙찰 받은 뒤에도 잔금일 이전에 소유자가 취하하기도 한다. 이래저래 시간만 낭비한다고 아예 쳐다보지도 않는 사람도 있다. 하지만 그 사람은 또 놓치는 것이다.

돈 없이 부동산을 매입하는 법

사실 이 점을 왜 여타 경매 서적에서는 언급하지 않는지 이해하기 어렵다. 그들이 실전투자 경험이 일천한 진검승부를 모르는 이론가일 뿐이라서 그러한 것인지, 아니면 많은 사람들이 이런 거래법을 알게 될까 걱정하는 까닭인지. 어떤 쪽이든 책을 내는 입장에서는 부족한 게 아닌가. 편법이나 탈법도 아니다. 다음 방법을 제대로 이해한다면 채무자에게도 채권자에게도 또 매입자에게도 모두가 더 많은 유익이다. 아무튼 실전을 모르는 사람에게 얻을 것은 참으로 적다. 다음이 바로 실전 감각이다.

경매를 주업으로 하는 사람들 가운데는 이런 물건만 찾아다니는 사람도 있다. 나 역시 이런 물건을 발견하면 얼씨구나 싶다. 가령 이 물건은 교보생명에서만 6,500만원의 부채가 있고 구체적으로 드러나지 않은 것이 3,251만원이다. 소유자와 서로 뜻이 맞으면 부채를 승계하는 방식으로 매입하고서 경매를 취하시킬 수도 있다. 사람들은 경매로 붙여진 물건은 매매를 못하는 줄 아는데, 아니다. 경매 중인 물건이라 하더라도 낙찰되기 전이라면 매매가 가능하다. 이 물건과 같은 경우에는 부채를 떠안는 것으로 하여 많지 않은 자금으로 매입할 수 있는 것이다.

당시 이 물건에 입찰할 때만 하더라도 그런 방법에 대해서는 전혀 알지 못했다. 만일 알고 있었다면, 좀더 싼 가격에 매입할 수도 있었을 텐데 그러지 못한 것이다.

채권을 인수하는 방식의 장점은 여러 가지가 있다. 우선 경매를 통해 낙찰 받을지 받지 못할지 같은 불확실성이 없다. 그리고 무엇보다도 자신의 돈이 거의 들지 않는다는 점이다. 이런 거래는 그 물건의 소유자에게도 유리한 편이다. 분명 최저가보다 높은 가격으로 매매가 될 터이고, 또 배당과정에서, 낙찰가에서 경매비용만큼은 잃어버릴 텐데 그만큼은 부채를 해결하는 데 사용되어지는 것이다.

그리고 매입자에게 유리한 점 하나는 세금이다. 경매를 통할 때는 낙찰가를 기준으로 취득세와 등록세를 내야 한다. 하지만 매매를 통한 매입은 기준시가를 통해 취득세와 등록세를 낸다. 지역마다 물건마다 차이는 있지만 대개 시세 대비 30%선이다.

어떤가? 지금 시간이 넉넉한 형편이라면, 관심 지역에 감정가보다 낮은 채권이 잡혀 있는 물건만 추려보는 것은 어떤가. 그리고 편지라도 보내는 것이다. 그 아파트를 사겠다고. 자세한 내용을 모른다면 곤란하겠지만, 분명 서로의 이해가 맞을 테니 납득시킬 수만 있다면 이런 방법도 분명 대단한 기회다. 경우에 따라서는 내 돈 한푼 없이도 자산을 늘려가는 것이다. 위험하다고? 아니다. 물건만 분명하다면, 그리고 그 부채를 짊어질 능력만 된다면 위험 요소는 없다.

아무튼 그런 경우도 있겠고, 그렇지 않은 경우도 있다. 실물 경제에서는 너무도 다양한 사례가 많아서 일일이 다 보여줄 수는 없다.

그런 예는 공유자 지분이 있는 물건이 경매로 나왔을 때도 발생한다. 낙찰 받게 되면 판사가 공유자로서 우선매수 신고를 할 것인지를 물어본다. 그러면 대개 공유자 가운데 한 사람이 낙찰가격에 사겠다고 나서는 것이다. 그러니 애써 낙찰 받아도 그 몫이 낙찰자에게 돌아오는 게 아니라 공유자에게 가는 까닭에, 일반적으로 공유지분이 있는 경우에는 다들 아예 돌아보지도 않는다. 하지만 실물 경제는 변수가 다양하다는 사실.

공유자가 우선매수 신고를 하지 않았다면 어찌 되는가? 만일 그날 급한 일이 있어서 법원에 나오지 못했다면? 아니면 해외 출장이라도 가서 전혀 모르고 있었다면? 개인사야 다양한 경우가 발생할 수도 있으니 더 크고 중대한 문제가 있어서 전혀 신경 쓰지 못할 수도 있지 않은가. 변수는 얼마든지 다양하게 있을 수 있다.

그러니 숱한 실패를 감수하고도 고수익을 노린다면, 공유자 지분 문제로 과도하게 하락한 물건만 찾아다가 입찰하는 것도 생각해볼 수 있다. 다시 현금화시켜 수익과 연결되는 부분을 잠시 접어둔다면, 아주 가끔은 엄청나게 낮은 가격에 매입할 기회가 될지도 모른다. 문제는 숱한 실패를 감수할 정도로 인내와 시간이 필요하다는 점이다.

아무튼 이번 물건에 대해 그 점까지 생각하지는 못했다. 경매를 시작한 지가 일천한 탓에 그런 점까지 알지 못했다. 당시에는 쉽게 생각하기로, 경매로 넘어갈 때는 큰돈이 없어서가 아니라 이자라는 작은 돈이 없어서 그렇게 된 경우가 많을 텐데, 채권을 모두 갚을 정도의 큰돈을 만들기가 쉬운 게 아니라 여겼던 것이다.

물건지는 대단위 아파트 단지로 주변 여건이나 여타 사항은 나빠 보이는 게 없다. 문제는 수익성만 따지면 될 것인데, 이 물건이 기회가 되었던 것은 감정가가 지나치게 낮게 책정되어 있다는 점이다. 흔한 것은 아니지만, 간혹 이럴 때가 있다. 지나치게 높게 책정되는 경우도 있고, 지나치게 낮게 책정되는 경우도 있다.

낮게 평가된 것을 발견한다면 유찰되기 전에 일찌감치 경쟁 없이 들어갈 수도 있다. 특별히 찾는 물건이 아니라면 사람들이 여러 차례 유찰된 건에 대해서 많은 관심을 가지는 까닭이다. 많이 유찰될수록 수익이 좋은 이유도 있고, 또 경매로 쏟아져나오는 물건들이 너무 많은 까닭도 있다. 요즘에는, 그 많은 물건 가운데 꼭 하나 마음에 드는 것을 찾는다는 것은 마치 초등학교 시절 했던 보물찾기를 하는 느낌도 든다.

감정가의 허실

다음 사례들은 감정평가액에 대한 사례로 보이고자 하는 것이다. 최근 서울 중앙계에 나왔던 물건들로, 공부상으로는 아파트인데 실제로는 빌라들이다. 한 건물에 있는 전체 18세대 가운데 8세대가 경매로 나왔다. 이들의 감정평가의 내역을 비교해본다. 모두가 2003년 10월에서 2004년 2월 사이에 거래가 이루어진 물건들이다.

사건번호 : 2003-△△△ (중앙2계)
용도 : 아파트
주소 : 서울 서초구 양재동 ○○○번지 S빌라 2층 201호
감정가/기관 : 420,000,000원 / S감정
진행횟수 : 4회(유찰 3회)

사건번호 : 2003-△△△ (중앙2계)
용도 : 아파트
주소 : 서울 서초구 양재동 ○○○번지 S빌라 2층 202호
감정가/기관 : 380,000,000원 / K감정
진행횟수 : 4회(유찰 3회)

사건번호 : 2003-△△△ (중앙3계)
용도 : 아파트
주소 : 서울 서초구 양재동 ○○○번지 S빌라 2층 203호
감정가/기관 : 450,000,000원 / A감정
진행횟수 : 4회(유찰 3회)

사건번호 : 2003-△△△ (중앙3계)
용도 : 아파트
주소 : 서울 서초구 양재동 ○○○번지 S빌라 3층 301호
감정가/기관 : 230,000,000원 / K감정
진행횟수 : 1회

사건번호 : 2003-△△△ (중앙6계)
용도 : 아파트
주소 : 서울 서초구 양재동 ○○○번지 S빌라 4층 401호
감정가/기관 : 360,000,000원 / G감정
진행횟수 : 3회(유찰 2회)

사건번호 : 2003-△△△ (중앙7계)
용도 : 아파트
주소 : 서울 서초구 양재동 ○○○번지 S빌라 4층 403호
감정가/기관 : 450,000,000원 / A감정
진행횟수 : 4회(유찰 3회)

사건번호 : 2003-△△△ (중앙2계)
용도 : 아파트
주소 : 서울 서초구 양재동 ○○○번지 S빌라 5층 501호
감정가/기관 : 420,000,000원 / J감정
진행횟수 : 4회(유찰 3회)

사건번호 : 2003-△△△ (중앙6계)
용도 : 아파트
주소 : 서울 서초구 양재동 ○○○번지 S빌라 6층 601호
감정가/기관 : 420,000,000원 / J감정
진행횟수 : 4회(유찰 3회)

한눈에 볼 수 있게 그림으로 그려보면 다음과 같다. 감정가와 낙찰된 회차에 대해서만 기록했다.

601호 4억 2,000만원(4회차)	602호	603호
501호 4억 2,000만원(4회차)	502호	503호
401호 3억 6,000만원(3회차)	402호	403호 4억 5,000만원(4회차)
301호 2억 3,000만원(1회차)	302호	303호
201호 4억 2,000만원(4회차)	202호 3억 8,000만원(4회차)	203호 4억 5,000만원(4회차)
101호	102호	103호

각 호별로 조그마한 차이가 있기는 하지만 아주 대단한 것은 못된다. 감정가에서처럼 2억원이라는 가격 차이를 보일 정도로 그 차이가 크지는 않다. 그런데 감정평가기관에 따라 최대 4억 5,000만원에서부터 최저 2억 3,000만원까지 가격이 차이나는 것이다. 어떻게 된 노릇인가.

이게 아주 오래전 옛 시절을 이야기하는 것이 아니다. 2003년 하반기에서 2004년 2월경까지 거래가 이루어졌던 물건들이다. 감정평가가 이루어진 시점도 대동소이하다. 비슷하게 2003년 중반기에 다 이루어진 물건들이다. 어느 시골 구석진 곳을 이야기하는 것도 아니다. 서울시내, 그것도 교통사정이 좋아 조그마한 사업체들이 몰려 있는 서초구 양재동이다. 감정을 잘못하면 그대로 자신들의 실책이 드러나는 곳이다. 그런데 이렇게 큰 차이를 보이고 있는 것은 무엇인가.

그리고 낙찰된 시점을 보면 묘한 점을 확인할 수 있다. 4억원대로

평가된 건들은 모두가 4회차에 낙찰되었다. 3억원대로 평가되었던 401호는 3회 차에 낙찰되었다. 그리고 2억원대인 301호는 단 한번도 유찰되지 않고서 1회차에 낙찰되었다. 이래서 시장은 정직한 것이다. 가격이란 신통방통하게도 제값을 찾아간다.

현장에 가서 물건을 확인해야 자세한 점을 알 수 있을 테지만, 어쩌면 4억원대로 판단한 감정평가서가 잘못된 것일 가능성을 생각할 수 있다. 지나치게 과대평가된 것이라고. 그런데 사실 2004년 1, 2월경의 경매 분위기로 보아서 그만큼 많이 유찰되었다 하여 감정평가가 지나치게 높게 이루어졌다고 보기는 어렵다. 사실은 301호가 지나치게 낮게 평가된 것이다.

이 물건들에 대해 주의를 기울이고 있었던 사람이라면, 301호가 경매 물건으로 나왔을 때 감정평가가 지나치게 낮게 판단되었다는 점을 쉽게 알 수 있었을 것이다. 그러면 많은 사람들이 더 떨어지기를 기다리는 동안에 홀로 유유히 들어가서 단독입찰로 낙찰 받는 것이다. 또 실제로 그러했다. 301호의 경우 단독입찰이었다. 그 행운을 거머쥔 사람을 잠시 부러워해본다.

그래서 주변 시세를 정확하게 알고 있다면 유리하다. 감정가가 높은지 낮은지 굳이 현장을 확인하지 않더라도 꿰뚫고 있는 처지라면 유리하다. 책 몇 권을 보고 경매를 하겠다고 뛰어들었다가, 처음 경매장에 간 그날로 입찰하고 낙찰 받는다? 그것은 좀 위험하다. 경매장이 아니라 경마장 가는 심정에 더 어울릴 듯하다. 도박성인 것이다. 아주 오랜 시간을 보낼 것은 아니지만, 스스로 입찰한다고 생각해보고 주변을 살펴보고 기존 물건들을 살펴보고 그렇게 시세를 정확하게 꿰뚫는 것이 중요하다.

가격이 떨어지는 것에는 대개 이유가 있다. 요즘 세상이 어느 때인데, 처음 들어가는 내게 그 기회가 그냥 공짜로 넘어온단 말인가. 사람들은 아주 영민하다. 적어도 나만큼은 발빠르다고 봐야 한다. 모두가 보지 못한 구석에 뭔가 있을 거라 기대해봄 직하지만 그만큼 많은 것을 알고 난 뒤에나 뛰어들어가야 한다. 그래서 사실 고수들은 어려운 건들만 아주 깊은 관심을 가진다. 가격이 떨어질 수밖에 없는 그 이유를 찾아 해결한다면 분명 고수익이 날 것이다.

관심을 가지고 살펴보면, 한두 달이면 서울시내 물건들에 대해서 대강 가격에 대한 느낌이 온다. 지방 도시라면 한두 달까지 걸릴 것도 아니다. 대체로 감정가는 시세를 거의 정확하게 반영하는 편이다. 대단지 아파트의 경우는 거의 차이가 없다고 볼 수도 있다. 터무니없는 가격으로 나오지는 않는다. 하지만 그렇다고 감정가를 그대로 맹신하는 것은 잘못이다. 분명 사람이 하는 일이고 보면 실수나 착오가 있을 수 있는 법이고, 그런 허점이 때로 아주 귀한 기회가 되기도 한다. 그리고 굳이 확률을 따지라면 시세보다 높게 책정될 가능성이 많지 낮게 책정되지는 않는다. 지나치게 낮을 때는 채권자 측에서 재평가를 요구하기도 한다. 그럴 때는 낙찰된 뒤에도 낙찰 자체가 무효가 될 수도 있다.

어쩌면 감정평가가 정확하기를 요구하는 것 자체가 사실은 모순이다. 부동산이란 공장에서 찍어내는 제품이 아니다. 투입된 원금을 기준으로 가격이 매겨지는 것도 아니다. 동일한 물건을 두고서도 사람에 따라서는 2억원으로 볼 수도 있고, 그 물건을 3억원이라 볼 수도 있는 것이다. 그리고 부동산이란 결국 한 사람의 수요자와 한 사람의 공급자만 제대로 만나면 계약이 이루어지는 것이기도 하다. 주위에서 뭐라고 하거나 말거나, 그 두 당사자 간에 가격 합의가 이루어진다면 거래는 성립하는 것이다. 이 점이 투기지역에 대한 실거래가 신고의 맹점이기도 하고, 그런 까닭에 기준시가라는 것을 만들어 매년 발표하기도 하는 것이다.

말인즉슨, 아무리 같은 물건이라도 충분히 가치를 높일 자신이 있다면 잡을 수도 있는 것이다. 같은 동에 같은 평형이라 해서 동일한 가격을 받으라는 법이 있는가. 사람의 마음을 끄는 것은 아주 대단한 일일 수도 있지만, 때로 아주 작은 하나가 사람을 잡아끌기도 하는 게 아닌가. 평생을 살면서 정이 들기도 하는 법이라지만, 단 한번의 만남으로 평생 잊지 못할 사람이 되기도 하는 법이 아니던가. 부동산에서 임자는 둘도 필요 없다. 단 한 사람만 찾으면 되는 것이다. 그 한 사람이 없어서 울기도 하고, 그 한 사람이 있어서 웃기도 하는 것이다.

결국 감정평가를 지나치게 맹신하지 말고, 해당 지역 중개업소를 찾아가서 시세를 확인해두어야 한다는 뜻이다. 요즘에는 인터넷이 발달하여 어지간한 것은 집에 앉아서도 다 이루어지지만 최신 현황을 갖추려면 직접 확인하는 게 가장 좋다. 그리고 더불어, 거래되는 시세와 상관없이 누가 뭐래도 자신이 그 물건의 가치를 높일 자신이 있다면, 그 부분 역시 적극적으로 고려해야 한다.

물건분석 과정

그날 보았던 대전 유성구 전민동의 물건. 당시 그곳 시세는 1억 4,000만원에 형성되어 있었다. 그런데 감정평가 상에는 2,000만원이나 낮게 기록되어 있는 것이다. 전반적으로 부동산 시세가 상승기라 이런 현상은 잦았다. 5, 6개월 이전 시세가 반영되어 있는 것이다.

중개업소를 찾아가 확인했더니, 설사 급매로 팔게 된다 하더라도 1억 3,500만원은 받을 수 있는 물건임을 알 수 있었다. 이제는 중개업소도 한 군데만 가지 않는다. 이전의 실패도 있고 해서 꼭 세 군데는 가보는 편이다.

아파트를 찾아가보았다. 지난 1년간 공실인 채로 비어 있다고 한다. 사는 사람이 없으니 내부를 구경할 수도 없다. 관리사무실에 확인한 결과 관리비가 연체되어 현재까지 300만원이 미납 상태이다.

관리비에 대해서는 의견이 분분하지만 낙찰자가 부담하는 게 일반적이다. 법원 판례는 낙찰자에게 그 부담을 지우지 않도록 하고 있다 (전용지분은 제외하고 공유지분만 부담시키는 판례도 있다. 어찌되었거나 관리비에 대해 낙찰자가 전액 떠안는 것에는 분명 불합리하다는 판단인 듯하다). 하지만 관례상 그 금액이 많지 않을 경우 낙찰자가 부담한다.

관리비가 연체되었다면 도시가스도 연체될 수 있는 것이다. 114를 이용해서 지역 도시가스 공급자 전화번호를 확인했다. 그리고 체납된 요금을 확인할 수 있었다. 도시가스 요금은 지난 1년간 공실인 상태인지라 체납 요금이 얼마 되지 않았다.

그런데 낙찰 받고서 확인해보니, 관리사무소에서 밀린 관리비에 대해 배당신청을 해두고 있었다. 일반적으로 낙찰자가 부담하는 연체된 관리비가, 법원에서 낙찰금액으로 정산할 때 잔여분이 있다면 배당되는 것이다. 채권총액이 9,700만원선이었으니 1억원 이상으로 가격을 써낸다면 그 남은 금액으로 밀린 관리비가 정산되는 것이다. 물건 가치보다 채권금액이 작았으니 이루어진 현상이다.

그 외에 권리관계는 전혀 문제가 없다. 지난 1년간 사람이 살지 않은 상태인지라 명도 문제도 전혀 어려울 것으로 보이지 않았다. 마침 집주인을 만날 수 있어서 이사비용으로 200만원을 지급하기로 하고 이사하기로 합의했다.

당일 경매에는 이 물건에서만 52명이 응찰했다. 이전에는 상상도 할 수 없는 엄청난 인원이다. 경매 법정이 미어터질 지경이다. 행정수도 건으로 대전으로 많은 사람들이 몰리기도 했고 아파트가 상승세였기도 했다.

감정가 1억 2,000만원에 한번 유찰되어 -30%인 8,400만원이 최저가인 물건이다. 입찰가는 1억 1,700만원. 거의 감정가에 근접한 가격을 써냈다. 51명을 제치고 최고가 매수인으로 낙찰되었다.

당시 수익을 적게 잡고 높은 가격에 썼던 것에는, 욕심 부리지 않고 작게만 남기겠다는 생각도 있고 또 아파트가 상승 중인 이유도 있다. 당장 수익이 크지 않더라도 장차에 더 높은 가격이 형성될 거라 여겼던 것이다.

이사가 끝난 뒤에 집에 들어가보니, 의외로 무척 깨끗하다. 기초적인 리모델링까지 해두고 있어서 생각했던 추가 비용이 전혀 들지 않았다. 도배나 장판 정도는 새로 하고 또 수리할 게 있을지도 모른다고 여겼는데, 고작 화장실 변기를 교체하는 데 2만원이 사용되었을 뿐이다.

다음이 결산 내역이다.

감정가	1억 2,000만원
시세	1억 4,000만원
낙찰가	1억 1,700만원
등기비용	800만원
이사비용	200만원
총비용	1억 2,700만원
기대 수익(세전)	1,300만원

자금이 넉넉하지 못해 늘 은행 대출을 생각지 않을 수 없다. 이 물건으로 은행 대출을 의뢰했더니 8,000만원을 받을 수 있었다. 요즘에는 정부의 부동산 담보 대출에 대한 규제로 이 정도까지 대출해주지 않는다. 그렇게 투자된 원금은 4,700만원이다. 하지만 그 자금을 다 마련할 수는 없었고, 잔금을 치르기 전 그러니까 등기도 되지 않은 상태에서 중개업소에 급매물로 내놓았다. 그때 가격은 1억 3,500만원. 세금을 제하고 나면, 많은 수익이 아니지만 며칠간의 수고에 대한 대가는 충분하겠다고 여겼다.

돈 없이 부동산을 매입하는 법에 대한 추가 설명

아쉬운 면도 있다.

전술했듯이, 채권총액이 9,700만원에 불과하다. 이 물건을 1억 1,700만원으로 낙찰 받았으니 처음부터 소유자와 만나서 1억 1,700만원으로 거래를 하는 방법도 아주 유효했다. 소유자의 입장에서야 얼마에 낙찰될지 모를 형편에 감정가에 근접한 금액으로 쳐주겠다니 반가울 법도 하고, 설사 같은 가격이라 하더라도 경매에 소요된 제반 비용만큼은 이익이 된다.

채권자들은 마다할까? 그럴 일이 없다. 결국 자신들의 채권을 모두 회수한 게 아닌가. 그것도 조기 회수인 셈이다. 그리고 이 물건을 매입한 사람은? 비록 같은 가격에 매입했다 하더라도, 최소한 세금에서 혜택이 있다. 위 건에서는 취득세, 등록세와 법무사 수수료 등을 해서 대략 800만원이 들었다. 하지만 만일 매매를 통한 거래를 했다면, 400만원도 채 들지 않았을 것이다. 세금을 절감하는 것만으로 벌써 400만원의 수익이 생기는 것이다.

그리고 또 하나. 경매를 통할 때는 대출을 이용해서든 어떻게든 낙찰대금 전체를 마련해야 하는데, 매매를 통하면, 채권총액만큼은 이미 대출된 효과를 지는 것이다. 즉 위 건은 추가 대출 없이 2,000만원만 가지고 매입할 수 있었다는 뜻이다. 동일한 가격으로 매입하더라도, 채권을 인수하는 방식을 취했다면? 생각하면 아쉽다.

얼마 뒤에 매수자가 있어 계약을 체결하게 되었다. 거래가 활발하던 시기였다. 계약금으로 받았던 돈이 500만원.

계약을 하고서 보름쯤 지났을까, 10·29조치로 인해 전국적으로 아파트가 요동을 치기 시작했다. 그러자 계약자로부터 연락이 왔다. 계약금을 포기하고 계약을 취소하겠다는 것이다. 아파트는 하락세였고 그런 때에 이전 가격으로 매입할 수 없다는 것이다. 실제로 가격이 빠지기 시작했다. 계약자 입장에서는 당연한 논리다. 실거래 가격이

1,000만원 하락했고 장차에 더 하락할지도 모를 물건에 500만원의
계약금을 아까워할 게 아니라는 논리이다.

어쩔 수 없다. 다시 가격을 낮추어 내놓게 되었다. 1억 3,100만원.
먼저 계약자가 포기한 계약금으로 확보한 500만원이 어쩌면 수익이
될 거라 여길 만했다. 계약시에 협상의 여지로 100만원을 깎겠다고
나름대로 생각하고 제시한 가격이다.

위치가 좋았던 터라 금방 새로운 매입자가 나타났다. 그런데 새 계
약자도 얼마 지나지 않아 자금사정이 생각하던 대로 이루어지지 않
아 계약을 이행하기 어렵다는 것이다. 그리고 취소하자니 계약금이
아깝기도 해서, 월세 계약으로 전환하자고 요구해왔다. 받아들였다.

이미 은행에서 담보대출로 8,000만원을 받은 곳에 4,500만원의 보
증금에 월 35만원으로 들어와 살기로 한 것이다. 정상적으로는 이루
어질 수 없는 계약 관행인 셈이다. 실제 주변 임대 시세는 보증금
4,500만원이라면 월 40만원 정도로 거래가 이루어지고 있었다. 월 5
만원 낮게 계약하게 되었다.

정리를 해보면 다음과 같다.

전체 매입비용	1억 2,700만원	
대출	8,000만원	– 40만원/월(이자)
계약금	500만원	(이전 계약 취소자)
보증금	4,000만원	+ 35만원/월(월세)
총투자금	200만원	
수익	– 5만원/월	

팔지 못했던 것과 월세 계약이 주변시세보다 낮게 책정되어 투자 그 자체만으로 성공적이라 보기는 어렵다. 모진 사람이었다면, 계약 파기에 대한 책임을 물어 계약금을 챙기고 다시 매물로 내놓았을 텐데, 그렇게 할 수는 없었다.

이런 글이 조심스러운데, 혹 지금 당신이 매입하려다 부득불 그 계약을 월세로 전환하고자 할 때 그 제안이 받아들여질 거라 여기지 마라. 그렇게 호락호락한 사람이 없다. 열이면 열 모두 계약 위반을 물어 계약금을 챙길 것이다. 요즘 같은 험란한 세상에 상대의 선의를 기대하는 것이 잘못이다.

월세 계약도 주변시세에 비해 5만원 정도 싸게 이루어졌다. 그렇게, 입지 않아도 될 손실을 감당하고 있는 셈이다.

그 후로도 아파트는 상승세와 하락세가 반복되더니, 현재는 1억 4,500만원의 시세가 형성되어 있고, 급매물이 1억 4,000만원에 거래되고 있다. 거의 제자리걸음이다. 어찌되었거나 처음 팔려고 했던 가격에 비해 +500만원인 것이고, 이 점은 매달 지불되는 월세와 이자 차액(연 -60만원)을 보상하고도 남는다.

결론적으로 기실현 수익이 500만원, 아직 실현되지 않은 수익(세전)이 약 1,300만원이다. 기간 중 투자원금이 최대 동원되었을 때가 4,500만원이다. 그리고 비록 의도하지 않았지만, 결과적으로 그 아파트를 매입하느라 들였던 비용은 투자원금 200만원에 매달 5만원의 이자지급이 다인 것이다. 1년 계약이 끝나는 시점에 현재가로 매도할 수 있다면, 제반 비용을 고려한 세전 수익 1,800만원 선이다. 투자금(260만원)을 기준으로 본다면, +690%인 셈이다. 기묘하게도 이 수익

중 1,000만원은 의도하지 않은 묘한 거래(계약취소와 계약변경으로 인한 보유지속)를 통해 얻게 된 셈이다. 그래서 운이라고 해야 할까.

양도소득세?

근자에 대전 서구와 유성구가 투기지역이 되면서 1년을 보유하더라도 양도소득세는 실거래가로 물게 되었다. 하지만 양도소득세란 팔아야 걱정할 것 아닌가. 장기적으로 가지고 있어봄직한 물건이라면 굳이 서둘러 팔 생각은 없다.

사실 지금의 부동산 과세는 불합리한 면이 있다. 과거(그래야 얼마나 되었나)에는 거래세가 강했고 보유세가 약했다. 하지만 장차에 보유세 강화로 변해간다면 거래세는 낮추어져야 한다. 그런데 지금은 둘 다 이전에 비해 엄청 높아졌다. 극단적으로 말한다면, 지금의 부동산 정책은 거래도 하지 말고 갖고 있지도 말라는 뜻이다. 당장에 부동산 경기를 냉각시키기 위한 특단의 조치였을 뿐 바람직한 것은 아니다. 그 점은 정책입안자들도 고심하고 있을 것으로 본다.

아무튼 그 조치가 부동산 가치 하락에 일조하게 될까? 글쎄, 장기적으로 보면 여러 물건을 가지고서 임대사업을 하는 내게는 별로 나쁜 조건은 아닌 듯하다. 도리어 부동산 가치의 하방경직을 심화시켜 줄 듯하다.

초보자로 경매 물건을 고를 때 기억할 것. 단기차익을 목적으로 가치 없는 물건을 찾는 것은 피하는 게 좋다. 최악의 경우 팔리지 않는다면, 장기 보유하더라도 손해가 없는 물건을 처음부터 찾는 것이 유익하다.

1 감정가는 어디까지나 참고 가격에 불과하다. 대체로 시세를 잘 반영하고 있지만, 지나치게 과대평가되기도 하고 과소평가되기도 한다. 특히 주의할 것은, 과대평가되는 경향이 강하다는 사실이다. 수차례 유찰되었다 하여 상대적으로 싼 맛에 덜컥 잡았다가 후회하는 경우도 많다. 현장을 가보고 가격 동향을 살펴야 한다. 그리고 그 가격은 평균 거래 시세와 급매로 내놓았을 때 거래되는 시세를 함께 확인해야 한다. 물론 실수요자의 입장에서 매매할 생각이 없다면 굳이 그럴 필요는 없다.

2 수 차례 유찰된 물건이 수익이 있는 것은 분명하다. 하지만 충분히 가치가 있는 곳이라면 첫 번째 입찰에서 참여하는 것도 고려해야 한다. 경매로 쏟아져 들어오는 물건이 너무 많다 보니 사람들은 유찰된 건을 중심으로 관심을 가진다. 간혹 아주 좋은 물건은 유찰된 뒤에 2회차에서 오히려 감정가 이상으로 낙찰되기도 한다. 그 물건을 일찍 발견했다면 경쟁 없는 단독입찰에 감정가 수준으로 낙찰 받을 수도 있는 것이다. 그러자면 다른 사람들보다 발빠르게 움직여야 한다.

시간이 넉넉하고 반복되는 단순 작업에 지치지 않을 의지를 가지고 있다면, 모든 물건을 하나하나 다 검색하는 것도 방법이 되겠다. 하지만 그보다는 관심 지역을 선정해두고, 그 지역 정보와 시세에 대해 정통해가면서, 동시에 그 지역에 물건이 나오는지를 기다리는 것도 좋다. 일종의 길목에 덫놓기인 셈이다.

3 돈이 거의 들지 않고 부동산을 매입하는 방법이 있다. 시세에 비해 채권총액이 적을 때는 그 채권을 인수하는 방식으로 물건을 매입하는 것이다. 그러면 경매 이전에 채권자들과 협의하여 경매에서 그 물건을 빼버리면 된다. 간혹 입찰 당일날 경매가 취하된 물건을 확인하는 경우가 있는데, 그 중 상당부분은 이런 방법으로 매매가 이루어진 물건들이다.

07 세상은 바뀐다

바로 앞 사례에 이어 바로 며칠 뒤에 낙찰 받은 물건이다. 감정가 9,000만원. 실제 시세로 1억 500만원에 형성되는 것을 알고 들어간 물건이다. 감정평가를 하던 시점이 상승의 초기였던 까닭도 있지만, 어쨌거나 실거래가에 비해 15%나 낮게 책정된 것이다. 그런데도 감정가에서 낙찰되지 않고 한 차례 밀려 내려왔다.

행정수도 건으로 충청권이 전반적인 상승세라 하더라도 대전에서도 주된 관심 지역은 서구와 유성구이다. 이 물건은 대덕구에 위치했던 까닭인지 서구와 유성구에 몰렸던 사람들의 관심에 소외되었던 것이다. 장차에도 대전에서 유망한 지역은 서구와 유성구로 꼽지, 대덕구는 언급되지 않고 있다. 그 영향이라 여겼더랬다.

권리분석은 쉽게 이루어졌다. 세입자는 전세권을 설정해두고 있었고, 보증금을 전액 회수할 수 있는 상황이다. 말인즉슨, 명도 문제는 전혀 이상 없다는 점이다. 관리비가 밀린 것도 없다. 권리관계는 명쾌

주소 감정평가 내역	면적(단위 : m²)	경매가 진행내역	일자-성명-임차금 주민등록 확인	등기부상의 권리관계
대전 대덕구 법동 ○○번지 ○○아파 트 ○○동 ○○○ 호 〈감정평가내역〉 －철근콘크리트벽 　식조 －동부경찰서 　북측 인근 －차량 출입 용이 －서측 인근 　시내버스 소재 －대중 교통사정 　보통 －도시가스개별난방 －일반주거지역 －지구단위계획구역 －도시계획도로 　접함 －택지개발 　예정지구 〈감정평가액〉 대지 27,000,000원 건물 63,000,000원	대지 30.3/40411 (9.2평) 건물 59.88 (18.1평/24평형) 방3 20층 99.12.3 보존	감정 90,000,000원 감정(03.02.12) 최저 63,000,000원 (70.0%) – – – – – – – 유찰 03.08.19 낙찰 03.09.30 87,560,000원 낙찰 04.01.27 90,150,000원 － 응찰자수 : 7명	〈동사무소 확인〉 전입 01.04.20 정○○열람 03.09.02 배당요구종기 03.05.12	저당 주택은행 중리지점 00.01.22 1,560만원 저당 주택은행 00.01.22 1,820만원 전세 정○○ 01.05.02 4,000만원 존속기간 03.01.29 저당 임○○ 02.01.12 1,500만원 가압 용전신협 02.08.22 505만원 외 3건 합 2,330만원 임의 국민은행 03.01.30 청구 27,741,400원

하다. 방문해보니 집도 아주 깨끗하다.

당시에 입찰가는 정보지에 기록된 대로 8,756만원. 8,756만원에 낙찰 받았다. 차라리 낙찰 받지 못했으면 좋았을 것을.

이사비용이나 관리비 등의 추가로 들어간 돈이 없다는 점도 장점이다. 문제는 역시 10 · 29 조치. 매입한 직후에 터져나온 10 · 29 조

결산	낙찰가	8,756만원
	등기	500만원
	총비용	9,256만원

치로 아파트가 하락반전했다. 감정가만도 1억 500만원의 물건이었는데, 중개업소에 팔자 매물로 9,300만원에도 매매가 이루어지지 않게된 것이다. 찾는 사람도 없고 찾더라도 계약이 이루어지지 않는 시기였다. 전국적으로 10 · 29 조치 이후로 몇 달 동안 부동산은 거의 거래가 이루어지지 않았다. 실수요자조차도 서둘러 사지 않고 관망세로 돌아선 시기였다.

마음이 초조해졌다. 전혀 예상치 못한 결과이다. 한 건만 낙찰 받았다면 문제가 되지 않았을 텐데, 비슷한 시점에 세 건을 동시에 낙찰받았던 것이 문제다(이전 사례와 곧이어 나올 사례까지 해서 비슷한 시점에 동시에 세 건을 낙찰 받았더랬다).

전혀 예상치 못한 상황이다. 그동안 부동산 거래가 활발했는데 갑자기 얼어붙어버린 것이다. 자금이 넉넉하지 못한 처지라 낙찰 받은 세 건 중에 한 건은 포기할 수밖에 없었다. 그 중에 제일 매력이 떨어지는 이 물건을 포기하기로 했다. 그렇게 630만원의 입찰보증금을 잃게 된다.

이번 사례에서 제시하고 싶은 것은, 낙찰 후에 언제까지 잔금을 마련하면 되는지를 보여주고자 한 것이다. 낙찰 받았던 시점이 2003년 9월 30일. 그리고 낙찰대금을 완납하지 않아 다시 경매에 들어갔고 그렇게 재경매된 것이 2004년 1월 27일이다. 다시 경매가 진행하는

데 거의 4달이나 소요된 것이다.

일반적으로 낙찰되면, 잔금은 낙찰결정이 이루어지고서 한달 이내에 납부해야 한다. 그렇다면 그 기일을 넘기면 보증금을 고스란히 떼이게 될까? 아니다. 그 시기를 넘겼다 하더라도 다음 경매일 3일 이전에 잔금을 마련하면 권리는 존속된다. 즉 이 물건의 경우에서 당시에 잔금을 마련하지 못했지만, 1월 24일까지 잔금을 마련했다면 그 아파트를 소유할 수 있었던 것이다.

경매에서 투자할 물건을 살필 때, 만일 수익이 분명하다면 지금 당장은 자금이 부족하더라도 그 기한 안에 마련될 수 있다면 입찰을 포기하지 않을 수 있다. 그 기한을 정확하게 설정하기는 어렵다. 낙찰허가 결정이 나고서 한달 동안은 언제 완납하더라도 이자 문제는 없다. 하지만 그 이후에는 연 20%의 고리를 이자로 지불해야 한다. 그리고 바로 그 다음달(2개월 후)에 경매가 이루어질지 아니면 위의 경우처럼 3개월 후에 이루어질지는 장담할 수 없다.

이 물건은 이후에 재경매에서 당시 낙찰가보다 260만원 정도 더 높은 가격에 낙찰되었다. 현재도 9,300만원에 거래되고 있다. 말인즉슨, 매입하려고 한다면 9,300만원에 세금을 비롯한 등기비용 300만원을 포함한 9,600만원에 살 수 있다는 뜻이다. 매매를 한다고 가정한다면 수익은 없겠지만, 9% 정도 싸게 매입한 것은 분명하다. 자금에 여유가 있었다면 가지고 있어봄 직한 물건이었다는 뜻이다. 하지만 당시에는 앞서 제시된 사례와 곧 이어질 사례까지 함께 거의 비슷한 시점에 세 건을 동시에 낙찰 받아 자금 여유가 없어 무척 힘든 시기였다.

이 모든 것을 부동산 전망에 대해 예측하지 못한 결과이기도 했다. 그리고 그 점은 전문가들에게도 마찬가지기도 하다. 2003년 10월 초까지만 하더라도 시중 일간지에 나오는 재테크 특집에 향후 부동산 전망을 부정적으로 내놓는 경우는 없었다. 하지만 누구도 예기치 못한 조치가 나왔고 그 일로 전국 부동산이 요동치게 된 것이다.

오스트리아학파의 대표적인 경제학자 프리드리히 하이에크가 말했듯이, 국가가 계획을 더 많이 세울수록 개인들은 그만큼 더 계획하기 힘들어진다는 말은 사실이다.

사람들이 "이 물건의 실패에 대한 결정적인 요인은?" 하고 묻는다.

"나라가 바뀌었다……" 하며 웃음 짓는다. 어쩔 것인가, 나라가 바뀌었는데…….

630만원을 잃었다.

재·정·클·리·닉

1 낙찰 후 잔금을 마련하는 길은 여러 가지가 있다.

(1) 매수자 또는 임차인을 구한다

물론 낙찰자 이름으로 등기하기 전에는 다른 사람 명의로 옮길 수 없다. 하지만 매수자와 서로 이해를 해준다면, 매수자의 계약금으로 잔금을 치르고 등기하자마자 곧바로 등기를 이전할 수도 있는 것이다. 세금을 처리하고도 충분히 수익이 난다면 해봄직하다.

(2) 경락잔금 대출을 활용한다

제2금융권에는 경락잔금 대출을 전문적으로 다루는 사람들이 있다. 그들을 통하게 되면 은행에서보다 이율이 1~2% 정도 더 부담하겠지만 훨씬 더 많은 금액을 보조받을 수 있다. 특히 상호저축은행에서는 더 많은 금액을 대출받을 수 있는데 이때는 시중금융권의 2배 수준의 고리를 감당해야 한다. 감정가보다 낮은 가격으로 낙찰 받았다면, 일단 등기를 한 이후에 은행권으로 대출을 전환할 수도 있다. 그때는 낙찰가를 기준으로 하는 것이 아니라 시세를 기준으로 대출을 해주니, 처음 제2금융권에서 경락잔금 대출을 받았던 금액의 상당부분을 대환할 수도 있게 된다.

2 때로 자금 사정이 원활하지 못할 수도 있다. 하지만 그렇다 하여 포기하고 말 것은 아니다. 대개 3달 정도의 여유, 최장 5개월 정도의 시간이 주어진다. 그 기간 동안에 자금을 마련하면 된다.

[입찰절차]

| 입찰개시 |

입찰기일에서의 입찰절차는 집행관이 주재한다. 집행관은 입찰기일에 입찰을 개시하기에 앞서 집행기록을 입찰참가자에게 열람하게 하고, 특별매각조건이 있으면 이를 고지한다. 민사집행법이 적용되는 사건은 집행기록 대신 매각물건명세서, 현황조사보고서 및 평가서의 사본을 볼 수 있다.

기록의 열람과 입찰사항 등의 고지가 끝나면 집행관이 입찰표의 제출을 최고하고 입찰마감시각과 개찰시각을 고지함으로써 입찰이 시작된다.

입찰자는 권리능력과 행위능력이 필요하다. 따라서 미성년자 등 행위무능력자는 법정대리인에 의하여만 입찰에 참가할 수 있다. 또 입찰부동산이 일정한 자격을 요구할 수도 있다. 가령 농지의 입찰에 있어서 농지법이 정한 농지취득자격증명이 있어야 한다.

입찰부동산을 취득하는 데 있어 관청의 증명이나 허가를 필요로 하는 경우에 그 증명이나 허가는 낙찰기일까지만 보완하면 되며 입찰시에 이를 증명할 필요는 없다.

| 입찰표의 기재사항 |

입찰표에 기재하는 사항은 다음과 같다.
① 사건번호   ② 입찰자의 성명과 주소
③ 부동산의 표시   ④ 입찰가격
⑤ 대리인에 의하여 입찰하는 경우에는 대리인의 성명과 주소
⑥ 입찰보증금액

입찰가격은 일정한 금액으로 표시해야 한다. 입찰표를 작성했으면, 반드

시 다시 확인해보자. 입찰표에 입찰가를 정확하게 기록했는지, 날인할 곳은 빠트리지 않았는지, 보증금 봉투에 지정된 금액을 넣었는지 등을 확인한다.

입 찰 표

서울지방법원 동부지원 집행관 귀하   년   월   일

사 건 번 호		타경 호			물 건 번 호	※물건번호가 있는 경우에만 기재

입찰자	본 인	성 명		㊞
		주민등록번호	-	전화번호 -
		주 소		
	대리인	성 명	㊞ 본인과의관계	
		주민등록번호	-	전화번호 -
		주 소		

입찰 가액	천억	백억	십억	억	천만	백만	십만	만	천	백	십	일	원	보증 금액	백억	십억	억	천만	백만	십만	만	천	백	십	일	원

보증금을 반환받았습니다.

입찰자   ㊞

주의사항

1. 입표표는 물건마다 별도의 용지를 사용하십시오. 다만, 일괄입찰시에는 1매의 용지를 사용하십시오.
2. 한 사건에서 입찰물건이 여러 개 있고 그 물건들이 개별적으로 입찰에 부쳐진 경우에는 사건번호 외에 물건번호를 기재하십시오.
3. 입찰자가 법인인 경우에는 본인의 성명란에 법인의 명칭과 대표자의 지위 및 성명을, 주민등록번호란에는 법인의 등록번호를 각 기재하고, 대표자의 자격을 증명하는 문서(법인의 등기부 등·초본)를 제출하여야 합니다.
4. 주소는 주민등록상의 주소를, 법인은 등기부상의 본점소재지를 기재하시고, 신분확인상 필요하오니 주민등록증을 꼭 지참하십시오.
5. <u>금액의 기재는 수정할 수 없으므로, 수정을 요하는 때에는 새 용지를 사용하십시오</u>
6. 대리인이 입찰하는 때에는 입찰자란에 본인 및 대리인의 인적사항을 모두 기재하는 외에 본인의 위임장과 인감증명을 제출하십시오.
7. 위임장, 인감증명 및 자격증명서는 이 입찰표에 첨부하십시오.
8. 일단 제출된 입찰표는 취소, 변경이나 교환이 불가능합니다.
9. 공동으로 입찰하는 경우에는 허가받은 공동입찰허가원을 입찰표와 함께 제출하되, 입찰표의 본인란에는 "별첨 공동입찰자목록 기재와 같음"이라고 기재한 다음, 입찰표와 공동입찰허가원 사이에는 공동입찰자 전원이 간인하십시오.
10. 대리인의 경우에는 날인란에 입찰자 본인의 성명, 대리관계 및 대리인의 성명을 모두 기재하고 날인하십시오.
11. 입찰자 본인 또는 대리인 누구나 입찰보증금을 반환받을 수 있습니다.

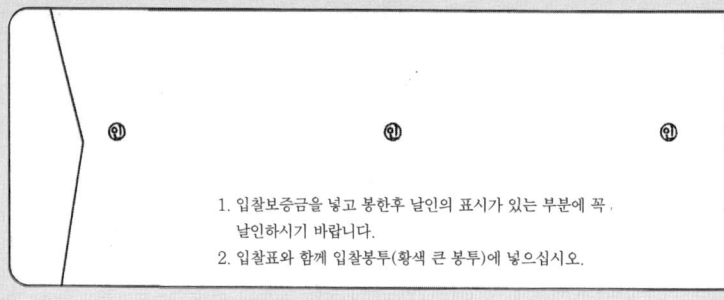

1. 입찰보증금을 넣고 봉한후 날인의 표시가 있는 부분에 꼭
   날인하시기 바랍니다.
2. 입찰표와 함께 입찰봉투(황색 큰 봉투)에 넣으십시오.

서울지방법원 00지원

입찰보증금봉투

사건번호	○○타경		호
물건번호			※물건번호가 있는 경우에만 기재
입찰자성명	본인		인
	대리인		인

| 입찰표 및 입찰보증금의 제출 |

입찰표의 제출

입찰표는 입찰기일에 집행관에게 제출해야 한다. 실제로는 입찰봉투에 넣어 입찰함에 투입함으로써 집행관에게 제출하는 것으로 이루어진다. 한 번 제출한 입찰표는 취소하거나 변경할 수 없다.

입찰보증금의 제출

입찰보증금은 특별매각조건으로 달리 정하지 않은 한(재입찰의 경우에는 입찰보증금을 입찰가격의 20% 혹은 30%로 하는 특별매각조건을 정하는 것이 보통이다) 최저매각가격의 10% 상당액이다. 주의할 것은, 구법 적용 물건일 경우 최저매각가격의 10%가 아니라 입찰가의 10%에 해당하는 금액을 입찰보증금으로 제공해야 한다. 간혹 구법 적용 물건인데도 최저매각가격의 10%

를 제출하여 최고가를 써냈는데도 낙찰 받지 못하는 경우를 본다. 입찰 당일 날 일찍, 또는 그 전날에 해당 물건의 최저가격을 수표로 한 장 받아두는 것이 좋다. 입찰시에 현금을 계산하는 것이 번거롭기도 하겠지만, 경황이 없는 중에 잘못하면 낙찰 받고서 무효가 될 수도 있다.

입찰보증금은 입찰표와 함께 집행관에게 제출해야 한다. 실무에서는 입찰보증금을 보증금봉투에 넣어 입찰표와 함께 다시 입찰봉투에 넣은 후 입찰함에 투입하도록 하고 있다. 개찰한 결과 최고의 가격으로 입찰한 자가 소정의 입찰보증금을 제출하지 않았을 경우에는 그의 입찰은 무효로 처리한다. 물론 그때는 차순위자가 최고가 입찰자로 인정된다.

| 입찰종결 |

입찰의 마감 및 개찰

입찰표의 제출을 최고한 후 1시간을 경과하지 않고서 입찰기일을 종결하지 못한다. 입찰을 마감하면 지체 없이 개찰한다. 최고가입찰자를 공정하게 결정한다는 것을 담보하기 위해 개찰은 입찰자의 면전에서 해야 하기 때문에 개찰할 때에는 입찰자가 출석하여야 한다. 입찰자가 출석하지 못했다면 집행관은 법원사무관 등 상당하다고 인정하는 자를 대신 참여하게 한다. 민사집행법에는 매각기일을 마감할 때까지 허가할 매수가격의 신고가 없는 때에는 집행관은 즉시 매각기일의 마감을 취소하고 같은 방법으로 매수가격을 신고하도록 최고할 수 있다.

최고가 입찰자의 결정

개찰 결과 최고의 가격으로 응찰하고 소정의 입찰보증금을 제출한 자로 판명된 자를 최고가입찰자로 결정한다. 그런데 최고의 가격으로 응찰하고 입찰보증금도 제출한 자가 2인 이상일 경우에는 그들만을 상대로 추가입찰을 실시한다. 추가입찰의 입찰자는 이미 제출한 입찰가격에 미달하는 가격으로는 응찰할 수 없다. 추가입찰을 실시하였는데 또다시 2인 이상이 최고의 가격으로 응찰한 경우에는 그들 중에서 추첨으로 최고가 입찰자를 정한다.

차순위 입찰신고인의 결정

최고가입찰자의 입찰가격에서 그 입찰보증금을 공제한 금액 이상의 가격으로 입찰에 참가한 자는 최고가입찰자가 차순위신고를 할 수 있다. 대금지급의무를 이행하지 않은 경우에는 자기의 입찰에 대하여 낙찰을 허가하여 달라는 신고이다. 재입찰로 인한 절차 지연을 방지하고 법원의 업무부담을 경감하기 위해 차순위입찰신고인 제도를 둔 것이다.

차순위입찰신고는 그 신고액이 최저입찰가 이상이어야 하고 또 최고가입찰가에서 그 보증금액을 공제한 금액을 초과한 경우에만 할 수 있다. 집행관은 적법한 차순위입찰신고가 있으면 그 신고인을 차순위입찰신고인으로 정하여 그 성명과 가격을 호창한다. 차순위입찰신고를 한 사람이 2인 이상인 경우는 입찰가격이 높은 사람을 차순위입찰신고인으로 정하고, 입찰가격이 같을 때에는 추첨으로 정한다. 실제로 차순위신고를 하는 경우는 드물다. 한달이 넘는 기간 동안 입찰보증금을 묶어두어야 하는 까닭이다.

입찰절차 종결의 고지

최고가입찰자 및 차순위 입찰신고인이 결정되면 집행관은 그들의 성명과 가격을 호창하고 입찰절차를 종결한다. 입찰자가 없는 사건은 입찰 불능으로 처리하고 종결한다.

입찰보증금의 반환

집행관은 입찰절차의 종결을 고지한 후에는 최고가입찰자 및 차순위입찰신고인 이외의 입찰자에게 그들이 제출한 입찰보증금을 즉시 반환한다.

08 공매도 눈여겨보자

　이미 2건의 경매를 받아두고 있었지만, 이번 건도 놓칠 수 없었다. 당시에는 먼저 받아두었던 2건이 해결되지 않을 거라 생각지도 못했고, 또 10월 29일이 되어 뭔가 터져나올 거라 예상할 수도 없었다.

　이래서 후퇴 계획이란 중요한 것이다. 아무리 승리를 확신한다 하더라도 후퇴 계획을 세우지 않는 무모한 장수는 없다. 최악의 상황, 예기치 못한 최악의 상황을 대비해야 행여 있을 패배를 딛고 재기할 수 있는 것이다.

　장차에 맞이할 10 · 29 조치를 고려하지 않는다면, 그 시기는 충분히 매력적인 물건이 넘치는 상황이다. 사람들이 대전은 이미 오를 대로 올랐다고 이야기하는 그 시기에도 여전히 수익을 거둘 수 있는 물건이 많았다. 이 점은 오늘날에도, 또 언제라도 비슷하게 연출된다. 사람들은 만만해 보이는 곳이 없단다. 경매도 이미 너무 많은 사람이 참여하는 바람에 수익이 좋지 않다고들 말한다. 하지만 지나치게 피상적으로 살핀 결과다. 기회는 늘 있다. 절대 다수의 물건이 설사 5~6%의 아주 적은 수익만으로 낙찰되곤 하겠지만, 그 와중에도 20%나 30%씩의 수익을 거두는 사람도 나타난다.

"이제 만만한 곳이 없다"는 이야기는 앞으로도 계속 나올 것이다. 하지만 그 와중에도 조용히 수익을 거두는 사람도 있는 것이다.

또 하나, 오래도록 경매 법정의 분위기와 낙찰가를 유심히 살펴보았더니 어느 정도 가격을 써내면 낙찰되고 수익을 거둘 수 있는지에 대해 파악할 수 있었다. 그래서 당시 비슷한 시점에 3건이나 낙찰 받을 수 있었던 것이다. 경매에서 권리분석보다 중요한 것은 입찰 감각이다. 다른 말로 하자면, 배팅 감각이다. 그 점은 현장에서 얻는 수밖에 없다.

당시의 패인은 상황을 지나치게 낙관했던 점이다. 정부에서 부동산 안정을 끝임없이 강조하더라는 인식이 전혀 없었다. 정부에서 부동산 안정책을 하거나 말거나 그게 영향을 미칠 거라고 전혀 생각지 못했다. 그렇게 바다의 파도에는 전혀 관심을 기울이지 않은 채, 배 위에 놓인 흔들의자만 뚫어지게 집중한 결과다. 제 아무리 물건 자체가 훌륭하고 가치 있으면 뭘 하나. 파도가 심하게 몰아치면 목적지로 배를 띄울 수 없는 것을.

당시에 보았던 그 물건의 매력은 무엇보다도 저평가된 감정가였다. 감정평가액이 잘못되어도 한참 잘못되어 있는 것이다. 감정평가액이 9,500만원. 그런데 주변 시세는 1억 3,500만원에 거래되고 있었다. 전세가만 9,500만원에 거래되고 있는 물건이다. 이런 형편에 앞서 두 건을 낙찰 받았다 하여 포기할 수 있겠는가. 마음이 급했다. 필요한 자금을 확보해야 한다는 문제는 크게 고려하지 않았다. 우선 잡고 볼 일이다. 이처럼 최악의 경우를 전혀 고려하지 못한 채 무리하게 자신을 내몰았다.

다음은 자산관리공사에서 제공한 그 물건에 대한 기초내역이다.

세입자는 3년이 넘도록 그 아파트에 살고 있으면서 선순위로 이미 배당신청을 해놓고 있었다. 권리관계가 문제될 일이 없는 것이다. 관리비도 잘 내고 있어 밀린 금액이 없고, 이사비도 지불할 필요가 없

기본정보				
물건종류	부동산		처분방식	매각
입찰진행기관	한국자산관리공사		담당부서	대전지사
물건상태	입찰공고 중		조회수	1389
물건정보				
소재지	대전시 서구 둔산동 ○○번지 ○○아파트 ○○동 ○○○호			
관리번호	2003 △△△△			
재산종류	압류재산			
위임기관	대전세무서			
물건 용도	주거용 건물		물건세부용도	아파트
면적	대지 36.03㎡ 지분(총면적 : 21,284.000㎡), 건물 70.55㎡			
감정정보				
감정평가금액	95,000,000원		감정평가기관	○○감정평가법인
감정평가일자	2003.06.13			
위치 및 부근현황	둔산동에 소재하는 ○○아파트 ○○동 ○○○호			
이용현황	아파트로 이용 중			
명도책임	매수자			
부대조건	김○○ 임대차보증금 4,500만원 임대 중으로 탐문 조사			

입찰정보							
회차	차수	공고일	입찰번호	입찰방식		최저입찰가(예정금액)	
		대금납부	납부기한	인터넷입찰개시	인터넷입찰마감	현장입찰개시	현장입찰장소
041	001	03.09.17	03. XX.XX.	공매		95,000,000원	
		일시불	60일 이내	03.10.12 10:00	03.10.13 17:00	03.10.14 11:00	대전지사 공매장

다. 아주 깔끔한 물건이다.

감정가보다 더 높게 써냈다. 감정가가 9,500만원인데, 그보다 1,320만원을 더 높여 1억 820만원을 써냈고 낙찰 받았다. 기억해야 할 것은, 자산관리공사 공매는 법원 경매와 달리 입찰하려는 금액의 10%를 보증금으로 내야 한다는 사실이다. 법원 경매는 법이 바뀌어, 최저가가 1억원이라면 1,000만원을 보증금으로 넣고 1억 3,000만원이라고 써도 되고, 1억 5,000만원이라고 써도 된다. 하지만 자산관리공사 공매는 자신이 쓰려는 가격이 1억 3,000만원이라면 1,300만원을 보증금으로, 1억 5,000만원에 쓸 예정이라면 1,500만원을 보증금으로 함께 제출해야 한다.

공매장에서, 그 차이를 몰라 최고가인데도 낙찰이 무효가 되는 경우를 간혹 보게 된다. 애써 권리분석을 하고 입찰에 참여해서 낙찰 받을까 했는데, 이 점을 몰라서 놓친다면 억울한 노릇이 아닌가.

이 물건으로 대출 받았던 금액이 7,000만원. 한국자산관리공사에서 진행하는 압류재산은 법원 경매보다 잔금 납부에 조금 더 여유 있다. 60일 이내에 잔금을 납부하면 된다.

이전 사례와 동일한 문제다. 10월 29일을 지나면서 시세가 하락하였고, 거래는 완전히 실종되었다. 낭패다.

결산		
낙찰가	1억 820만원	
등기비용	700만원	
대출	7,000만원	– 35만원/월(이자)
투자금액	4,520만원	
유지비용	– 35만원/월	

역시 문제는 거래가 되지 않는다는 점이다. 거래가 실종된 마당에 임대 역시 만만치 않았다. 앞서 기술한 거래에서 9월 27일자 낙찰 물건에서는 입찰보증금으로 840만원이 묶여 있었는데 거래가 될 듯하다가 계속 지연되고 있었다. 그리고 9월 30일자 낙찰 물건에서는 여전히 입찰보증금 630만원이 들어가 있는 상황이다. 그리고 이 건으로 1,082만원이 들어가 있는 것이다. 겨우 9월 27일자 건의 계약금으로 500만원이 들어오기는 했지만, 여유자금이 없어 마음은 초조하기만 했다.

그런데 마침 한 친구가 자금사정이 좋지 않아서 집을 옮기게 되었고, 대출이 잔뜩 있는 그 아파트에 들어오게 되었다. 시세 전반이 하락하면서 전세가도 함께 하락했지만 여전히 8,000만원 이상을 가지고 있어야 계약할 수 있는 물건이기도 했다. 그리고 서로 잘 아는 처지인지라, 대출이 있다 하더라도 서로 걱정하지 않을 수 있었다.

그렇게 5,000만원의 전세로 들어와 살게 된 것이다. 친구는 위험부담을 안겠지만 8,000만원 전세 물건을 5,000만원에 들어올 수 있게 된 것이다. 그 친구는 3,000만원이나 적은 돈으로 아파트를 계약할 수 있어서 좋았고, 나 역시 급한 자금 사정에 숨통을 틔울 수 있어서 좋았다.

그렇게 겨우 투자원금을 회수할 수 있었다.

현재는 시세가 1억 2,500만원. 처음 공매에 입찰할 때 1억 3,500만원에 비하면 1,000만원이나 빠졌지만 그나마 많이 회복된 것이다.

평가하면 다음과 같다.

결산		
	현 시세	1억 2,500만원
	낙찰가	1억 820만원
	등기비용	700만원
	대출	7,000만원　– 35만원/월
	전세	5,000만원
	투자금액	– 480만원 (투자원금에 비해 480만원이 오히려 남았다)
	유지비용	– 35만원/월
	(세전)수익	980만원 (125,000,000원 – 108,200,000원 – 7,000,000원)

투자된 금액은 없다. 대출과 전세를 통해 오히려 1,480만원이 남게 된 것이다. 대신 매달 35만원씩 이자가 지불되고 있다. 그렇게 연 420만원의 이자가 지불된다. 그렇다면 투자금을 회수하고 차액은 3년 이상의 이자비용을 보존한 셈이다. 이 물건을 2년 보유하고 현 시세로 매도한다고 가정한다면? 세전수익은 620만원(980만원 + 480만원 – 840만원)이다. 이 경우 수익은 몇 퍼센트인가? 투자 원금이 없으니 퍼센트를 따질 수가 없다.

장기적인 시세를 본다면, 현재 정부청사가 있는 둔산동에 한 채를 보유하고 있는 것이 나빠 보이지 않는다. 그리고 당시에 급하게 융통해야 했던 자금사정을 일시에 해결하게 되기도 했다. 아무튼 투자는 성공이라고 할 수 없다. 손실이라고 할 수 없겠지만 아직 실현된 수익은 전혀 없다. 당장에는 매달 35만원씩 이자가 지불되고 있는 형편이다. 언제 팔게 될지는 아직 결정하지 못했지만, 수익이야 팔아봐야 아는 게 아닌가. 실현되지 않은 미래의 수익을 상정한다는 것은 위험천만한 일이다. 이 건은 성공도 실패도 규정지을 수 없다.

공매 참가시 눈여겨볼 것

공매를 하다 보면 재미있는 현상이 있다. 이 부분 역시 진검승부를 펼쳤던 작은 실전감각이다. 이 점을 잘 보면, 물건에 대한 분석도 다방면에서 가능하다는 장점이 있다. 때로 한 물건이 법원 경매와 한국자산관리공사 공매가 동시 진행 중인 경우가 있다. 공매는 밀린 세금 등을 확보하기 위한 지방자치단체에서 신청한 것인 반면, 동일한 물건에 대해 법원 경매는 채권자(주로 은행)가 신청하여 나타난 현상이다.

반드시 해당 물건이 법원 경매에도 진행 중인지를 확인해보아야 한다. 이 점은 법원 경매에 참가할 경우 역시 해당 물건이 공매로 나오지나 않았는지 확인해야 한다는 뜻이다.

법원 경매와 자산관리공사 공매가 동일한 날에 진행될 수도 있다. 그리고 양쪽 모두에서 낙찰될 수도 있다. 그렇다면 어느 쪽이 인정될까? 그 기준은 입찰시간이다. 동일한 날에 양쪽에서 모두 낙찰 받았다면, 높은 가격을 쓴 사람이 낙찰 받는 게 아니라 먼저 진행한 곳에서 낙찰로 인정된다.

법원 경매는 유찰이 한달 단위이지만, 공매는 유찰이 한주 단위라는 점도 참고해야 하다. 감정가부터 서로 다를 수도 있고, 유찰시 떨어지는 최저가도 다르다. 간혹 서로의 차이로 인해 더 낮은 가격에 경쟁 없이 참여할 수도 있는 것이다.

어떻게 찾냐고? 물건지 주소로 검색하는 수밖에 없다. 법원 경매와 한국자산관리공사 공매는 사건번호 체계도 다르다. 조회 기능이 있어 크게 번잡한 일도 아니다.

당시의 압축된 경험은, 이후로 경매를 대단히 신중하게 생각하게 된 계기가 되었다. 당시에 잡았던 세 건 가운데 어느 것도 불리하게 보이는 것은 없었다. 실제적으로도 10월 29일의 정부에서 취했던 특단의 조치가 아니었다면, 그리고 시세가 현상만 유지되었더라도 어지간한 수익이 보장될 물건들이다. 하지만 예상하지 못했던 일을 통해 수익이 크게 줄어들었을 뿐만 아니라, 손실을 입어야만 했던 물건도 있다.

이래서 아무리 확신에 찬 투자라도 절대 풀배팅을 해서는 안 된다. 미래란 알 수 없는 것이고, 알 수 없는 그 미래를 준비한다는 것도 만만치 않은 일이다. 언제 어떤 일이 어떤 모습으로 다가올지 아무로 장담할 수 없는 것이다.

IMF 구제금융을 신청하게 될 것을 국가의 수반인 대통령도 몰랐다는 형편에, 누가 선명하게 미래를 말할 수 있는가. 그때의 거래들은 언제나 최악의 상황을 가정해둘 것을 다짐하는 계기가 되었다.

다음은 당시까지의 자산 내역이다(2003년 12월의 현황을 2004년 2월 시세로 환산한 것이다). 경매에 관심을 가지게 된 것이 2002년 9월경, 그리고서 1년 하고 5개월이 지났다. 부동산이야 결국 팔아봐야 아는 노릇인지라 정확하게 환산하기에 억척이 있지만, 여타의 자산을 포함할 경우 순자산의 규모는 2억원에 이른다. 굳이 현금화해야 한다면 양도소득세로 인해 순자산이 줄어들 테지만, 현재 보유한 물건 가운데 서둘러 팔아야 할 것은 없다. 모두 장기 보유할 가치가 충분한 물건들이다.

가진 사람에게는 아무것도 아닌 자산에 불과하겠지만, 돌이켜보면 꿈같은 시간이다.

자산 총액 5억 1,500만원 + α	부채 총액 3억 4,900만원
도마동 아파트 4,000만원 (3,000만원에 매입)	도마동 아파트 대출금 2,400만원 보증금 500만원
살고 있는 아파트 1억 5,000만원 (1억 2,050만원에 매입)	살고 있는 아파트 대출금 8,000만원
유성 전민동 아파트 1억 4,000만원 (1억 1,700만원에 낙찰)	유성 전민동 아파트 대출금 8,000만원 보증금 4,000만원
둔산동 아파트 1억 2,500만원 (1억 820만원 낙찰)	둔산동 아파트 대출금 7,000만원 보증금 5,000만원
현금 자산 6,000만원	
기타, 분양권 + α	순자산 1억 6,600만원 + α (α는 4,000만원 상당의 가치)

바다의 움직임을 보지 않고 배를 띄우는 사람은 없다. 배의 상태를 보지 않고 장거리 항해를 계획하는 사람도 없다. 그런데도 그런 것은 다 아니까 당장 어디에 투자해야 하는지 그것만 말해달라고 하는 사람들을 보면, 그 무모함에 때론 섬뜩해진다. 지금 당장 어디에 투자해야 하는지를 묻지 말기를. 당신 아이가 공부는 하지 않고 문제집 답만 외우겠다고 한다면 그것을 받아들일 수 있는가. 동일한 현상이다. 적용도 되지 않고 응용력도 없는 쓰레기 지식일 뿐이다. 시간이 지난들 안목이 길러질 리도 없거니와 혜안은 고사하고 늘 한발 한발 함정 피하는 데 신경을 곤두세워야 한다. 설사 부자가 되더라도 그래서는 아주 불안한 부를 갖고 있는 것이다. 언제 한번의 실수로 그 모든 것을 잃을지도 모른다.

수익이 보이는 곳에 투자할 용기가 필요한 것도 분명하지만 분명한 것은 무모함이란 용기와 다른 것이다.

　　한국자산관리공사에서 진행하는 공매가 일반적이나, 그 외에도 지방자치단체나 국세청, 금융기관 등에서 진행하는 경우도 있다. 드물게 국방부를 비롯한 행정관서에서도 소유 부동산을 매각하기 위한 절차로 공매를 공고하기도 한다. 한국자산관리공사에서 진행하는 공매는 여러 가지로 편리한 점이 많다. 직접 공매장을 가지 않더라도 사이트(www.onbid.co.kr)를 통해 참여할 수 있다. 다만, 법원 경매와 몇 가지 차이점이 있기 때문에 이 점을 먼저 숙지해두어야 한다.

　　한국자산관리공사에서 진행하는 공매 물건은 다음 네 가지 종류가 있다.

유입자산

　　금융기관의 구조개선을 위해 한국자산관리공사(KAMCO)가 법원 경매를 통하여 취득한 재산이 있다. 그 외에도 부실징후기업체를 지원하기 위해 기업체로부터 취득한 재산이 있다. 이들을 일반인에게 다시 매각하는 부동산이다. 부동산 취득시 세금이 면제되고 대금납부기간과 방법을 선택할 수 있다.

수탁재산

　　금융기관 및 기업체가 소유하고 있는 비업무용 보유재산을 한국자산관리공사에 매각을 위임하여 일반인에게 매각하는 부동산이다. 면세 혜택은 없지만, 대금납부기간과 방법을 선택할 수 있다.

압류재산

　　세금을 내지 못하여 국가기관 등이 체납자의 재산을 압류한 후 체납세금을 받기 위해 한국자산관리공사에 매각을 의뢰한 부동산이다. 법원 경매와 비슷하다고 볼 수 있다. 공매의 여타 혜택이 거의 없다. 이 경우가 대체로 법원 경매로 중첩되어 나올 수 있다. 공매를 의뢰한 곳은 지방자치단체 같은 국가기관이고, 경매를 신청한 곳은 그 물건을 담보로 대출한 금융기관이 되는 것이다.

국유재산 임대

한국자산관리공사가 국가소유 잡종재산의 관리와 처분을 위임받아 입찰의 방법으로 일반인에게 2년간 임대하는 부동산이다. 극히 드물지만, 초보자일 경우 임대라는 사실을 놓친 채 무리한 가격을 써내곤 하는 경우도 본다.

| 유입자산과 수탁재산은 다음 두 가지 방법으로 매입할 수 있다 |

공매를 통하여 구입하는 방법

지정한 입찰일자와 장소에 직접 가서 현장공매에 참가(본사3층공매장, 또는 각 지사 공매장)하거나, 온비드(www.onbid.co.kr)의 입찰화면에서 입찰서를 제출하는 인터넷공매입찰에 참가할 수 있다.

유찰(수의)계약으로 구입하는 방법

신문에 공매공고를 게재하여 지정된 일자에 공개 경쟁입찰을 실시하였지만 팔리지 않고 유찰되었을 때 이루어진다. 다음 공고 전일까지 최종공매 조건으로 누구나 자유로이 살 수 있다.

| 한국자산관리공사 공매의 장점 (압류재산제외) |

안전하다

유입재산, 수탁재산인 경우 이미 법원의 경매과정에서 모든 권리가 말소되고 소유권이 이전되었다. 때문에 권리의 하자가 전혀 없다. 그러나 행정상의 규제, 공부와의 차이점과 현황 등은 본인이 조사해야 한다.

명도책임을 한국자산관리공사에서 담당한다

유입자산, 수탁재산인 경우 세입자의 문제나 부동산을 넘겨주는 책임은
대개 한국자산관리공사에서 진다. 주의할 것은 압류재산인 경우 명도는 매
수자 책임이다.

할부로 구입할 수 있다

① 유입자산인 경우 : 매매금액에 따라 1개월에서 최장 5년기간 내 6개월
    균등분할로 구입할 수 있고, 계약체결 후 1회에 한하여 계약연장도 가능
    하다(단, 할부시 기금채권발행금리에 해당하는 이자 가산하여 납부하여야 함).
② 수탁재산인 경우 : 위임기관에 따라 1개월에서 5년까지 분할로 구입할
    수 있다.

매매대금을 전액 납부하지 않아도 소유권 이전이 가능하다

① 유입자산인 경우 : 계약체결 후 매매대금의 1/2 이상을 납부하고 근저
    당권을 설정하는 조건으로 소유권이전을 요청하거나 매매대금에 상응하
    는 은행지급보증서 등 납부보장책을 제출하면 소유권 이전이 가능하다.
② 수탁재산인 경우 : 계약체결 후 금융기관의 지급보증서 예금, 적금증
    서, 국·공채나 금융채를 제출하면 매매대금 완납전이라도 소유권 이
    전이 가능하다.

매매대금 완납 전이라도 입주하여 사용할 수 있다

매매대금의 1/3 이상을 선납하는 경우에는 소유권 이전 전이라도 입주 사
용이 가능하다(공장인 경우에는 물건에 따라 조건이 다를 수 있다).

자금사정이 어려우면 중도에 구입자 명의를 변경할 수 있다

할부로 부동산을 구입하여 매매대금을 계속 납부할 수 없는 경우에는 제3
자가 계약을 이어 받아 이행할 수 있도록 명의를 변경할 수 있다.

매매대금을 선납하면 이자에 대해 감면 혜택을 받는다

· · · · · ·

이상으로 hope님의 실전사례를 끝낸다.

근자에는 어머님을 위해 아파트를 보러다니는 중이다. 나이 드신 어머님은 주변 사람들에게 자랑하고 있다고 한다.

"아들이 아파트를 사줄 거라네. 우리 아들이 이 동네에 아파트를 사줄 거라고 그러네."

평생을 남의 집살이만 하다가, 이제 아들이 자신에게 주기 위해 아파트를 구하러 다닌다는 것을 자랑하고 있는 것이다. 얼마나 자랑스러울까.

"우리 아들이 아파트를 사줄 거라고 그러네. 응? 우리 아들이……"

hope님은 최근까지도 새벽에 신문배달을 해왔고, 현재도 여전히 과외교습을 계속하고 있다. 많은 분들과 함께 선한 부자의 꿈을 가꾸고 있으며, 오래전부터 제3국에 선교사로 나간 동기생들을 위해 선교비를 지원하고 있다.

우리에게는 아직 희망이 있다

나는 이 이미지가(비록 나를 닮지 않았다 하더라도) 실제의 나보다 훨씬 더 실제적이며, 나는 이 이미지의 그림자라는 사실도 깨닫게 되었다.

−밀란쿤데라 〈농담〉 중에서

돈이 있어야 돈을 번다는 논리가 참이라면 평범한 우리에게 무슨 희망이 있을까? 돼지꿈을 꾸고 로또에 당첨되기를 기다리거나, 어디 알지도 못하는 먼 친척으로부터 유산이라도 받거나, 아니면 이미 많은 것을 가진 배우자를 찾을 일이다.

하지만 분명한 것은 돈이 돈을 번다는 논리는 철저하리만치 잘못된 이해이다. 잘못되어도 지독하게 잘못된 논리이다. 먼저 출간한 ≪33세 14억, 젊은 부자의 투자일기≫에서나 이번 책에서나 크고 대단한 돈이 필요로 했던 사례는 없다. 일견 그 점들이 많은 독자들이 보기에 뜻밖의 행운이나 억세게 운이 좋은 것쯤으로 비쳐질지도 모르겠다. 그랬거나 어쨌거나 이미 투자 수익만으로 생계를 유지하는 것에 더 이상 불편을 겪지 않는 내가 이 같은 책을 쓰게 된 것에는 한 가지 이유 때문이다.

개인적으로 세상에 조그맣고 허튼 이름값이나 세우고자 하는 은밀

한 욕심이 전혀 없을 수는 없겠지만 그게 본래 내 의지는 아니다. 내 속에 진실로 독자들에게 하고 싶은 이야기는 성공사례를 뽐내기 위해서도 아니고, 얼치기 테크닉을 알려주기 위해서도 아니고, 가르치려는 자의 교만한 자리에 서려는 뜻도 아니다. 내 속에 진실로 독자에게 하고 싶은 이야기는, 그 모든 불리한 조건에도 불구하고 우리에게는 아직 희망이 있다는 사실이다. 나를 감싸고 있는 짙은 절망에도 불구하고, 아직 희망이 있다는 사실이다. 어둡고 긴 터널이 이제나 끝날까 저제나 끝날까 도무지 끝이 보이지 않아 모든 것을 포기하고 주저앉고 싶을 때라도 기억할 것은, 우리에게 아직 희망이 있다는 사실이다.

비록 이번 책에서는 경매를 통한 사례를 중심으로 이야기를 풀어냈지만, 눈을 들어 주위를 둘러보면 희망의 증거는 많은 곳에서 발견된다. 난 당신이 품고 있는 그 희망에 대하여 증인으로 섰고, 또 그 증거 사례를 보여주고 싶었을 뿐이다. 그리고 장차에는 당신이, 뒤따르는 사람들에게 증인이 되어주기를 기대한다.

만만디 만만디. 점점 조급해지는 시대이다. 서두르지 않되 포기하지 않기를. 건투를 빈다.

죠수아

죠수아라는 닉네임에 대해 궁금해하는 님들이 있어서. 죠수아는 성경에 여호수아의 영어식 발음이다. 젖과 꿀이 흐르는 가나안 복지가 저 너머에 있는데, 사람들이 여기 거친 광야에서 그곳으로 넘어갈 줄을 모르더라. 거친 광야를 헤메고 있더라. 그들과 함께 가나안 복지로 들어가고 싶다는 소망의 표현이다.

부록

· 주택임대차보호법

· 주택임대차보호법 시행령

· 상가건물임대차보호법

· 상가건물임대차보호법 시행령

주택임대차보호법

제1조(목적) 이 법은 주거용건물의 임대차에 관하여 민법에 대한 특례를 규정함으로써 국민의 주거생활의 안정을 보장함을 목적으로 한다.

제2조(적용범위) 이 법은 주거용 건물(이하 "주택"이라 한다)의 전부 또는 일부의 임대차에 관하여 이를 적용한다. 그 임차주택의 일부가 주거 외의 목적으로 사용되는 경우에도 또한 같다. 〈개정 1983. 12. 30〉

제3조(대항력 등) ① 임대차는 그 등기가 없는 경우에도 임차인이 주택의 인도와 주민등록을 마친 때에는 그 익일부터 제3자에 대하여 효력이 생긴다. 이 경우 전입신고를 한 때에 주민등록이 된 것으로 본다.
② 임차주택의 양수인(기타 임대할 권리를 승계한 자를 포함한다)은 임대인의 지위를 승계한 것으로 본다. 〈신설 1983. 12. 30〉
③ 민법 제575조 제1항·제3항 및 제578조의 규정은 이 법에 의하여 임대차의 목적이 된 주택이 매매 또는 경매의 목적물이 된 경우

에 이를 준용한다.

④ 민법 제536조의 규정은 제3항의 경우에 이를 준용한다. 〈개정 1983. 12. 30〉

제3조의 2(보증금의 회수) ① 임차인이 임차주택에 대하여 보증금반환청구소송의 확정판결 기타 이에 준하는 집행권원에 기한 경매를 신청하는 경우에는 민사집행법 제41조의 규정에 불구하고 반대의무의 이행 또는 이행의 제공을 집행개시의 요건으로 하지 아니한다. 〈신설 1999. 1. 21, 2002. 1. 26〉

② 제3조 제1항의 대항요건과 임대차계약증서상의 확정일자를 갖춘 임차인은 민사집행법에 의한 경매 또는 국세징수법에 의한 공매시 임차주택(대지를 포함한다)의 환가대금에서 후순위권리자 기타 채권자보다 우선하여 보증금을 변제받을 권리가 있다. 〈개정 1997. 12. 13, 1999. 1. 21, 2002. 1. 26〉

③ 임차인은 임차주택을 양수인에게 인도하지 아니하면 제2항의 규정에 의한 보증금을 수령할 수 없다. 〈개정 1999. 1. 21〉

④ 제2항의 규정에 의한 우선변제의 순위와 보증금에 대하여 이의가 있는 이해관계인은 경매법원 또는 체납처분청에 이의를 신청할 수 있다. 〈개정 1999. 1. 21〉

⑤ 민사집행법 제152조 내지 제161조의 규정은 제4항의 규정에 의하여 경매법원에 이의를 신청하는 경우에 이를 준용한다. 〈개정 1999. 1. 21, 2002. 1. 26〉

⑥ 제4항의 규정에 의하여 이의신청을 받은 체납처분청은 이해관계인이 이의신청일부터 7일 이내에 임차인을 상대로 소를 제기한 것을 증명한 때에는 당해 소송의 종결시까지 이의가 신청된 범위 안에서

임차인에 대한 보증금의 변제를 유보하고 잔여금액을 배분하여야 한다. 이 경우 유보된 보증금은 소송의 결과에 따라 배분한다. 〈개정 1999. 1. 21〉

[본조 신설 1989. 12. 30]

제3조의 3(임차권등기명령) ① 임대차가 종료된 후 보증금을 반환받지 못한 임차인은 임차주택의 소재지를 관할하는 지방법원·지방법원지원 또는 시·군 법원에 임차권등기명령을 신청할 수 있다.

② 임차권등기명령의 신청에는 다음 각호의 사항을 기재하여야 하며, 신청의 이유 및 임차권등기의 원인이 된 사실은 이를 소명하여야 한다.

1. 신청의 취지 및 이유

2. 임대차의 목적인 주택(임대의 목적이 주택의 일부분인 경우에는 그 도면을 첨부한다)

3. 임차권등기의 원인이 된 사실(임차인이 제3조 제1항의 규정에 의한 대항력을 취득하였거나 제3조의 2 제2항의 규정에 의한 우선변제권을 취득한 경우에는 그 사실)

4. 기타 대법원규칙이 정하는 사항

③ 민사집행법 제280조 제1항, 제281조, 제283조, 제285조, 제286조, 제288조 제1항·제2항·제3항 전단, 제289조 제1항 내지 제4항, 제290조 제2항 중 제288조 제1항에 대한 부분, 제291조, 제293조의 규정은 임차권등기명령의 신청에 대한 재판, 임차권등기명령의 결정에 대한 임대인의 이의신청 및 그에 대한 재판, 임차권등기명령의 취소신청 및 그에 대한 재판 또는 임차권등기명령의 집행 등에 관하여 이를 준용한다. 이 경우 "가압류"는 "임차권등기"로, "채

권자"는 "임차인"으로, "채무자"는 "임대인"으로 본다. 〈개정 2002. 1. 26〉

④ 임차권등기명령신청을 기각하는 결정에 대하여 임차인은 항고할 수 있다.

⑤ 임차권등기명령의 집행에 의한 임차권등기가 경료되면 임차인은 제3조 제1항의 규정에 의한 대항력 및 제3조의 2 제2항의 규정에 의한 우선변제권을 취득한다. 다만, 임차인이 임차권등기이전에 이미 대항력 또는 우선변제권을 취득한 경우에는 그 대항력 또는 우선변제권은 그대로 유지되며, 임차권등기 이후에는 제3조 제1항의 대항요건을 상실하더라도 이미 취득한 대항력 또는 우선변제권을 상실하지 아니한다.

⑥ 임차권등기명령의 집행에 의한 임차권등기가 경료된 주택(임대차의 목적이 주택의 일부분인 경우에는 해당부분에 한한다)을 그 이후에 임차한 임차인은 제8조의 규정에 의한 우선변제를 받을 권리가 없다.

⑦ 임차권등기의 촉탁, 등기공무원의 임차권등기 기입 등 임차권등기명령의 시행에 관하여 필요한 사항은 대법원규칙으로 정한다.

⑧ 임차인은 제1항의 규정에 의한 임차권등기명령의 신청 및 그에 따른 임차권등기와 관련하여 소요된 비용을 임대인에게 청구할 수 있다.

[본조 신설 1999. 1. 21]

제3조의 4(민법의 규정에 의한 주택임대차등기의 효력 등) ① 제3조의 3 제5항 및 제6항의 규정은 민법 제621조의 규정에 의한 주택임대차등기의 효력에 관하여 이를 준용한다.

② 임차인이 대항력 또는 우선변제권을 갖추고 민법 제621조 제1항

② 임차인이 대항력 또는 우선변제권을 갖추고 민법 제621조 제1항의 규정에 의하여 임대인의 협력을 얻어 임대차등기를 신청하는 경우에는 신청서에 부동산등기법 제156조에 규정된 사항 외에 다음 각호의 사항을 기재하여야 하며, 이를 증명할 수 있는 서면(임대차의 목적이 주택의 일부분인 경우에는 해당부분의 도면을 포함한다)을 첨부하여야 한다.

1. 주민등록을 마친 날
2. 임차주택을 점유한 날
3. 임대차계약증서상의 확정일자를 받은 날

〔본조 신설 1999. 1. 21〕

제3조의 5(경매에 의한 임차권의 소멸) 임차권은 임차주택에 대하여 민사집행법에 의한 경매가 행하여진 경우에는 그 임차주택의 경락에 의하여 소멸한다. 다만, 보증금이 전액 변제되지 아니한 대항력이 있는 임차권은 그러하지 아니하다. 〈개정 2002. 1.26〉

〔본조 신설 1999. 1. 21〕

제4조(임대차기간 등) ① 기간의 정함이 없거나 기간을 2년 미만으로 정한 임대차는 그 기간을 2년으로 본다. 다만, 임차인은 2년 미만으로 정한 기간이 유효함을 주장할 수 있다. 〈개정 1989. 12. 30, 1999. 1. 21〉

② 임대차가 종료한 경우에도 임차인이 보증금를 반환받을 때까지는 임대차관계는 존속하는 것으로 본다. 〈신설 1983. 12. 30〉

제5조 삭제 〈1989. 12. 30〉

제6조(계약의 갱신) ① 임대인이 임대차기간 만료 전 6월부터 1월까지에 임차인에 대하여 경신거절의 통지 또는 조건을 변경하지 아니하면 경신하지 아니한다는 뜻의 통지를 하지 아니한 경우에는 그 기간이 만료된 때에 전임대차와 동일한 조건으로 다시 임대차한 것으로 본다. 임차인이 임대차기간 만료 전 1월까지 통지하지 아니한 때에도 또한 같다. 〈개정 1999. 1. 21〉

② 제1항의 경우 임대차의 존속기간은 정함이 없는 것으로 본다. 〈신설 1999. 1. 21〉

③ 2기의 차임액에 달하도록 차임을 연체하거나 기타 임차인으로서의 의무를 현저히 위반한 임차인에 대하여는 제1항의 규정을 적용하지 아니한다.

제6조의 2(묵시적 경신의 경우의 계약의 해지) ① 제6조 제1항의 경우 임차인은 언제든지 임대인에 대하여 계약해지의 통지를 할 수 있다.

② 제1항의 규정에 의한 해지는 임대인이 그 통지를 받은 날부터 3월이 경과하면 그 효력이 발생한다.

[본조 신설 1999. 1. 21]

제7조(차임 등의 증감청구권) 약정한 차임 또는 보증금이 임차주택에 관한 조세·공과금 기타 부담의 증감이나 경제사정의 변동으로 인하여 상당하지 아니하게 된 때에는 당사자는 장래에 대하여 그 증감을 청구할 수 있다. 그러나 증액의 경우에는 대통령령이 정하는 기준에 따른 비율을 초과하지 못한다.

[본조 신설 1983. 12. 30]

제7조의2(월차임 전환시 산정률의 제한) 보증금의 전부 또는 일부를 월 단위의 차임으로 전환하는 경우에는 그 전환되는 금액에 은행법에 의한 금융기관에서 적용하는 대출금리 및 당해 지역의 경제여건 등을 감안하여 대통령령이 정하는 비율을 곱한 월차임의 범위를 초과할 수 없다.

〔본조 신설 2001. 12. 29〕

제8조(보증금 중 일정액의 보호) ① 임차인은 보증금 중 일정액을 다른 담보물권자보다 우선하여 변제받을 권리가 있다. 이 경우 임차인은 주택에 대한 경매신청의 등기 전에 제3조 제1항의 요건을 갖추어야 한다.

② 제3조의 2 제4항 내지 제6항의 규정은 제1항의 경우에 이를 준용한다. 〈개정 1999. 1. 21〉

③ 제1항의 규정에 의하여 우선변제를 받을 임차인 및 보증금 중 일정액의 범위와 기준은 주택가액(대지의 가액을 포함한다)의 2분의 1의 범위 안에서 대통령령으로 정한다.

〔전문 개정 1989. 12. 30〕

제9조(주택의 임차권의 승계) ① 임차인이 상속권자 없이 사망한 경우에 그 주택에서 가정공동생활을 하던 사실상의 혼인관계에 있는 자는 임차인의 권리와 의무를 승계한다.

② 임차인이 사망한 경우에 사망 당시 상속권자가 그 주택에서 가정공동생활을 하고 있지 아니한 때에는 그 주택에서 가정공동생활을 하던 사실상의 혼인관계에 있는 자와 2촌 이내의 친족은 공동으로 임차인의 권리와 의무를 승계한다.

③ 제1항 및 제2항의 경우에 임차인이 사망한 후 1월 이내에 임대인에 대하여 반대의사를 표시한 때에는 그러하지 아니하다.

④ 제1항 및 제2항의 경우에 임대차관계에서 생긴 채권·채무는 임차인의 권리의무를 승계한 자에게 귀속한다.

〔본조 신설 1983. 12. 30〕

제10조(강행규정) 이 법의 규정에 위반된 약정으로서 임차인에게 불리한 것은 그 효력이 없다.

〔제7조에서 이동 〈1983. 12. 30〉〕

제11조(일시사용을 위한 임대차) 이 법은 일시사용을 위한 임대차임이 명백한 경우에는 이를 적용하지 아니한다.

〔제8조에서 이동 〈1983. 12. 30〉〕

제12조(미등기전세에의 준용) 이 법은 주택의 등기하지 아니한 전세계약에 관하여 이를 준용한다. 이 경우 "전세금"은 "임대차의 보증금"으로 본다.

〔본조 신설 1983. 12. 30〕

제13조(소액사건심판법의 준용) 소액사건심판법 제6조·제7조·제10조 및 제11조의 2의 규정은 임차인이 임대인에 대하여 제기하는 보증금반환청구소송에 관하여 이를 준용한다.

〔본조 신설 1999. 1. 21〕

부 칙 〈제3379호, 1981. 3. 5〉

① (시행일) 이 법은 공포한 날로부터 시행한다.

② (경과조치) 이 법은 이 법 시행 후 체결되거나 갱신된 임대차에 이를 적용한다. 다만, 제3조의 규정은 이 법 시행당시 존속 중인 임대차에 대하여도 이를 적용하되 이 법 시행 전에 물권을 취득한 제3자에 대하여는 그 효력이 없다.

부 칙 〈제3682호, 1983. 12. 30〉

① (시행일) 이 법은 1984년 1월 1일부터 시행한다.

② (경과조치의 원칙) 이 법은 특별한 규정이 있는 경우를 제외하고는 이 법 시행 전에 생긴 사항에 대하여도 이를 적용한다. 그러나 종전의 규정에 의하여 생긴 효력에는 영향을 미치지 아니한다.

③ (차임 등의 증액청구에 관한 경과조치) 제7조 단서의 개정규정은 이 법 시행 전에 차임 등의 증액청구가 있은 경우에는 이를 적용하지 아니한다.

④ (소액보증금의 보호에 관한 경과조치) 제8조의 개정규정은 이 법 시행 전에 임차주택에 대하여 담보물권을 취득한 자에 대하여는 이를 적용하지 아니한다.

부 칙 〈제4188호, 1989. 12. 30〉

① (시행일) 이 법은 공포한 날부터 시행한다.

② (존속 중인 임대차에 관한 경과조치) 이 법은 특별한 규정이 있는 경우를 제외하고는 이 법 시행 당시에 존속 중인 임대차에 대하여도 이를

적용한다.

③ (담보물권자에 대한 경과조치) 이 법 시행 전에 임차주택에 대하여 담보물권을 취득한 자에 대하여는 종전의 규정에 의한다.

④ (임대차기간에 대한 경과조치) 이 법 시행 당시 존속 중인 임대차의 기간에 대하여는 종전의 규정에 의한다.

⑤ (소액보증금에 관한 경과조치) 이 법 시행 당시 종전의 제8조의 규정에 의한 소액보증금에 해당하는 경우에는 종전의 규정에 의한다.

부 칙
(정부부처 명칭 등의 변경에 따른 건축법 등의 정비에 관한 법률)
〈제5454호, 1997. 12. 13〉

이 법은 1998년 1월 1일부터 시행한다. 〈단서 생략〉

부 칙 〈제5641호, 1999. 1. 21〉

① (시행일) 이 법은 1999년 3월 1일부터 시행한다.

② (존속 중인 임대차에 관한 경과조치) 이 법은 특별한 규정이 있는 경우를 제외하고는 이 법 시행 당시 존속 중인 임대차에 대하여도 이를 적용한다.

③ (임대차등기에 관한 경과조치) 제3조의 4의 개정규정은 이 법 시행 전에 이미 경료된 임대차등기에 대하여는 이를 적용하지 아니한다.

부 칙 〈제6541호, 2001. 12. 29〉

이 법은 공포 후 6월이 경과한 날부터 시행한다.

부 칙(민사집행법) 〈제6627호, 2002. 1. 26〉

제1조 (시행일) 이 법은 2002년 7월 1일부터 시행한다.

제2조 내지 제5조 생략

제6조 (다른 법률의 개정) ① 내지 〈41〉 생략

　　〈42〉 주택임대차보호법 중 다음과 같이 개정한다.

제3조의 2 제1항 중 "채무명의"를 "집행권원"으로, "민사소송법 제491조의 2"를 "민사집행법 제41조"로 하고, 같은 조 제2항 중 "민사소송법"을 "민사집행법"으로 하며, 같은 조 제5항 중 "민사소송법 제590조 내지 제597조"를 "민사집행법 제152조 내지 제161조"로 한다.

제3조의 3 제3항 중 "민사소송법 제700조 제1항, 제701조, 제703조, 제704조, 제706조 제1항 · 제3항 · 제4항 전단, 제707조, 제710조"를 "민사집행법 제280조 제1항, 제281조, 제283조, 제285조, 제286조, 제288조 제1항 · 제2항 · 제3항 전단, 제289조 제1항 내지 제4항, 제290조 제2항 중 제288조 제1항에 대한 부분, 제291조, 제293조"로 한다.

제3조의 5 본문 중 "민사소송법"을 "민사집행법"으로 한다.

　　〈43〉내지 〈55〉생략

제7조 생략

주택임대차보호법 시행령

제1조(목적) 이 영은 주택임대차보호법(이하 "법"이라 한다)에서 위임된 사항과 그 시행에 관하여 필요한 사항을 정함을 목적으로 한다.

제2조(차임 등 증액청구의 기준 등) ① 법 제7조의 규정에 의한 차임 또는 보증금(이하 "차임 등"이라 한다)의 증액청구는 약정한 차임 등의 20분의 1의 금액을 초과하지 못한다.

② 제1항의 규정에 의한 증액청구는 임대차계약 또는 약정한 차임 등의 증액이 있은 후 1년 이내에는 이를 하지 못한다.

제2조의 2(월차임 전환시 산정률) 법 제7조의 2에서 "대통령령이 정하는 비율"이라 함은 연 1할 4푼을 말한다.

〔본조 신설 2002. 6. 19〕

제3조(보증금 중 일정액의 범위 등) ① 법 제8조의 규정에 의하여 우선변제를 받을 보증금 중 일정액의 범위는 다음 각호의 구분에 의한 금

액 이하로 한다. 〈개정 2001. 9. 15〉

    1. 수도권정비계획법에 의한 수도권중 과밀억제권역 : 1,600만원

    2. 광역시(군 지역과 인천광역시 지역을 제외한다) : 1,400만원

    3. 그 밖의 지역 : 1,200만원

    ② 임차인의 보증금 중 일정액이 주택의 가액의 2분의 1을 초과하는 경우에는 주택의 가액의 2분의 1에 해당하는 금액에 한하여 우선 변제권이 있다. 〈개정 1990. 2. 19〉

    ③ 하나의 주택에 임차인이 2인 이상이고, 그 각 보증금 중 일정액의 합산액이 주택의 가액의 2분의 1을 초과하는 경우에는 그 각 보증금 중 일정액의 합산액에 대한 각 임차인의 보증금 중 일정액의 비율로 그 주택의 가액의 2분의 1에 해당하는 금액을 분할한 금액을 각 임차인의 보증금 중 일정액으로 본다. 〈개정 1990. 2. 19〉

    ④ 하나의 주택에 임차인이 2인 이상이고 이들이 그 주택에서 가정 공동생활을 하는 경우에는 이들을 1인의 임차인으로 보아 이들의 각 보증금을 합산한다.

제4조(우선변제를 받을 임차인의 범위) 법 제8조의 규정에 의하여 우선변제를 받을 임차인은 보증금이 다음 각호의 구분에 의한 금액 이하인 임차인으로 한다.

    1. 수도권정비계획법에 의한 수도권 중 과밀억제권역 : 4,000만원

    2. 광역시(군 지역과 인천광역시 지역을 제외한다) : 3,500만원

    3. 그 밖의 지역 : 3,000만원

    〔전문 개정 2001. 9. 15〕

부 칙 〈제11441호, 1984. 6. 14〉

이 영은 공포한 날로부터 시행한다.

부 칙 〈제12283호, 1987. 12. 1〉

① (시행일) 이 영은 공포한 날로부터 시행한다.

② (소액보증금의 범위변경에 따른 경과조치) 이 영 시행 전에 임차주택에 대하여 담보물권을 취득한 자에 대하여는 종전의 규정을 적용한다.

부 칙 〈제12930호, 1990. 2. 19〉

이 영은 공포한 날부터 시행한다.

부 칙 〈제14785호, 1995. 10. 19〉

① (시행일) 이 영은 공포한 날부터 시행한다.

② (경과조치) 이 영 시행 전에 임차주택에 대하여 담보물권을 취득한 자에 대하여는 종전의 규정에 의한다.

부 칙 〈제17360호, 2001. 9. 15〉

① (시행일) 이 영은 공포한 날부터 시행한다.

② (경과조치) 이 영 시행 전에 임차주택에 대하여 담보물권을 취득한 자에 대하여는 종전의 규정에 의한다.

부 칙 〈제17627호, 2002. 6. 19〉

이 영은 2002년 6월 30일부터 시행한다.

상가건물임대차보호법

제1조(목적) 이 법은 상가건물 임대차에 관하여 민법에 대한 특례를 규정함으로써 국민 경제생활의 안정을 보장함을 목적으로 한다.

제2조(적용범위) ① 이 법은 상가건물(제3조 제1항의 규정에 의한 사업자등록의 대상이 되는 건물을 말한다)의 임대차(임대차 목적물의 주된 부분을 영업용으로 사용하는 경우를 포함한다)에 대하여 적용한다. 다만, 대통령령이 정하는 보증금액을 초과하는 임대차에 대하여는 그러하지 아니하다.
② 제1항 단서의 규정에 의한 보증금액을 정함에 있어서는 당해 지역의 경제여건 및 임대차 목적물의 규모 등을 감안하여 지역별로 구분하여 규정하되, 보증금 외에 차임이 있는 경우에는 그 차임액에 은행법에 의한 금융기관의 대출금리 등을 감안하여 대통령령이 정하는 비율을 곱하여 환산한 금액을 포함하여야 한다.

제3조(대항력 등) ① 임대차는 그 등기가 없는 경우에도 임차인이 건물의 인

도와 부가가치세법 제5조, 소득세법 제168조 또는 법인세법 제111조의 규정에 의한 사업자등록을 신청한 때에는 그 다음날부터 제3자에 대하여 효력이 생긴다.

② 임차건물의 양수인(그 밖에 임대할 권리를 승계한 자를 포함한다)은 임대인의 지위를 승계한 것으로 본다.

③ 민법 제575조 제1항·제3항 및 제578조의 규정은 이 법에 의하여 임대차의 목적이 된 건물이 매매 또는 경매의 목적물이 된 경우에 이를 준용한다.

④ 민법 제536조의 규정은 제3항의 경우에 이를 준용한다.

제4조(등록사항 등의 열람·제공) ① 건물의 임대차에 이해관계가 있는 자는 건물의 소재지 관할 세무서장에게 다음 각호의 사항의 열람 또는 제공을 요청할 수 있다. 이때 관할 세무서장은 정당한 사유 없이 이를 거부할 수 없다.

1. 임대인·임차인의 성명, 주소, 주민등록번호(임대인·임차인이 법인 또는 법인 아닌 단체인 경우에는 법인명 또는 단체명, 대표자, 법인등록번호, 본점·사업장소재지)

2. 건물의 소재지, 임대차 목적물 및 면적

3. 사업자등록 신청일

4. 사업자등록 신청일 당시의 보증금 및 차임, 임대차기간

5. 임대차계약서 상의 확정일자를 받은 날

6. 임대차계약이 변경 또는 갱신된 경우에는 변경된 일자, 보증금 및 차임, 임대차기간, 새로운 확정일자를 받은 날

7. 그 밖에 대통령령이 정하는 사항

② 제1항의 규정에 의한 자료의 열람 및 제공과 관련하여 필요한 사항

에 대하여는 대통령령으로 정한다.

제5조(보증금의 회수) ① 임차인이 임차건물에 대하여 보증금반환청구소송의 확정판결 그 밖에 이에 준하는 집행권원에 기한 경매를 신청하는 경우에는 민사집행법 제41조의 규정에 불구하고 반대의무의 이행 또는 이행의 제공을 집행개시의 요건으로 하지 아니한다.

② 제3조 제1항의 대항요건을 갖추고 관할 세무서장으로부터 임대차계약서 상의 확정일자를 받은 임차인은 민사집행법에 의한 경매 또는 국세징수법에 의한 공매시 임차건물(임대인 소유의 대지를 포함한다)의 환가대금에서 후순위권리자 그 밖의 채권자보다 우선하여 보증금을 변제받을 권리가 있다.

③ 임차인은 임차건물을 양수인에게 인도하지 아니하면 제2항의 규정에 의한 보증금을 수령할 수 없다.

④ 제2항의 규정에 의한 우선변제의 순위와 보증금에 대하여 이의가 있는 이해관계인은 경매법원 또는 체납처분청에 이의를 신청할 수 있다.

⑤ 민사집행법 제152조 내지 제161조의 규정은 제4항의 규정에 의하여 경매법원에 이의를 신청하는 경우에 이를 준용한다.

⑥ 제4항의 규정에 의하여 이의신청을 받은 체납처분청은 이해관계인이 이의신청일부터 7일 이내에 임차인을 상대로 소를 제기한 것을 증명한 때에는 당해 소송의 종결시까지 이의가 신청된 범위 안에서 임차인에 대한 보증금의 변제를 유보하고 잔여금액을 배분하여야 한다. 이 경우 유보된 보증금은 소송의 결과에 따라 배분한다.

제6조(임차권등기명령) ① 임대차가 종료된 후 보증금을 반환받지 못한 임차인은 임차건물의 소재지를 관할하는 지방법원 · 지방법원지원 또는

시·군법원에 임차권등기명령을 신청할 수 있다.

② 임차권등기명령의 신청에는 다음 각호의 사항을 기재하여야 하며, 신청의 이유 및 임차권등기의 원인이 된 사실은 이를 소명하여야 한다.

1. 신청의 취지 및 이유

2. 임대차의 목적인 건물(임대차의 목적이 건물의 일부분인 경우에는 그 도면을 첨부한다)

3. 임차권등기의 원인이 된 사실(임차인이 제3조 제1항의 규정에 의한 대항력을 취득하였거나 제5조 제2항의 규정에 의한 우선변제권을 취득한 경우에는 그 사실)

4. 그 밖에 대법원규칙이 정하는 사항

③ 민사집행법 제280조 제1항, 제281조, 제283조, 제285조, 제286조, 제288조 제1항·제2항·제3항 본문, 제289조 제1항 내지 제4항, 제290조 제2항 중 제288조 제1항에 대한 부분, 제291조, 제293조의 규정은 임차권등기명령의 신청에 대한 재판, 임차권등기명령의 결정에 대한 임대인의 이의신청 및 그에 대한 재판, 임차권등기명령의 취소신청 및 그에 대한 재판 또는 임차권등기명령의 집행 등에 관하여 이를 준용한다. 이 경우 "가압류"는 "임차권등기"로, "채권자"는 "임차인"으로, "채무자"는 "임대인"으로 본다.

④ 임차권등기명령신청을 기각하는 결정에 대하여 임차인은 항고할 수 있다.

⑤ 임차권등기명령의 집행에 의한 임차권등기가 경료되면 임차인은 제3조 제1항의 규정에 의한 대항력 및 제5조 제2항의 규정에 의한 우선변제권을 취득한다. 다만, 임차인이 임차권등기 이전에 이미 대항력 또는 우선변제권을 취득한 경우에는 그 대항력 또는 우선변제권이 그대로 유지되며, 임차권등기 이후에는 제3조 제1항의 대항요건을 상실하더라도

이미 취득한 대항력 또는 우선변제권을 상실하지 아니한다.

⑥ 임차권등기명령의 집행에 의한 임차권등기가 경료된 건물(임대차의 목적이 건물의 일부분인 경우에는 해당 부분에 한한다)을 그 이후에 임차한 임차인은 제14조의 규정에 의한 우선변제를 받을 권리가 없다.

⑦ 임차권등기의 촉탁, 등기관의 임차권등기 기입 등 임차권등기명령의 시행에 관하여 필요한 사항은 대법원규칙으로 정한다.

⑧ 임차인은 제1항의 규정에 의한 임차권등기명령의 신청 및 그에 따른 임차권등기와 관련하여 소요된 비용을 임대인에게 청구할 수 있다.

제7조(민법의 규정에 의한 임대차등기의 효력 등) ① 제6조 제5항 및 제6항의 규정은 민법 제621조의 규정에 의한 건물임대차등기의 효력에 관하여 이를 준용한다.

② 임차인이 대항력 또는 우선변제권을 갖추고 민법 제621조 제1항의 규정에 의하여 임대인의 협력을 얻어 임대차등기를 신청하는 경우에는 신청서에 부동산등기법 제156조에 규정된 사항 외에 다음 각호의 사항을 기재하여야 하며, 이를 증명할 수 있는 서면(임대차의 목적이 건물의 일부분인 경우에는 해당부분의 도면을 포함한다)을 첨부하여야 한다.

1. 사업자등록을 신청한 날
2. 임차건물을 점유한 날
3. 임대차계약서 상의 확정일자를 받은 날

제8조(경매에 의한 임차권의 소멸) 임차권은 임차건물에 대하여 민사집행법에 의한 경매가 행하여진 경우에는 그 임차건물의 경락에 의하여 소멸한다. 다만, 보증금이 전액 변제되지 아니한 대항력이 있는 임차권은 그러하지 아니하다.

제9조(임대차기간 등) ① 기간의 정함이 없거나 기간을 1년 미만으로 정한 임대차는 그 기간을 1년으로 본다. 다만, 임차인은 1년 미만으로 정한 기간이 유효함을 주장할 수 있다.

② 임대차가 종료한 경우에도 임차인이 보증금을 반환받을 때까지는 임대차 관계는 존속하는 것으로 본다.

제10조(계약갱신 요구 등) ① 임대인은 임차인이 임대차기간 만료 전 6월부터 1월까지 사이에 행하는 계약갱신 요구에 대하여 정당한 사유 없이 이를 거절하지 못한다. 다만, 다음 각호의 1의 경우에는 그러하지 아니하다.

1. 임차인이 3기의 차임액에 달하도록 차임을 연체한 사실이 있는 경우
2. 임차인이 거짓 그 밖의 부정한 방법으로 임차한 경우
3. 쌍방 합의하에 임대인이 임차인에게 상당한 보상을 제공한 경우
4. 임차인이 임대인의 동의 없이 목적 건물의 전부 또는 일부를 전대한 경우
5. 임차인이 임차한 건물의 전부 또는 일부를 고의 또는 중대한 과실로 파손한 경우
6. 임차한 건물의 전부 또는 일부가 멸실되어 임대차의 목적을 달성하지 못할 경우
7. 임대인이 목적 건물의 전부 또는 대부분을 철거하거나 재건축하기 위해 목적 건물의 점유 회복이 필요한 경우
8. 그 밖에 임차인이 임차인으로서의 의무를 현저히 위반하거나 임대차를 존속하기 어려운 중대한 사유가 있는 경우

② 임차인의 계약갱신요구권은 최초의 임대차 기간을 포함한 전체 임대차 기간이 5년을 초과하지 않는 범위 내에서만 행사할 수 있다.

③ 갱신되는 임대차는 전 임대차와 동일한 조건으로 다시 계약된 것으로 본다. 다만, 차임과 보증금은 제11조의 규정에 의한 범위 안에서 증감할 수 있다.

④ 임대인이 제1항의 기간 이내에 임차인에 대하여 갱신거절의 통지 또는 조건의 변경에 대한 통지를 하지 아니한 경우에는 그 기간이 만료된 때에 전 임대차와 동일한 조건으로 다시 임대차한 것으로 본다. 이 경우에 임대차의 존속기간은 정함이 없는 것으로 본다.

⑤ 제4항의 경우 임차인은 언제든지 임대인에 대하여 계약해지의 통고를 할 수 있고, 임대인이 그 통고를 받은 날부터 3월이 경과하면 그 효력이 발생한다.

제11조(차임 등의 증감청구권) ① 차임 또는 보증금이 임차건물에 관한 조세, 공과금 그 밖의 부담의 증감이나 경제사정의 변동으로 인하여 상당하지 아니하게 된 때에는 당사자는 장래에 대하여 그 증감을 청구할 수 있다. 그러나 증액의 경우에는 대통령령이 정하는 기준에 따른 비율을 초과하지 못한다.

② 제1항의 규정에 의한 증액청구는 임대차계약 또는 약정한 차임 등의 증액이 있은 후 1년 이내에는 이를 하지 못한다.

제12조(월차임 전환시 산정율의 제한) 보증금의 전부 또는 일부를 월 단위의 차임으로 전환하는 경우에는 그 전환되는 금액에 은행법에 의한 금융기관에서 적용하는 대출금리 및 당해 지역의 경제여건 등을 감안하여 대통령령이 정하는 비율을 곱한 월차임의 범위를 초과할 수 없다.

제13조(전대차관계에 대한 적용 등) ① 제10조 내지 제12조의 규정은 전대인

과 전차인의 전대차관계에 적용한다.

② 임대인의 동의를 받고 전대차계약을 체결한 전차인은 임차인의 계약갱신요구권 행사기간 범위 내에서 임차인을 대위하여 임대인에게 계약갱신요구권을 행사할 수 있다.

제14조(보증금 중 일정액의 보호) ① 임차인은 보증금 중 일정액을 다른 담보물권자보다 우선하여 변제받을 권리가 있다. 이 경우 임차인은 건물에 대한 경매신청의 등기 전에 제3조 제1항의 요건을 갖추어야 한다.

② 제5조 제4항 내지 제6항의 규정은 제1항의 경우에 이를 준용한다.

③ 제1항의 규정에 의하여 우선변제를 받을 임차인 및 보증금 중 일정액의 범위와 기준은 임대건물가액(임대인 소유의 대지 가액을 포함한다)의 3분의 1의 범위 안에서 당해 지역의 경제여건, 보증금 및 차임 등을 고려하여 대통령령으로 정한다.

제15조(강행규정) 이 법의 규정에 위반된 약정으로서 임차인에게 불리한 것은 그 효력이 없다.

제16조(일시사용을 위한 임대차) 이 법은 일시사용을 위한 임대차임이 명백한 경우에는 이를 적용하지 아니한다.

제17조(미등기전세에의 준용) 이 법은 목적건물의 등기하지 아니한 전세계약에 관하여 이를 준용한다. 이 경우 "전세금"은 "임대차의 보증금"으로 본다.

제18조(소액사건심판법의 준용) 소액사건심판법 제6조 · 제7조 · 제10조 및

제11조의 2의 규정은 임차인이 임대인에 대하여 제기하는 보증금반환 청구소송에 관하여 이를 준용한다.

부칙 〈제6542호, 2001. 12. 29〉

① (시행일) 이 법은 2002년 11월 1일부터 시행한다. 〈개정 2002. 8. 26〉
② (적용례) 이 법은 이 법 시행 후 체결되거나 갱신된 임대차부터 적용한다. 다만, 제3조·제5조 및 제14조의 규정은 이 법 시행당시 존속 중인 임대차에 대하여도 이를 적용하되, 이 법 시행 전에 물권을 취득한 제3자에 대하여는 그 효력이 없다.
③ (기존 임차인의 확정일자 신청에 대한 경과조치) 이 법 시행 당시의 임차인으로서 제5조의 규정에 의한 보증금 우선변제의 보호를 받고자 하는 자는 이 법 시행 전에 대통령령이 정하는 바에 따라 건물의 소재지 관할 세무서장에게 임대차계약서상의 확정일자를 신청할 수 있다.

부칙 〈제6718호, 2002. 8. 26〉

이 법은 공포한 날부터 시행한다.

상가건물임대차보호법 시행령

제1조(목적) 이 영은 상가건물임대차보호법에서 위임된 사항과 그 시행에 관하여 필요한 사항을 정하는 것을 목적으로 한다.

제2조(적용범위) ① 상가건물임대차보호법(이하 "법"이라 한다) 제2조 제1항 단서에서 "대통령령이 정하는 보증금액"이라 함은 다음 각호의 구분에 의한 금액을 말한다.

1. 서울특별시 : 2억 4,000만원

2. 수도권정비계획법에 의한 수도권중 과밀억제권역(서울특별시를 제외한다) : 1억 9,000만원

3. 광역시(군 지역과 인천광역시 지역을 제외한다) : 1억 5,000만원

4. 그 밖의 지역 : 1억 4,000만원

② 법 제2조 제2항의 규정에 의하여 보증금 외에 차임이 있는 경우의 차임액은 월 단위의 차임액으로 한다.

③ 법 제2조 제2항에서 "대통령령이 정하는 비율"이라 함은 1분의 100을 말한다.

제3조(등록사항 등의 열람·제공) ① 상가건물의 임대차에 이해관계가 있는 자는 법 제4조 제1항의 규정에 의하여 등록사항 등의 열람 또는 제공을 요청하는 때에는 별지 제1호 서식에 의한 요청서에 이해관계가 있는 자임을 입증할 수 있는 서류를 첨부하여 당해 건물의 소재지를 관할하는 세무서장에게 제출하여야 한다.

② 법 제4조 제1항의 규정에 의한 등록사항 등의 열람 또는 제공은 사업자등록신청서·사업자등록정정신고서 및 그 첨부서류와 확정일자를 기재한 장부 중 열람을 요청한 사항을 열람하게 하거나, 별지 제2호 서식에 의한 현황서나 건물도면의 등본을 교부하는 방법에 의한다.

③ 법 제4조 제1항의 규정에 의한 등록사항 등의 열람 또는 제공은 전자적 방법에 의할 수 있다.

④ 법 제4조 제1항 제7호에서 "그 밖에 대통령령이 정하는 사항"이라 함은 임대차의 목적이 건물의 일부분인 경우 그 부분의 도면을 말한다.

제4조(차임 등 증액청구의 기준) 법 제11조 제1항의 규정에 의한 차임 또는 보증금의 증액청구는 청구당시의 차임 또는 보증금의 100분의 12의 금액을 초과하지 못한다.

제5조(월차임 전환시 산정률) 법 제12조에서 "대통령령이 정하는 비율"이라 함은 연 1할 5푼을 말한다.

제6조(우선변제를 받을 임차인의 범위) 법 제14조의 규정에 의하여 우선변제를 받을 임차인은 보증금과 차임이 있는 경우 법 제2조 제2항의

규정에 의하여 환산한 금액의 합계가 다음 각호의 구분에 의한 금액 이하인 임차인으로 한다.

1. 서울특별시 : 4,500만원

2. 수도권정비계획법에 의한 수도권 중 과밀억제권역(서울특별시를 제외한다) : 3,900만원

3. 광역시(군 지역과 인천광역시 지역을 제외한다) : 3,000만원

4. 그 밖의 지역 : 2,500만원

제7조(우선변제를 받을 보증금의 범위 등) ① 법 제14조의 규정에 의하여 우선변제를 받을 보증금 중 일정액의 범위는 다음 각호의 구분에 의한 금액 이하로 한다.

1. 서울특별시 : 1,350만원

2. 수도권정비계획법에 의한 수도권 중 과밀억제권역(서울특별시를 제외한다) : 1,170만원

3. 광역시(군 지역과 인천광역시 지역을 제외한다) : 900만원

4. 그 밖의 지역 : 750만원

② 임차인의 보증금 중 일정액이 상가건물의 가액의 3분의 1을 초과하는 경우에는 상가건물의 가액의 3분의 1에 해당하는 금액에 한하여 우선변제권이 있다.

③ 하나의 상가건물에 임차인이 2인 이상이고, 그 각 보증금 중 일정액의 합산액이 상가건물 가액의 3분의 1을 초과하는 경우에는 그 각 보증금 중 일정액의 합산액에 대한 각 임차인의 보증금 중 일정액의 비율로 그 상가건물의 가액의 3분의 1에 해당하는 금액을 분할한 금액을 각 임차인의 보증금 중 일정액으로 본다.

부 칙

① (시행일) 이 영은 2002년 11월 1일부터 시행한다.

② (기존 임차인의 확정일자 신청에 대한 경과조치) 이 영 공포 후 법 부칙 제3항의 규정에 의하여 임대차계약서 상의 확정일자를 신청하고자 하는 자는 임대차계약서와 함께 사업자등록증을 제시하여야 한다.

KI신서 563

400만원으로 2억 만든
젊은 부자의 부동산 경매 투자일기

1판 1쇄 발행 2004년 5월 6일
1판 29쇄 발행 2010년 9월 17일

지은이 조상훈 **펴낸이** 김영곤 **펴낸곳** (주)북이십일 21세기북스
편집 방지선 **마케팅·영업본부장** 최창규 **마케팅·영업** 김용환 이경희 김보미 허정민
출판등록 2000년 5월 6일 제10-1965호
주소 (우413-756) 경기도 파주시 교하읍 문발리 파주출판단지 518-3
대표전화 031-955-2100 **팩스** 031-955-2151 **이메일** book21@book21.co.kr
홈페이지 www.book21.com

값 12,000원
ISBN 978-89-509-0648-1 13320